知识产权强国之路

徐士敏　齐晨明　郭延军　周　林　著

中国金融出版社

责任编辑：肖丽敏
责任校对：孙　蕊
责任印制：张也男

图书在版编目（CIP）数据

知识产权强国之路/徐士敏等著. —北京：中国金融出版社，2020.11
ISBN 978 - 7 - 5220 - 0873 - 8

Ⅰ. ①知…　Ⅱ. ①徐…　Ⅲ. ①知识产权—研究—中国　Ⅳ. ①D923.404

中国版本图书馆 CIP 数据核字（2020）第 207666 号

知识产权强国之路
ZHISHI CHANQUAN QIANGGUO ZHI LU

出版　**中国金融出版社**
发行
社址　北京市丰台区益泽路 2 号
市场开发部　（010）66024766，63805472，63439533（传真）
网 上 书 店　http://www.chinafph.com
　　　　　　（010）66024766，63372837（传真）
读者服务部　（010）66070833，62568380
邮编　100071
经销　新华书店
印刷　北京市松源印刷有限公司
尺寸　185 毫米 ×260 毫米
印张　15.25
字数　332 千
版次　2020 年 11 月第 1 版
印次　2020 年 11 月第 1 次印刷
定价　68.00 元
ISBN 978 - 7 - 5220 - 0873 - 8
如出现印装错误本社负责调换　联系电话（010）63263947

序

在新的技术条件和技术环境下，资产形态将发生非常重要的变化，这种变化就是资产从硬化到软化的变化。工业革命以来，蒸汽机、内燃机、电机、电灯、电报、电话等伟大发明使得人类的物质生产达到了历史上的巅峰，而进入信息技术时代，知识的生产成为主流，财富的天平更多地从有形物质生产转向无形的知识生产倾斜。知识产权作为一种全新的产权形态和生产要素出现了。这给经济学、管理学、金融学理论带来了革命性的挑战。

在过去很长一段时间里，经济学相关学科是建立在牛顿的物理认知哲学框架之下的，也就是说，经济学更关注有形状的物质，人们对资产的定义和认知更加局限在看得见、摸得着的东西上，换言之，实物资产在传统的会计计量中更容易被准确定价。而现代社会进入了大数据、互联网、云计算、人工智能和智能制造时代，不同于实物资产的无形资产的重要性不断提升。信息技术作为当今的核心通用技术，使得大量的软件著作权、数据资产、数字货币等以知识产权或类知识产权形式存在的资产的比重不断上升，重要性不断提升。经济学对知识产权的认知和分析越来越重要。

本书运用大量的数据与案例，分析了知识产权的概念、作用和重大意义，构造了知识产权证券化的理论以及应用体系，并且与不同国家的知识产权体系进行了比较分析，以独特的思维方式阐述了中国知识产权交易体系的设计、建立、交易、运行和监管。第一作者是具有丰富证券市场管理经验的资深专家，也是本人十分钦佩的前辈，在较年长的岁数时，仍然能够紧跟时代步伐，把握时代脉搏，抓住当前经济金融领域的前沿问题进行深入分析，真的非常难能可贵。虽然本书应用性强于理论性，但瑕不掩瑜，对于有志于探索知识产权交易的读者具有较高的参考价值。本人乐而为其作序，并隆重向读者推荐。

北京大学金融与产业研究中心主任，博士生导师

---

① 1971年生，广东河源市东源县灯塔乡人。北京大学经济学院理论经济学博士，北京大学光华管理学院应用经济学博士后。现任北京大学金融与产业发展研究中心主任，硕士生导师、博士生导师，新经济杂志副主编。研究领域为宏观金融、房地产金融、投资与资本市场、互联网金融。出版了《金融脱媒之殇》《投资管理》《互联网金融的理论与实践》多部专著，在《经济研究》《中国工业经济》《经济学动态》等核心期刊发表论文数十篇。同时为北京市书法家协会会员，兼任国家互联网金融安全技术委员会委员，北京大学资产公司董事。

前　言

2020 年 3 月 30 日，中共中央、国务院在《关于构建更加完善的要素市场化配置体制机制的意见》中明确指示："完善要素市场化配置是建设统一开放、竞争有序市场体系的内在要求，是坚持和完善社会主义基本经济制度、加快完善社会主义市场经济体制的重要内容。为深化要素市场化配置改革，促进要素自主有序流动，提高要素配置效率，进一步激发全社会创造力和市场活力，推动经济发展质量变革、效率变革、动力变革……""健全职务科技成果产权制度。深化科技成果使用权、处置权和收益权改革，开展赋予科研人员职务科技成果所有权或长期使用权试点。强化知识产权保护和运用，支持重大技术装备、重点新材料等领域的自主知识产权市场化运营。"

2020 年 5 月 11 日，中共中央、国务院在《关于新时代加快完善社会主义市场经济体制的意见》中，进一步强调了"完善和细化知识产权创造、运用、交易、保护制度规则，加快建立知识产权侵权惩罚性赔偿制度，加强企业商业秘密保护，完善新领域新业态知识产权保护制度"。"适当加强中央在知识产权保护、养老保险、跨区域生态环境保护等方面事权，减少并规范中央和地方共同事权"。

2020 年 5 月 13 日，国务院知识产权战略实施工作部际联席会议办公室印发《2020 年深入实施国家知识产权战略 加快建设知识产权强国推进计划》。近年来党中央、国务院多次发文，要求深入实施国家知识产权的战略，加快建设知识产权强国的推进计划，充分体现了党和国家对实施知识产权战略，加快建设知识产权强国的重视和决心。

当今，知识产权已成为社会一大热点，无论在经济界、金融界还是在科技界，都成为研讨的热门课题。为了使大家对知识产权、知识产权证券化、知识产权运营服务体系、知识产权交易所、知识产权的保护、国家知识产权战略以及知识产权强国等一系列问题有所了解，我们特撰写了本书，以作抛砖引玉之用。由于作者专业水平有限，实践经验不足，肯定有许多不妥之说，甚至错误之处，诚恳希望广大读者批评指正。

作　者

2020 年 **6** 月于北京

目　　录

第一章　关于知识产权

知识产权，英文为 Intellectual Property 或 Intellectual Property Rights，简称 IP，其原意为"知识（财产）所有权"或者"智慧（财产）所有权"，也称为智力成果权。根据中国《民法通则》的规定，知识产权属于民事权利，是基于创造性智力成果和工商业标记依法产生的权利的统称。有学者考证，知识产权一词最先由法国人卡普佐夫在 17 世纪时提出，后由比利时法学家皮卡第发展，皮卡第将之定义为"一切来自知识活动的权利"。

直到 1967 年《世界知识产权组织公约》签订以后，该词才逐渐为国际社会所普遍使用，并得到法学界的认可。知识产权，也被称为"知识所属权"，指"权利人对其智力劳动所创作的成果享有的财产权利"，一般只在有限时间内有效。各种智力创造比如发明、外观设计、文学和艺术作品，以及在商业中使用的标志、名称、图像，都可被认为是某一个人或组织所拥有的知识产权。据斯坦福大学法学院的 Mark Lamely 教授介绍，广泛使用该术语"知识产权"是在 1967 年世界知识产权组织成立后出现的。

第一节　知识产权的基本概念

以前在大陆法国家，把知识产权称为无体财产权，列入财产权之中（与物权、债权并列）。从此"知识产权"一词在国际上流行，特别是世界知识产权组织成立之后，"知识产权"就完全取代了"无体财产权"一词。至于为何把知识产权从财产权中划分出来，则是因为知识产权有它的特点，与财产权有很大不同。

一、什么是知识产权

知识产权是指公民、法人或者其他组织对创造性的劳动所完成的智力成果依法享有的专有权利，受法律保护，不容侵犯。也就是说，知识产权是指人们就其智力劳动成果所依法享有的专有权利，通常是国家赋予创造者对其智力成果在一定时期内享有的专有权或独占权（Exclusive Right）。

1. 知识产权从本质上说是一种无形财产权

知识产权从本质上说是一种无形财产权，它的客体是智力成果或知识产品，是一种无形财产或者一种没有形体的精神财富，是创造性的智力劳动所创造的劳动成果，它与房屋、汽车等有形财产一样，都受到国家法律的保护，都具有价值和使用价值。有些重大专利、驰名商标或作品的价值也远远高于房屋、汽车等有形财产。

2. 知识产权内容广泛，涉及方方面面

提起知识产权，人们往往把注意力集中在专利技术、著作权、商标、商誉、网站域名、（特许）经营权等，其实不然，有许多还没有引起我们的关注，如著作冠名权、商标使用权、域名等。

爱好喝茶的朋友都知道，普洱县是驰名中外的普洱茶的故乡，是普洱茶的核心原产地和集散中心、茶马古道的源头。经国务院批准，思茅市于2007年4月8日正式更名为普洱市，原思茅市政府所在的翠云区更名为"思茅区"，原思茅市所辖普洱县更名为"宁洱哈尼族彝族自治县"。由于地域性是知识产权所具有的另一种重要的特征，域名也是一种知识产权。为此，"普洱"这一域名的转让，当时的思茅市政府向普洱县支付了8000万元的补偿款。按照以往的惯例，当时思茅市是云南省的地级市，而普洱县是思茅市管辖的县，更名仅需报请云南省政府，并报请国务院批准即可。这次域名转让费不得不说是市场经济的一个标志。

二、知识产权的特征

知识产权是一种无形财产，具有专有性、地域性、时间性等特点，大部分知识产权的获得需要法定的程序，比如，商标权的获得需要经过登记注册。

（一）专有性

知识产权具有独占性或垄断性，除权利人同意或法律规定外，权利人以外的任何人不得享有或使用该项权利，这表明权利人独占或垄断的专有权利受严格保护，不受他人侵犯。只有通过"强制许可"、"征用"等法律程序，才能变更权利人的专有权。知识产权的客体是人的智力成果，既不是人身或人格，也不是外界的有体物或无体物，所以既不属于人格权也不属于财产权。此外，知识产权是一项完整的权利，只是作为权利内容的利益兼具经济性与非经济性，因此也不能把知识产权说成是两类权利的结合。例如说著作权是著作人身权（或著作人格权，或精神权利）与著作财产权的结合是不对的。知识产权是一种内容较为复杂（多种权能）的权利，与人格权、财产权并立而自成一类。

（二）地域性

知识产权只在所确认和保护的地域内有效，除签有国际公约或双边互惠协定外，经一国法律所保护的某项权利只在该国范围内发生法律效力。所以知识产权既具有地域性，在一定条件下又具有国际性。

（三）时间性

知识产权即只在规定期限内受保护。法律对各项权利的保护都规定了一定的有效期，各国法律对保护期限的长短既可能一致，也可能不完全相同，只有参加国际协定或进行国际申请时，才对某项权利有统一的保护期限。

（四）属于绝对权

在某些方面类似于物权中的所有权。例如，对客体的直接支配的权利，可以使用、收益、处分以及为他种支配（但不发生占有问题），具有排他性及移转性（包括继承）等。

（五）法律限制

知识产权虽然是私权，虽然法律也承认其具有排他的独占性，但因人的智力成果具有高度的公共性，与社会文化和产业的发展有密切关系，不宜为任何人长期独占，所以法律对知识产权规定了很多限制：

1. 从权利的发生说，法律为之规定了各种积极的和消极的条件以及公示的办法。如专利权的发生须经申请、审查和批准，对授予专利权的发明、实用新型和外观设计规定有各种条件（《专利法》第二十二条、第二十三条），对某些事项不授予专利权（《专利法》第二十五条）。著作权虽没有申请、审查、注册这些限制，但也有《著作权法》第三条、第五条的限制。

2. 在权利的存续期上，法律都有特别规定，这一点是知识产权与所有权大不相同的。

3. 权利人负有一定的使用或实施的义务。法律规定有强制许可或强制实施许可制度。对著作权，法律规定了合理使用制度。

（六）法律特征

从法律上讲，知识产权具有三种最明显的法律特征：

1. 知识产权的地域性，即除签有国际公约或双边、多边协定外，依一国法律取得的权利只能在该国境内有效，受该国法律保护。

2. 知识产权的独占性，即只有权利人才能享有，他人不经权利人许可不得行使其权利。

3. 知识产权的时间性，各国法律对知识产权分别规定了一定期限，期满后则权利自动终止。

三、知识产权具有的权益

按照内容组成，知识产权由人身权利和财产权利两部分构成，也称为精神权利和经济权利。

（一）人身权利

所谓人身权利，是指权利同取得智力成果的人的人身不可分离，是人身关系在法律上的反映。例如，作者在其作品上署名的权利，或对其作品的发表权、修改权等，即为精神权利。

（二）财产权利

所谓财产权，是指智力成果被法律承认以后，权利人可利用这些智力成果取得报酬或者得到奖励的权利，这种权利也称为经济权利。经济权利是指智力创造性劳动取得的成果，并且是由智力劳动者对其成果依法享有的一种权利。

第二节　知识产权是一种无形资产

一、资产的种类

资产（Assets）是指由企业过去的交易或事项形成的、由企业拥有或者控制的、预期会给企业带来经济利益的资源。不能带来经济利益的资源不能作为资产，是企业的权利。资产按照流动性划分为流动资产、长期投资、固定资产、无形资产和其他资产。

流动资产是指可以在一年内或者超过一年的一个营业周期内变现或者耗用的资产，包括现金、银行存款、短期投资、应收及预付款项、待摊费用、存货等。

长期投资是指除短期投资以外的投资，包括持有时间准备超过一年（不含一年）的各种股权性质的投资、不能变现或不准备变现的债券、其他债权投资和其他长期投资。

固定资产是指企业使用期限超过一年的房屋、建筑物、机器、机械、运输工具，以及其他与生产、经营有关的设备、器具、工具等。

无形资产是指企业为生产商品或者提供劳务出租给他人，或为管理目的而持有的没有实物形态的非货币性长期资产。

其他资产是指除流动资产、长期投资、固定资产、无形资产以外的资产，如长期待摊费用。

二、无形资产

无形资产（Intangible Assets）是指企业拥有或者控制的没有实物形态的可辨认非货币性资产。无形资产具有广义和狭义之分，广义的无形资产包括货币资金、应收账款、金融资产、长期股权投资、专利权、商标权等，因为它们没有物质实体，而是表现为某种法定权利或技术。但是，会计上通常将无形资产作狭义的理解，即将专利权、商标权等称为无形资产。

无形资产包括社会无形资产和自然无形资产，其中社会无形资产通常包括专利权、非专利技术、商标权、著作权、特许权、土地使用权等；自然无形资产包括不具实体物质形态的天然气等自然资源等。

1. 专利权是指国家专利主管机关依法授予发明创造专利申请人对其发明创造在法定期限内所享有的专有权利，包括发明专利权、实用新型专利权和外观设计专利权。

2. 非专利技术也称专有技术，是指不为外界所知，在生产经营活动中采用的，可以带来经济效益的各种技术和诀窍。

3. 商标权是指专门在某类指定的商品或产品上使用特定的名称或图案的权利。

4. 著作权是指著作者对其创作的文学，科学和艺术作品依法享有的某些特殊权利。

5. 特许权又称经营特许权、专营权，指企业在某一地区经营或销售某种特定商品的权利或是一家企业接受另一家企业使用其商标、商号、技术秘密等的权利。

6. 土地使用权是指国家准许某企业在一定期间内对国有土地享有开发、利用、经营的权利。

三、知识产权的类型

知识产权是智力劳动产生的成果所有权，它是依照各国法律赋予符合条件的著作者以及发明者或成果拥有者在一定期限内享有的独占权利。知识产权有两类：一类是著作权（也称为版权、文学产权），另一类是工业产权（也称为产业产权），具体包括商标权、专利保护、商号权等。

（一）著作权

著作权又称版权，是指自然人、法人或者其他组织对文学、艺术和科学作品依法享有的财产权利和精神权利的总称。著作权是文学、艺术、科学技术作品的原创作者，依法对其作品所享有的一种民事权利，任何人要复制、翻译、改编或演出等均需要得到著作权所有人的许可，否则就是对他人权利的侵权行为。知识产权的实质是把人类的智力成果作为财产来看待。

在我国，著作权用在广义时，包括（狭义的）著作权、著作邻接权、计算机软件著作权等，属于著作权法规定的范围，这是著作权人对著作物（作品）独占利用的排他的权利。狭义的著作权又分为发表权、署名权、修改权、保护作品完整权、使用权和获得报酬权。著作权分为著作人身权和著作财产权。著作权与专利权、商标权有时有交叉的情形，这是知识产权的一个特点，其主要内容包括以下方面。

1. 著作权自作品创作完成之日起产生。

2. 著作权分为著作人格权与著作财产权。其中著作人格权的内涵包括公开发表权、姓名表示权及禁止他人以扭曲、变更方式利用著作损害著作人名誉的权利。

3. 著作权有以下权利：

（1）发表权，即决定作品是否公之于众的权利。

（2）署名权，即表明作者身份，在作品上署名的权利。

（3）修改权，即修改或者授权他人修改作品的权利。

（4）保护作品完整权，即保护作品不受歪曲、篡改的权利。

（5）复制权，即以印刷、复印、拓印、录音、录像、翻录、翻拍等方式将作品制作一份或者多份的权利。

（6）发行权，即以出售或者赠与方式向公众提供作品的原件或者复制件的权利。

（7）出租权，即有偿许可他人临时使用电影作品和以类似摄制电影的方法创作的作品、计算机软件的权利，计算机软件不是出租的主要标的除外。

（8）展览权，即公开陈列美术作品、摄影作品的原件或者复制件的权利。

（9）表演权，即公开表演作品，以及用各种手段公开播送作品的表演的权利。

（10）放映权，即通过放映机、幻灯机等技术设备公开再现美术、摄影、电影和以类似摄制电影的方法创作的作品等的权利。

（11）广播权，即以无线方式公开广播或者传播作品，以有线传播或者转播的方式向公众传播广播的作品，以及通过扩音器或者其他传送符号、声音、图像的类似工具向公众传播广播的作品的权利。

（12）信息网络传播权，即以有线或者无线方式向公众提供作品，使公众可以在其个人选定的时间和地点获得作品的权利。

（13）摄制权，即以摄制电影或者以类似摄制电影的方法将作品固定在载体上的权利。

（14）改编权，即改变作品，创作出具有独创性的新作品的权利。

（15）翻译权，即将作品从一种语言文字转换成另一种语言文字的权利。

（16）汇编权，即将作品或者作品的片段通过选择或者编排，汇集成新作品的权利。

（17）应当由著作权人享有的其他权利。

4. 需要说明的是，著作权要保障的是思想的表达形式，而不是保护思想本身，因为在保障著作财产权等此类专属私人之财产权利益的同时，尚须兼顾人类文明的累积与知识及资讯的传播，因而算法、数学方法、技术或机器的设计均不属著作权所要保障的对象。

（二）工业产权

发明专利、商标以及工业品外观设计等组成工业产权。工业产权具体包括专利、商标、服务标志、厂商名称、原产地名称，以及植物新品种权和集成电路布图设计专有权等，是具有实用经济意义的一种无形财产权。

1. 商标权。商标权是指商标主管机关依法授予商标所有人对其申请商标受国家法律保护的专有权。商标是用于区别商品和服务不同来源的商业性标志，由文字、图形、字母、数字、三维标志、颜色组合和声音等要素组合构成。中国商标权的获得必须履行商标注册程序，而且实行申请在先原则。商标是产业活动中的一种识别标志，所以，商标权的作用主要在于维护产业活动中的秩序，与专利权的区别主要在于促进产业的发展不同。

我国不仅对非法使用商标进行处罚，而且还对恶意注册商标的代理机构进行处罚。例如，2020年3月3日，国家商标局对进入实质审查阶段的与新冠肺炎疫情相关的商标注册申请依法作出驳回决定。此次驳回的63件商标注册申请均以易造成社会不良影响，适用《商标法》第十条第一款第八项依法予以驳回，包括27件"火神山"、24件"雷神山"、3件"钟南山"、3件"方舱"等商标注册申请，涉及41个申请人，共23个商品和服务类别。2020年3月4日，国家知识产权局发布《关于依法驳回"火神山"等63件与疫情相关具有不良影响商标的通告》，北京市朝阳区市场监督管理局迅速对辖区内知识产权代理机构展开核查，对代理注册申请"火神山"等疫情相关商标的知识产权代理机构进行调查。3月7日，朝阳区市场监督管理局对北京亿捷顺达国际知识产权代理有限公司涉嫌代理恶意商标注册申请行为立案调查，两天后调查终结。3月11日，从朝阳区市场监督管理局获悉，因代理恶意申请注册"火神山""雷神山"商标，该商标代理机构被处以最高额度10万元罚款，此案也成为打击代理恶意商标注册申请行为的全国第一案。

2. 专利保护。专利保护是指一项发明创造向国家专利局提出专利申请，经依法审查合格后，向专利申请人授予的在规定时间内对该项发明创造享有的专有权。

（1）根据中国专利法，发明创造有三种类型，即发明、实用新型和外观设计。发明和实用新型专利被授予专利权后，专利权人对该项发明创造拥有独占权，任何单位和个人未经专利权人许可都不得实施其专利，即不得为生产经营目的制造、使用、许诺销售、销售和进口其专利产品。外观设计专利权被授予后，任何单位和个人未经专利权人许可，都不得实施其专利，即不得为生产经营目的制造、销售和进口其专利产品。

（2）未经专利权人许可，实施其专利即侵犯其专利权，引起纠纷的，由当事人协商解决；不愿协商或者协商不成的，专利权人或利害关系人可以向人民法院起诉，也可以请求管理专利工作的部门处理。

（3）也存在不侵权的例外，比如在先使用权等。在先使用权，也称先用权，是指在专利申请日前已经制造相同产品、使用相同方法或者已经做好制造、使用的必要准备，并且在原有范围内继续制造、使用的，行为人对于该专利产品或专利方法享有合法的实施权。在先使用权见于我国《专利法》第六十三条的规定。我国《专利法》第六十三条规定，有下列情形之一的，不视为侵犯专利权：……（二）在专利申请日前已经制造相同产品、使用相同方法或者已经作好制造、使用的必要准备，并且仅在原有范围内继续制造、使用的；……

（4）专利保护采取司法和行政执法"两条途径、平行运作、司法保障"的保护模式。行政保护采取巡回执法和联合执法的专利执法形式，集中力量，重点对群体侵权、反复侵权等严重扰乱专利法治环境的现象加大打击力度。

3. 商号权。商号权就是厂商名称权，是已登记的商号（厂商名称、企业名称）不受他人妨害的一种使用权。企业的商号权不能等同于个人的姓名权（人格权的一种）。例如，位于天津已经拥有近160多年历史的"狗不理包子"是一块名副其实的老字号招牌。中华老字号"狗不理包子"的拥有者天津狗不理饮食（集团）公司，于2005年2月28日以公开竞价的方式整体转让公司资产及子公司所持股权。天津狗不理集团国有产权在天津产权交易中心以1.06亿元成功拍卖给天津同仁堂股份有限公司，成交价较挂牌价高出9080万元，转让后天津和平区在天津狗不理集团的国有资产将全部退出。作为战略投资者，天津同仁堂股份有限公司按拍卖公告约定，在承担8000万元债务的同时，增资2731万元，做大做强天津狗不理。由此可见，"老字号"是一种商誉，可以连同资产一并转让。

第三节 知识产权的重大意义

国家知识产权局申长雨局长于2016年7月在"一带一路"知识产权高级别会议上指出：发明创造点亮人类文明之光。人类进步的历史，就是一部创新的历史。人类的一切文明成果，都是创新思维的果实，都是创新智慧的结晶。在几千年的创新实践中，人类在获得一个又一个创新成果、促进文明进步的同时，也在苦苦探寻一种能够持续保障和激励创新的制度安排，知识产权就是一个历史选择、一个制度创新。几百年来它直接推动了人类创新史上的重大飞跃，使人类发展进入了创新的快车道。因为知识产权制度本身蕴含着三个重要机制，即新型的产权安排机制、创新激励机制和有效的市场机制。第一，知识产权是一种新型的产权安排机制，它通过赋予创新成果财产权，明确了创新主体对创新成果拥有合法的支配权和使用权。第二，知识产权是一种创新激励机制，它通过依法保护创新者的合法权益，激发人们的创新热情，实现了创新投入与创新回报的良性循环。第三，知识产权是一种有效的市场机制，它是人们针对知识产权无形性特点制定的许可转让规则，使知识产权在市场环境下可以顺利实现转移转化，产生效益、推动发展。知识产权制度一经确立，便在全世界范围内得到了广泛的认同，成为世界各个国家普遍遵循的一种法律制度。同时，也成为国家间经贸和科技文化交流的基本规则。各个国家不仅依靠知识产权制度促进本国的创新，也在知识产权制度的支撑下，分享着全人类的创新成果。在经济全球化不断深入的今天，知识产权制度激励创新、促进开放的重要作用更加凸显，地位更加突出。

一、知识产权的作用

21世纪，知识产权与人类的生活息息相关，在商业竞争上我们可以看出其重要作用。知识产权问题在世界贸易组织（WTO）中占有非常重要的位置，它与货物贸易、服务贸易一起构成WTO的三大支柱。针对当前我国的现状，大力推进知识产权事业对于我国实施国家知识产权战略，加快建设知识产权强国不但拥有巨大的现实意义，而且具有深远的历史意义。

（一）促进高新技术转化，提高自主创新能力

1. 我国很多科技型中小企业的实际情况就是自身拥有大量的专利等知识产权，但由于其自身风险性高，整体资信能力较低且缺少实物资产，所以难以通过传统融资方式筹集到发展所需的资金，严重制约了其将高新技术转化为现实生产力的能力。

2. 目前，国内高新技术知识产权转化率不到10%。传统融资方式的局限性是导致这种状况的主要原因之一。而知识产权证券化是一种资产收入导向型的融资方式，其信用基础是知识产权而非企业的全部资产。资金供给者在考虑是否购买ABS时，主要依据的是知识产权的预期现金流入的可靠性和稳定性，以及交易结构的严谨性和有效性，资金需求者自身整体资信能力和全部资产的总体质量则被放在了相对次要的地位。

3. 知识产权证券化突破了传统融资方式的限制，破解了科技型中小企业融资难的问题，为科技型中小企业将高新技术转化为现实生产力提供了有力的金融支持手段，提高了科技成果转化的成功率，有助于加快我国科技成果商品化、产业化进程，进而提高企业现有知识产权的收益。有了资金的支持和丰厚收益的激励，企业就有动力在原有知识产权的基础上进行进一步的研究和开发，继续新的发明创造，使技术创造活动走向一种良性循环，提高企业的自主创新能力，推动科技进步。

4. 另外，与通过转让知识产权的所有权来获得资金相比，知识产权证券化只

是使企业暂时放弃未来一段时间内知识产权的许可使用收费权，并不会导致其丧失所有权，这样可以更好地保护企业的知识产权，提高企业的核心竞争力。

（二）充分发挥知识产权的杠杆融资作用

同样是基于知识产权融资，但与传统的知识产权担保贷款相比，知识产权证券化能充分发挥知识产权的杠杆融资作用。一方面，知识产权证券化的融资额高于知识产权担保贷款额。从国际银行业的实践看，在传统的知识产权担保贷款中，知识产权的贷款与价值比一般低于65%，而知识产权证券化的融资额能达到其价值的75%。另一方面，通过知识产权证券化所发行的ABS的票面利率通常能比向银行等金融机构支付的知识产权担保贷款利率低22%～30%，大大降低了融资成本，提高了实际可用资金的数额。所以，知识产权证券化能充分发挥知识产权的杠杆融资作用，最大限度地挖掘知识产权的经济价值，使知识产权所有者获得更多的资金。

（三）降低综合融资成本

知识产权证券化为科技型中小企业开辟了一条廉价的直接融资途径。

1. 知识产权证券化完善的交易结构、信用增级技术和以知识产权这种优质资产作为ABS本息的偿还基础，使ABS能获得高于发起人的信用等级，达到较高的信用等级，投资风险相应降低。SPV就不必采用折价销售或提高利率等方式招徕投资者。一般情况下，ABS的利率比发起人发行类似证券的利率低得多。

2. 发行ABS虽然需要支付多项费用，但当基础资产达到一定规模时，各项费用占交易总额的比例很低。国外资料表明，资产证券化交易的中介体系收取的总费用率比其他融资方式的费用率至少低0.5个百分点，提高了实际可用资金的数额。最后，发起人还可以利用该资金偿还原有的债务，降低资产负债率，提高自身的信用等级，为今后的低成本负债融资奠定良好的资信基础。

（四）分散知识产权所有者的风险

1. 在知识经济时代，一项知识产权在未来给所有者创造的收益可能是巨大的，但同时这种收益所隐藏的风险也是巨大的。科学技术的突飞猛进，市场竞争的日益激烈、知识产权消费者消费偏好的改变，以及侵权行为等外部因素，都可能使现在预期经济效益很好的某项知识产权的价值在一夜之间暴跌，甚至变得一文不值。知识产权的所有者面临着丧失未来许可使用费收入的风险。

2. 知识产权证券化则能将这种由知识产权的所有者独自承受的风险分散给众

多购买 ABS 的投资者，并且使知识产权未来许可使用费提前变现，让知识产权的所有者迅速地获得一笔固定的收益，获得资金时间价值，而不用长时间地等待许可使用费慢慢地实现。

3. 知识产权证券化作为一种债权融资方式，在为企业筹集到资金的同时，企业的所有者仍然可以保持对企业的控制权，从而保护企业创办人的利益。

二、知识产权到底有多重要

每年的 4 月 26 日被定为世界知识产权日，在增进我们对知识产权认知的同时，再次引发我们对于知识产权重要性的思考。在全球背景下，贸易与知识产权紧密相关。关于知识产权规则的制定，我们需要了解什么？未来，中国在知识产权领域应如何布局？

（一）在知识产权战略上做前瞻性布局

全球贸易一体化背景下，贸易与知识产权紧密相关。伴随由贸易大国向贸易强国的发展转型，我国与美国等发达国家之间的技术差距在缩小，尤其是中国在新技术革命中的突破引发了美国的不安，中美贸易争端尖锐化凸显。回顾中美贸易摩擦，美国一直将中国知识产权作为贸易谈判的焦点议题，而对规则的把控（包括改写和建立）也是其最具长远杀伤力的手段，在这一轮贸易争端中更是极尽责难，以国家安全的名义打压中国经济、科技，对中国企业、科技人员予以威慑恫吓、规制遏制。中美贸易争端实质上就是关于未来创新经济主导权的争夺。对此，我们应有足够的警觉并予以高度重视，在奋力提高原始创新能力和知识产权质量的同时，需要调整我国知识产权法律思路，充分关照新形势下知识产权国际规则的变化态势，在知识产权战略上做前瞻性布局。

1. 关于知识产权规则制定的认识。现代的知识产权制度来自西方，发达国家始终占据知识产权优势地位，主导着国际知识产权制度作利于本国的安排。

（1）美国高超地运用知识产权制度规则，保障其科技发展以及科技霸主地位。

（2）发达国家往往利用知识产权规则迫使发展中国家出让利益。

（3）国力体量的现实要求中国成为知识产权规则的引领者。

2. 我国知识产权方面存在哪些问题？如何解决？不可否认，至今我们无论是对规则话语权层面的战略谋划意识，还是制度政策研究的专业力量现状，都严重准备不足。在中美贸易争端应对中，也更多是考量眼前利益，停留在既有规则层面的博弈，还未能着眼长远的国家经济安全去做足够的战略谋划。因此，必须在以下几方面做出改进。

（1）努力提升国际意识和规则主导意识。

（2）重视加强知识产权政策的专业研究。

（3）积极参与国际知识产权规则修改以及新体系构建。

3. 知识产权战略前瞻性布局依然任重而道远。当前全球性的新冠肺炎疫情还未退去，其引发世界格局变革、制度变革的可能性不容忽视。提升我国在国际法律规则主导权层面的软实力，通过知识产权规则来参与全球治理，是完善中国特色社会主义经济制度、提升新时代国家治理效能的必然要求，也是贯彻习近平总书记总体国家安全观的必然要求。我国知识产权战略前瞻性布局依然任重而道远。

（二）美国有关知识产权的两个数据使人惊讶

1. 美国 GDP 中 70% 与知识产权有关，如微软、苹果、脸书、特斯拉、可口可乐、肯德基、麦当劳等，它们卖的什么？专利、商誉、品牌。

（1）1996 年，美国版权产业的核心内容产业，包含图书期刊出版业在内，为美国经济创造了 9310 亿美元的产值，约占美国 GDP 的 6.4%，解决了近 510 万名美国人的就业问题，总资产占民营企业领域整体的 5%，为雇员提供的薪酬比其他产业领域平均高 27%。版权产业提供的产品和服务在国际贸易和出口领域所创产值高达 1340 亿美元，同比超过美国其他领域。对此，美国学者坦率地表示，知识产权是美国最有价值的出口物，也是美国经济的一大支柱。

（2）2013 年 7 月，美国已经开始将知识产权产品作为资产加以管理并纳入经济核算体系，这一调整无论是对发展中国家还是创新型国家，都将产生重要影响。

2. 以美国为首的西方国家知识产权的转化率为 40%，我国才不到 10%。若能提高知识产权转化率，将对我国的经济发展以及 GDP 的贡献产生巨大的推动力。中美贸易摩擦表面是关税和贸易问题，其核心就是知识产权的问题，这一点已经是高层和业界的共识。

（三）发展知识产权事业是推动知识经济发展的重大动力

知识经济是以知识为基础、脑力劳动为主体的经济，与农业经济、工业经济相对应的一个概念，工业化、信息化和知识化是现代化发展的三个阶段。教育和研究开发是知识经济的主要部门，高素质的人力资源是重要的资源。知识经济曾经不是一个严格的经济学概念，知识经济定义为建立在知识的生产、分配和使用（消费）之上的经济。其中所述的知识，包括人类迄今为止所创造的一切知识，最重要的部分是科学技术、管理及行为科学知识。产业结构的变化和调整将以知识的学习积累和创新为前提，在变化的速度和跨度上将显现出跳跃式发展的特征，还使经济活动都伴随着学习，教育融于经济活动的所有环节。

1. 知识经济的标志特征。

（1）资源利用智力化。从资源配置来划分，人类社会经济的发展可以分为劳力资源经济、自然资源经济、智力资源经济。知识经济是以知识人力等智力资源为资源配置要素的经济，节约并更合理地利用已开发的现有自然资源，通过智力资源去开发富有的、尚待利用的自然资源。

（2）资产投入无形化。知识经济是以知识、信息等智力成果为基础构成的无形资产投入为主的经济，无形资产成为发展经济的主要资本，企业资产中无形资产所占的比例超过50%。无形资产的核心是知识产权。

（3）知识利用产业化。知识密集型的软产品，即利用知识、信息、智力开发的知识产品所载有的知识财富，将大大超过传统的技术创造的物质财富，成为创造社会物质财富的主要形式。

（4）经济发展可持续化。知识经济重视经济发展的环境效益和生态效益，因此采取的是可持续化的、从长远看有利于人类的发展战略。

（5）世界经济全球化。高新技术的发展，缩小了空间、时间的距离，为经济全球化创造物质条件。全球经济的概念不仅指有形商品、资本的流通，更重要的是知识、信息的流通。以知识产权转让、许可为主要形式的无形商品贸易大大发展。

（6）企业发展虚拟化。知识经济时代，企业发展主要是靠关键技术、品牌，通过许可、转让方式，把生产委托给关联企业或合作企业，充分利用已有的厂房、设备、职工来实现的。

（7）人均收入差距扩大。这是对发达国家与发展中国家，发达地区与落后地区之间而言，是知识经济带来的负面效应之一。

知识经济正在给中国的经济发展与社会发展注入更大的活力和带来更好的际遇。大力发展知识经济有利于优化经济结构、合理利用资源、保护生态环境、促进协调发展、提高人口素质、消除贫困等，有利于在21世纪建设国家创新体系，通过营造良好的环境，推进知识创新、技术创新和体制创新，提高全社会创新意识和国家创新能力，从而实现中国跨越式发展。在知识基础上形成的科技实力成了重要的竞争力，国家的富强、民族的兴旺、企业的发达和个人的发展，无不依赖于对知识的掌握和创造性的开拓与应用，而知识的生产、学习、创新，则成为人类最重要的活动，知识已成为时代发展的主流，以高科技信息为主体的知识经济体系迅速发展令世人瞩目。

2. 知识经济时代知识产权的新特征。知识产权是商品经济和科学技术发展的产物，随着知识经济时代的来临，知识的生产、扩散、转移、老化速度加快，使知识产权发展表现出了新的特点和趋势，面临新的挑战。

（1）知识产权与当代国际政治、经济贸易发展关系日益密切。当代一些发达国家已将知识产权保护作为实施外交政策的一种手段。美国是把知识产权直接与发展对外政治、经济关系联系起来的最典型的国家。这些国家的新兴产业在国民经济中的地位越来越重要，而新兴产业主们往往要在政府中安插自己的代表来对国家的政策施加影响，敦促政府对其他国家施加影响，甚至压力。特别是自 1986 年以来，知识产权问题被纳入关税及贸易总协定（General Agreement on Tariffs and Trade, GATT）体制，国际贸易方面的知识产权问题被提到议事日程上来。GATT 乌拉圭回合达成的"与贸易有关的知识产权协议"就是知识产权渗入国际经贸关系的一个象征。

（2）新兴技术成为知识产权进一步发展的基础。知识产权保护促进了科学技术的发展，科学技术的发展又给知识产权保护提出了新的课题。随着全球电子计算机和通信等技术的飞速发展，以电子信息为核心的世界科技革命已经到来，遍布全球的信息网使国家之间、地区之间的时空距离完全消失，人类有史以来第一次有了瞬间即可分享的信息。传统的知识产权客体所不能及的高科技智力成果，如集成电路、计算机软件、多媒体节目产品、卫星传播和电缆传播、生物工程等的不断出现，给传统的知识产权保护提出了挑战，知识产权将在新技术革命下进一步发展。

（3）知识产权国际化趋势进一步增强。知识产权国际化有利于促进国际间高技术的合作交流。高技术开发的特点之一是其技术尖端性和高竞争性。各国为了本国利益，一般要对科技成果的专利申请、转让和制品出口作出限制和技术保密。而专利制度的特点是其公开性，即通过公告等形式由法律授予成果所有人一定的专利权，这大大促进了国际间技术交流。一些西方国家曾长期对一些国家进行高技术限制，或把知识产权纳入贸易关系谈判的框架。除政治原因外，主要是基于对本国高技术的知识产权保护，但只有建立了完善的知识产权保护体系才有可能较好地消除国际科技交流的障碍。为此最近几年就连续召开了有关专利问题的协调会议。同时，各国知识产权法律的差别正在缩小，"跨国知识产权法"正在接二连三地出现，可以预料，知识产权的国际化趋势随着世界技术革命和经济贸易的发展将进一步增强。

（4）知识产权法的保护范围、保护期限、保护力度面临新的挑战。知识产权的国际趋势是"保护范围不断扩大，保护力度相对提高"。首先，随着知识和信息生产量的增加，扩散速度的加快，高新技术不断涌现，已经超出了原有知识产权保护所涵盖的范围，新增知识产权类别相继出现，如信息技术发展带来的版权保护问题，含有计算机程序发明的专利保护问题、生物技术问题、基因工程问题等，给现有知识产权提出了新的挑战，尤其是有些技术如生物技术中的动物复制技术，本身在伦理道德上尚有争议，其知识产权的保护就更复杂。其次，这种挑战表现在知识产权的保护期限上。这是由知识经济条件下知识快速更新的特点造成的。知识经济带来知识总量的迅速扩大、知识传播明显加快，进而带来知识的更新日益加速。这样，现行的知识产权法规定的有关专利权、版权等的保护期限就有重新考虑的必要，至少要考虑不同行业的不同情况。最后，知识产权的保护力度也面临挑战。总之，知识经济的发展给知识产权法带来了新问题，提出了新要求，促使我们进行更深层次的思考。

3. 知识产权在发展知识经济中发挥重大作用。知识产权是知识经济的资源，不仅在发展知识经济中发挥重大作用，而且与当代国际政治、经济贸易发展关系日益密切，国际化趋势进一步增强，以新兴技术为发展基础的知识产权的保护力度也面临挑战，我们要正确处理发展知识经济与知识产权保护之间的关系，迎接知识经济新时代的到来。世界科技突飞猛进，一个以知识和信息为基础、竞争与合作并存的全球化市场经济正在形成，知识将成为经济增长的原动力，它除了具有文化功能外，更多地具有经济功能，知识经济将成为各国经济发展的新方式。以往知识在人们的心中如同空气和水一样既宝贵又无价，人们虽然须臾不可离，但总觉得可以无偿使用和挥霍。而知识经济时代高度发达的信息高技术提供了知识成为有价商品的环境，使知识成为现代财富的主要组成部分，人们对知识的所有权实际上是对财富的所有权，知识经济和知识产权变得密不可分。

（1）鼓励发明创造的作用。在知识产权出现之前，任何人任何时候都可以无偿地使用别人的发明创造，这就使得发明创造的完成人或所有人从自己的发明创造中获利甚微。知识产权的出现改变了这种情况，它以法律的形式保障发明创造完成人或持有人在一定时间内拥有排他性的专利权，抑制了他人的擅自实施。任何要生产、销售某种专利产品或实施由知识所创造的其他诸如著作权、工业产权、无法定专有权的秘密技术等，都必须得到有关知识产权所有人的同意并支付费用，这就使得发明创造的完成人或拥有人的劳动消耗能够得以收回或获利，从而极大地提高了人们从事发明创造的积极性。

（2）促进科技成果及时而广泛应用的作用。在知识产权出现之前，由于竞争的需要，人们总是倾向于对自己的发明创造特别是关于某种产品的制造技术严加保密，从而导致科学技术信息传播的迟滞，极不利于发明创造的及时推广应用和经济与社会的发展。在知识产权确立之后，发明创造的完成人或所有人要取得对发明创造的专利权，就必须将其发明创造的内容向社会公开，这就使得科技信息得以迅速传播，任何需要采用该项发明创造成果的人，都可以及时以合适的代价取得实施许可。而且一般来说，发明创造的许可使用越快越多，对于发明创造的完成人或持有人越有利，这两方面积极性的结合，极大地促进了科技成果的商品化，有利于及时扩大科技成果在实际生产领域中的应用，迅速转化为现实生产力，促进经济和社会进步。

（3）促进科研开发队伍形成的作用。在知识产权出现之前，没有实现有偿使用专利申请权与专利权的机制，发明创造的完成人除非自己实施，否则就根本不能取得利益。因此，发明创造只能依附于实际生产才能成为谋生手段，而一旦发明创造的完成人自己投入直接生产过程，也就不可能有充裕的时间或充沛的精力从事再发明创造，这就制约了发明创造队伍的形成，影响科学技术的发展。知识产权制度产生以后，发明创造成果的有偿许可实施，专利申请权和专利权的有偿转让机制的形成，使科技成果本身成了一种能获利的商品，促使了科研开发专业队伍的形成，从而大大地推动科学技术的发展。

（4）节省科研开发资源，缩短科技进步周期的作用。知识产权出现之前，发明创造成果的完成人或持有人的保密倾向，导致科技信息传播迟滞和许多家传秘方、家传绝技失传，这些消极后果致使许多科技成果需要人们重新研究开发。专利制度产生以后，人们为了取得专利权，必须公开发明创造的内容，这就一方面避免他人在同样的发明创造方面的重复劳动，节省了人力、物力、财力和时间；另一方面又使得他人可以及早地在已公开的发明创造基础上进行新的发明创造，从而极大地缩短了科技进步的周期。

总之，知识产权是科技、经济和法律相结合的产物。在知识经济时代人们对知识的拥有权和知识自身的特征是通过知识产权来实现的，知识产权的出现是人类对知识价值认识的深化。在全球一体化的国际背景下，知识产权是衡量一个国家财富的重要标志，也是衡量一个国家竞争能力的重要标志。知识经济越是知识化，知识产权保护就显得越重要，比尔·盖茨的微软公司不可能诞生在一个知识产权得不到保护的国家。知识产权制度的激励作用，促进了技术创新，知识产权制度的保障作用，保证了知识产业财富的实现。知识产权制度的规范作用，调节了知识经济时代的竞争秩序，知识产权在发展知识经济中发挥着重大作用。

三、正确处理发展知识经济与知识产权保护之间的关系

在知识经济时代下，知识产权有了新趋势、新特点，那么我们应该怎样正确处理发展知识经济与知识产权保护之间的关系，使知识产权真正起到促进知识的生产和传播作用呢？

（一）创造知识和传播知识间的关系

为了创造知识，就要进行研究和开发，不但需要投入资金和人力，还要承担风险，所以必须进行激励才会有人去做。授予发明人拥有或出售所获知识的垄断权，就是激励。为了多创造知识，必须强化知识产权的保护。但是，知识产生以后，传播得越快，应用得越广，对整个社会越有利。为了实现这一目标，就需要尽量削减知识拥有者的垄断权，这正好同强化对知识产权的保护相矛盾。所以知识产权保护体系必须根据社会经济的发展水平，在鼓励多创造知识和快速而广泛地传播知识这两个相互矛盾的目标之间进行平衡。

（二）保护合法垄断权与防止滥用垄断权的关系

知识产权本质上是一种合法的垄断权，保护知识产权也应保护这种权利。而事实上，如同其他任何权利都可能被滥用一样，这种合法获得的垄断权也可能被滥用。因此，应当建立相应的法律机制，防止知识产权被滥用来限制竞争。

（三）创造公用知识的激励与限制的关系

基础原理是公用知识，而在它的基础上开发的产品制造技术则属于应受到保护的发明人所有的知识。然而它们之间界限又很难划分得清楚。公用知识是可以无偿使用的，所以对开发公用知识的人不能授予知识的垄断权。但是，没有激励机制，就不会有人去开发公用知识。为解决这一问题，需要建立一种二者兼顾的机制。例如，可以先授予开发者垄断权，然后由国家征购其垄断权。

（四）发展中国家与发达国家间的关系

知识产权的国际保护，必须兼顾发展中国家和发达国家的利益，充分考虑各种国家的情况和要求，才能获得绝大多数国家政府的赞同和支持，而《与贸易有关的知识产权协议》并没有很好地正视技术发展中的"南北差距"，更没有通过具体的规范与机制安排来缩小这种差距。从一定程度上来说，这个协议过分偏重对知识产

权的保护，而对知识产权拥有者的社会责任没有很好地加以考虑，也没有对发展中国家落后的技术水平加以很好的关注，其结果很可能在保护知识产权的同时也保护了现有的"南北差距"，并可能使这种差距进一步扩大。

（五）不同行业之间专利保护期限的关系

不同的知识类型和不同的发明人行业不同，对于知识产权保护的要求也不同。例如，电子工业的产品寿命短，所以它需要很快得到保护，但保护期限不必很长；而制药工业由于其产品必须经过复杂而费时的批准手续和临床试验过程才能正式上市，所以保护期限就要长。

总之，知识经济的概念正在被人们广为传播和接受，知识以至于知识资本扮演着越来越重要的角色。在经济社会发展的过程中，知识已经开始向产业化发展、转化，或者说，知识可以形成产业化经济。

第四节　知识产权是个宝，经济发展不可少

知识经济的悄然兴起，加深了人们对知识产权保护重要性的认识，我们只有紧紧地抓住机遇，迎接挑战，才能更好地参与竞争，迎接知识经济新时代的到来。

一、两个同样在日本的截然相反的案例

在此可以举两个日本的案例：发明方便面的安藤百福和发明卡拉 OK 的井上大佑。

（一）方便面的发明

1. 安藤百福发明了方便面。方便面的发明者是一个叫安藤百福的日本人，原名吴百福，是一个华裔。1945 年，那时日本经济非常困难，物资缺乏。一天傍晚，安藤百福在大阪梅田车站看到人们在寒风里排起长长的队伍，为的就是买一碗热汤面。他看到了面条的巨大市场潜力。当时，美国给予日本大量的物资援助，日本当局认为应向西方靠拢，就鼓励人们吃面包。但安藤百福觉得以面包为主食，等于将本民族的传统文化丢弃了。于是，他首先向厚生省提出了建议，就是"应该提倡吃面条"。可是结果却碰了一鼻子灰，官员对他说："既然你提出这么好的建议，你为何不亲自研究研究呢？"于是，他并不服输，决心研究一种新的面条，从而实现自

己的夙愿。

2. 一个偶然的机会发明了方便面。安藤百福做了无数次实验但都以失败告终。直到 1958 年，妻子在制作拉面时，一条拉面掉进油锅里，妻子把这根拉面捞上来的时候，安滕百福惊奇地发现，拉面上有无数小孔产生，而拉面本身也由软变硬，但加入开水后就会变软。安滕百福茅塞顿开——如果将拉面浸泡在汤汁中使之着味，然后油炸使之干燥，就能同时解决保存和烹调的问题。他又发现，油炸过后的面粉，会形成一层蓬松的物质，它的表层多孔，非常易于保存。安藤百福从这里得到了启发，他将盐水和油加入面粉中，轧成面条，然后用高温蒸制，最后放入鸡汤中浸泡，使之带上鸡汤的香味，再放入模具中油炸使之成形，并为它附带一包用塑料纸包装的调料。就这样，世界上第一盒真正的方便面就诞生了。

3. 方便面迅速畅销全球。然后，方便面不但在日本迅速畅销，而且还走出国门，成为人们离不开的快餐食品，仅 2003 年一年全世界就消费方便面 652.5 亿份，产值达 140 亿美元，折合人民币 1000 亿元。持有知识产权的安藤百福在收获喜悦的同时，也收获了巨大的财富。安藤百福将他发明的方便面申请了专利，不仅成就了日清公司，更开创了一项全新的产业。安藤百福的日清也从一家日本食品公司演变为一家市值 30 亿美元的跨国集团。安藤百福把研究开发方便面看成是终生事业。为了表彰他对食品业的卓越贡献，在日本大阪甚至建有"速食面条发明纪念馆"。

社会上有种说法：方便面是日本人首先发明的，所以全球每生产一包方便面都要给日本交 5 分钱专利费，到底是不是这样呢？因为专利是有地域和时间限制的。如果他只在日本申请没有在中国申请，我们在中国生产是不算侵权的。同时专利是有时间性的，保护期一般是 20 年。过后，就进入了公共领域大家就都可以用了。日本第一包方便面是 1958 年出的早已过了保护期，所以 5 分钱的专利费是谣传。

（二）改变了人类夜晚的发明——卡拉 OK

卡拉 OK 最早也是起源于日本。由于日本的风俗，男人如果回家过早的话，会让邻居们看不起，认为天天工作连个应酬都没有。每天回家太早就成了旁人笑话的把柄，所以许多日本男人就在下班后聚集在酒吧或茶馆，聊天到很晚才回家，后来慢慢地他们觉得应该找点新的消磨时间的项目，就在酒吧里面边喝酒边用电视机和话筒来唱歌。随着科技的发展，逐渐演变成现在的卡拉 OK。卡拉 OK 日文原意是"无人伴奏乐队"。

1. 卡拉 OK 的发明人——井上大佑。1944 年，井上大佑出生于大阪府一个普通职员家庭，由于家境不太好，他上学时经常打工，23 岁时在一家夜总会的伴奏队当伴奏乐手。20 世纪 60 年代，井上大佑先生在日本兵库县西宫市担任沙龙乐队鼓手，发明了伴唱声轨和可携式麦克风，卡拉 OK 在日本正式诞生，此后风靡亚洲。据日本卡拉 OK 协会统计，卡拉 OK 最辉煌的时候，该行业年销售额达 160 亿美元。但由于没给卡拉 OK 机申请专利，井上大佑与这笔最大的财源失之交臂。

2. 科技的快速发展使其公司破产。虽然井上大佑的新月公司不断推陈出新，生产出性能更好的卡拉 OK 伴唱机，但仍敌不过实力雄厚的大公司，而在激光唱片技术诞生之后，磁带卡拉 OK 伴唱机逐步被淘汰。1987 年，井上大佑的公司宣布破产。虽然没得到巨大的财富，但井上大佑得到了日本国民深深的尊重。

3. 发明创造再申请专利，就能取得社会效益和经济效益双丰收。1999 年，井上大佑被美国《时代》杂志评为"20 世纪亚洲最具影响力的 20 人"之一。由于当初没有为自己的发明申请专利，井上大佑与一笔巨大的财源失之交臂。如果当时给卡拉 OK 机申请了专利，井上大佑每年可取得上千万美元专利费。有人估算，井上大佑迄今为止已损失了 1.5 亿美元。他的一位朋友说，"如果换作我，我会躲到角落里大哭一场"。由此可见，有了发明创造，再申请专利等知识产权，才能取得社会效益和经济效益的双丰收。

（三）为什么一些发明者未暴富

知识产权的获得，除了申请以外，显然需要投入巨大的精力和财力，有的人甚至用了毕生的精力，更有许多壮志未酬身先死。所以公众不仅要尊重知识产权，而且要尊重发明者，因为他们造福于整个人类社会。前面说过卡拉 OK 的发明人由于没有申请专利没有获得财富，我们几乎天天看到的自动取款机（ATM）发明者也是如此。

1. 自动取款机的发明人谢泼德·巴伦。2018 年新年伊始，英国女王伊丽莎白二世举行授勋大典。授勋名单中有一位年近八旬的老者，他就是自动取款机的发明人谢泼德·巴伦。谢泼德 1925 年出生在苏格兰的罗斯郡，毕业于爱丁堡大学。20 世纪 60 年代中期，他是德拉路仪器公司的经理。有一天，他在洗澡时突发灵感。"去银行取钱只能在银行工作时间才能办到，为什么不设计一种 24 小时都能取到钱的机器呢？"于是他去拜见了英国巴克莱银行的总经理，让对方给他 90 秒时间来听他介绍这个主意，结果对方在第 85 秒就给了答复："只要你能把这种机器造出来，我们马上买。"

一年后，谢泼德成功了。1967 年 6 月 27 日，世界上第一台自动取款机在伦敦附近的巴克莱银行分行亮相。目前全球已有 150 万台自动取款机，而且每 7 分钟就增加一台。每年自动取款机提取的资金近 7000 亿美元。自动取款机带来了一场革命，使人类向一个 24 小时自助式消费社会转化。不过，由于担心技术泄露被犯罪分子利用，谢泼德一直没为这项发明申请专利，所以尽管世界上 1/5 的自动取款机为德拉路仪器公司制造，但他本人并未因此暴富。今天的谢泼德隐居在苏格兰北部一个偏僻小镇上，过着钓鱼打猎的田园式生活，与他帮助建立的 24 小时自助式消费社会相距甚远。

2. 日本发明的二维码让中国人拿去赚了大钱。中国"新四大发明"之一的支付宝宣布：2018 年全面登陆日本，并预计 3 年内在日本圈粉 1000 万。这个消息多少让日本商家痛心疾首，悔不当初，因为二维码是 1994 年由日本 Denso – Wave 公司子公司电装公司开发的，所以公司执行董事田路胜彦遗憾地说："早知道，哪怕是按照每个编码 10 分钱的标准收费也好啊。"现在支付宝的日支付量达 1.3 亿笔，而微信支付用户超 8 亿，中国二维码难以数计，如果日本公司真能这样干，岂不是坐着就可以疯狂揽财了？但是日本人这次真的想多了。在二维码之前，世界上普遍应用的是一维条形码。比起一维条形码，二维码的优势在于，信息容量提高了几十倍；编码范围广，在文字、声音、照片、门票、广告等多方面，都可以进行数字化编码；其保密性、防伪性、纠错性、可靠性都很好；容易制作且成本很低。当时日本电装公司免费公开相关技术，不收取专利费，而是面向丰田公司销售二维码的扫码器。

其后，二维码和扫码器被日本全国的便利店企业采用。这个时候，二维码只是近地技术，就是像超市买货付款一样，在近距离范围内，对商品价钱进行扫描，根本做不到网络远距离的扫描。所以，应用范围仅限于日本国内，成为"加拉帕戈斯技术"。加拉帕戈斯岛位于南美厄瓜多尔西面，那里的生物在孤立的环境下，独自进化出自己的特点，只适合本地生存，日本二维码没有海外市场的竞争能力，就像加拉帕戈斯岛上的生物一样。即便日本电装公司想要再收取专利费用，也是不可能了，因为中国二维码"扫一扫"已经拥有了自己的知识产权。

3. 二维码专利费会不会走上中国 DVD 那条不堪之路。中国的 DVD 专利费之争，始终是中国制造业挥之不去的伤痛。1999 年，DVD 开始在市场上流行，中国成为世界上最大的 DVD 生产国，占世界总产量的 70%。于是，日立、松下、JVC、三菱、东芝、时代华纳组成"6C"，宣布"DVD 专利联合许可"声明，要求世界上所有生产 DVD 的厂商必须向他们购买"专利许可"。于是世界各国的海关就以未经专利授权为由，肆意妄为地没收中国产的 DVD。结果，中国只能被迫接受不平等的协议，中国企业每生产一台价值 32 美元的 DVD，就要给国外企业缴纳 60% 的专利费，而自己只能赚取 1 美元。大家都曾记得，在 21 世纪初前几年，中国电视广告到处是爱多、索爱等品牌的身影，甚至成了央视广告的标王。但是高额的专利费，让中国厂商沦为西方企业的代工，这些品牌短短几年就烟消云散，成为一个时代的记忆。西方从 DVD 收取专利费中尝到了甜头，外国厂商由此在电视机、光盘、光盘刻录机、数码相机、摩托车，乃至计算机、移动通信、生物医药等各产业索要专利费用。毫不夸张地说，"专利知识产权"在前些年已经成了国外对中国企业讹诈最有效的"武器"。所以，前述的这种担心不是没有道理的。

但是，中国的二维码却不会受到日本公司的压榨。首先，中国物品编码中心对国外常用的几种二维码进行了跟踪研究，制定了两个二维码的国家标准：二维码网格矩阵码（SJ/T 11349—2006）和二维码紧密矩阵码（SJ/T 11350—2006）。也就是说，我国已经有了自主知识产权技术的二维码。再者，中国具有"二维码扫一扫"的知识产权。别小看这个"扫一扫"功能，它可不是二维码的简单引用。我们平时扫二维码时，首先要具备摄像头和二维码，当然这是日本人发明的，我们并不否认，但在长距离无限条件下，把扫描的二维码转化成相关的数字信息，这就要用到无线射频识别技术，简称 RFID 技术。而这个技术最早起源于第二次世界大战期间的英国，目的是辨别敌我飞机身份。20 世纪 60 年代，这种自动识别技术开始商用。

然而，RFID 技术可不能简单地就把摄影头下的二维码处理成数字化信息，其背后还有 AR 跟踪注册技术。这个技术解决了，你消费时就可以跟踪定位你所在商家的位置，让信息中心知道并记录你是在哪个地方进行了消费。如果没有这个技术，就会出现卖同样一件商品却无法知道是谁卖的尴尬情况。中国自己开发的码链技术，正好解决了这一切，这正是"二维码扫一扫"的核心知识产权，没有这个技术，无线电子支付是实现不了的。通俗来讲，就有点像做菜，虽然日本人提供了做菜的原材料，英国人提供了做菜的方式，但是要做出一盘好菜，就得要看师傅的手艺了。

在国内，恐怕每个中青年人都会用"扫一扫"，但其在海外市场却发展很慢，全球二维码个人用户的 90% 在中国。在国内，"扫一扫"是不收费的；在国外，却没有免费的午餐。就算美国是互联网的发源地，移动支付至今也没有普及。但是这种移动支付的便捷性，毫无疑问会受到世界各国消费者追捧，所以，海外的市场前景非常广阔。遍布日本全国，拥有 1.3 万家店的罗森便利店就表示，将全部接入支付宝。

2017 年 9 月 5 日，"扫一扫"专利发明人徐蔚在上海总部举行了对美国与中国台湾地区二维码扫一扫专利授权签约仪式。中国的发行码在美国与中国台湾授权费用约 7 亿元人民币，同时享有美国公司、中国台湾公司被授权方 20% 的股权。与扫码相关的各种新兴商业形态，很快被复制到美国、日本、中国台湾地区，相信不久以后，便可横扫全球，给世界人民提供一种新型便利的生活方式。中国也正从"世界工厂"变成制定规则的"规格大国"。DVD 的惨痛教训再也不会发生。日本人再哀叹"二维码是我发明的"，又有什么用呢？

二、知识产权产业化的成功案例

发明专利确实不易，为什么许多知识产权最终不了了之呢？这里有个知识产权产业化的问题。创造发明仅是一个开始，若要产业化生产，投入市场创造经济效益和社会效益，还需要一个漫长的路要走，可谓任重道远。

（一）易拉盖的发明人：弗雷兹

1959 年，美国俄亥俄州帝顿市 DRT 公司的弗雷兹（Ernie. C. Fraze）发明了易拉盖，即用罐盖本身的材料经加工形成一个铆钉，外套上一拉环再铆紧，配以相适应的刻痕而成为一个完整的罐盖。1963 年，易拉罐在美国得以发明，它继承了以往罐形的造型设计特点，在顶部设计了易拉环。这是一次开启方式的革命，给人们带来了极大的方便和享受，因而很快得到普遍应用。到了 1980 年，欧美市场基本上全都采用了这种铝罐作为啤酒和碳酸饮料的包装形式。随着设计和生产技术的进步，铝罐趋向轻量化，从最初的 60 克降到了 1970 年的 15～21 克。

这一天才的发明使金属容器经历了 50 年漫长发展之后有了历史性的突破，同时，也为制罐和饮料工业发展奠定了坚实的基础。易拉罐发源于美国又盛行于美国。进入 20 世纪 90 年代后，北美易拉罐供求双方市场不断扩大，到 90 年代末供需趋向稳定，增长幅度较缓。北美地区的易拉罐生产线共有 169 条，生产线平均速度为 1522 罐/分钟，年总生产能力约 1090 亿只，市场需求量约 1070 亿只，实际上美国 2000 年产量就达 1070 亿只。由于发明者申请了专利，每个易拉罐扣的专利使用费为 0.5 美分，由此可见其收益相当可观。

（二）"可口可乐之父"：坎德勒

1. 彭伯顿发明了可口可乐。1885 年，美国佐治亚州的约翰·彭伯顿发明了深色的糖浆，称为彭伯顿法国酒可乐。1885 年政府发出禁酒令，为此彭伯顿发明无酒精的饮料。1886 年 5 月 8 日，他想发明一种让很多需要补充营养的人喜欢喝的饮料。那天，他正在搅拌做好了的饮料，发现它具有提神、镇静以及减轻头痛的作用，他将这种液体加入了糖浆和水，然后加上冰块，尝了尝，味道好极了，不过在倒第二杯时，助手一不小心加入了苏打水（二氧化碳＋水），这回味道更好了，合伙人罗宾逊从糖浆的两种成分激发出命名的灵感，这两种成分就是古柯（Coca）的叶子和可拉（Kola）的果实，罗宾逊为了整齐划一，将Kola的K改C，然后在两个词中间加一横，于是Coca－Cola诞生了，第一份可口可乐售价为5美分。

2. 坎德勒购买了其股份，掌握了全部生产销售权。1888年，一位名叫阿莎·格里格斯·坎德勒的企业家看到了可口可乐的市场前景，购买了其股份而掌握了其全部生产销售权。1892年成立了可口可乐公司，坎德勒被称为"可口可乐之父"。然而，真正使可口可乐大展拳脚的还是两位美国律师。他们到当时可口可乐公司老板坎德勒的办公室，提出一个创新的商业合作方式，就是由可口可乐公司售给他们糖浆，他们投资生产的公司及售卖点，将糖浆兑水，装瓶，出售。按可口可乐公司的要求生产及品质保证，公司允许他们利用可口可乐的商标，做广告和特别的装瓶系统，从此可口可乐的工厂遍地开花。坎德勒开始把制造饮品的原液销售给其他药店，同时也开始在火车站，城镇广场的告示牌上做广告。1901年广告预算已达10万美元。因坎德勒预见将来这种饮料主要在饮料机中销售，1899年以1美元的价格售出这种饮料第一个装配特许经营权。

3. 可口可乐中文译名的由来。可口可乐早期在中国直译成"蝌蝌啃蜡"，但销路不佳。20世纪20年代已在上海生产，但没有正式的中文名字，于是当时可口可乐专门负责海外业务的可口可乐出口公司，在英国登报征求译名。后来这个中文名字是由一位身在英国的一位上海教授蒋彝以"可口可乐"四个字击败了所有对手，拿走了350英镑奖金。最终，这家饮料公司也获得了迄今为止被广告界公认为翻译得最好的品牌名——可口可乐，既"可口"亦"可乐"，不但保持英文的音，还比英文更有意思。

这里我们可以将这个案例结合知识产权解释一下。约翰·彭伯顿和合伙人罗宾逊是可口可乐的发明人，也是享有专利的知识产权持有人；两位美国律师是知识产权产业化的策划人和实践者，坎德勒则是知识产权证券化和知识产权产业化的操盘人，也是知识产权最终持有人和受益人。

（三）"麦当劳"这一品牌的持有人并非麦氏兄弟

麦当劳是大家非常熟悉的快餐品牌。麦当劳王国的创始人是住在洛杉矶一个小镇的麦当劳兄弟，但把餐厅发扬光大的却是与麦氏兄弟没有亲戚关系的雷·克洛克

（Ray Kroc），由于他独具慧眼，经过几十年的努力拼搏，晚年创建了麦当劳王国而风靡全球。目前，麦当劳连锁店已遍布全球各地，麦当劳公司每年则收到可观的加盟费。

1. 雷·克洛克慧眼独具麦氏快餐模式。1954年，当时已52岁的雷·克洛克（Ray Kroc）是一名奶昔机的推销员，在一次探访客户的旅程中，他途经洛杉矶的一个小镇，而麦当劳兄弟正在该镇开设了一家汽车餐厅。这家店只提供9款食品，以纸和塑胶餐具代替玻璃，每位客人由落单到取得食物只需1分钟时间，再加上价钱便宜，吸引了排队的人群。克洛克从事餐饮业相关工作近30年，从未见过类似麦氏兄弟餐厅的格局，凭他对餐饮业的直觉，他相信类似麦氏兄弟经营的快餐模式将会大受欢迎，遂游说两兄弟扩张餐厅。但麦氏兄弟并不是生意人，对本来的餐厅收入已很满意，不想花太多精力经营连锁店，但经克洛克费尽唇舌后，两兄弟终于与他达成协议，克洛克获得售卖餐厅连锁店的加盟权，更定下加盟店只需付营业收入1.9%给母公司的规定，其中0.5%归麦氏兄弟所有。

2. 步履维艰，努力成为美国企业界巨人。当时麦当劳兄弟不依照营业要求，擅自出售加盟权给克洛克的竞争对手，令克洛克决心要摆脱他们。为了解决债务问题，克洛克踏足房地产生意，租或买下许多店铺，再转租给加盟者，从中获利。解决了财务问题后，麦当劳餐厅继续发展，成为美国企业界巨人。麦当劳独具特色的核心竞争力表现为：标准化产品、一次性餐具、规范化服务、形象化宣传、特许经营、连锁化管理、全球化发展，截至2014年末已在全球121个国家设立了超过三万间餐厅，47年中一直保持盈利纪录。

3. 推动特许经营，收取可观的加盟费。自1990年开出第一家餐厅，目前麦当劳在我国开设的连锁餐厅总数已经超过600家。这些餐厅的经营模式主要有三种：麦当劳与当地合作伙伴双方各占50%股份的合资经营模式。如北京、上海、广州；合同式的合资形式；独资。特许经营者将被允许使用麦当劳的商标，共享麦当劳的供应体系，并从餐厅经营中获得利润，而麦当劳则通过向特许经营人收取其营业额的一定比例作为加盟费而获利。

在此再将这个案例结合知识产权解释一下。这里的核心知识产权则是商誉和品牌。麦当劳兄弟是创始人，作为投资人及经营者的雷·克洛克买下了麦当劳的所有版权，成了知识产权持有人。然后，再通过他及其经营团队经过数十年的苦心经营，才成就了当今的麦当劳王国。由此可见，知识产权持有人不一定是创始人和发明者，只要有独具慧眼的投资人，通过受让知识产权完全可以成为新的知识产权持有人和品牌商誉的创始人。在这一点上与资本市场的股权收购有着一定的相似性。

三、必须尊重知识产权及其发明者

1. 万金油的发明者胡文虎。胡文虎是我国著名的药商，有次到气候炎热的南方出差，晚上睡觉时当地的蚊子在耳边嗡嗡地飞来叫去，不小心还让蚊子咬了好几口，他由此想到了东南亚各国人口稠密，生活贫困，苍蝇和蚊子很多，要是能研制出一种可以治疗中暑头痛和蚊虫叮咬，便于携带又价格便宜的新药来，一定会受欢迎，经过一段时间的反复实验，一种叫"万金油"的大众药物被推向了市场，如今，"万金油"已经成了老百姓居家旅游的必备产品，胡文虎也因此获得了巨大的成功。

胡氏兄弟凭借自己的魄力和智慧，使"虎标万金油"销量猛增，先后占领了新加坡、缅甸等东南亚市场，接着又通过中国香港打入内地市场。一时间，"虎标万金油"成了千家万户必备的家庭保健品，人们头晕脑热、蚊叮虫咬都爱用它，畅销于整个西太平洋和印度洋的广大地域，包括中国、印度和东南亚这三个人口最多的市场，销售对象达到全球总人口的半数以上。小小的"万金油"给胡氏兄弟带来了巨额财富，成为名副其实的"万金"油。

2. 华莱士创办了《读者文摘》。一个叫华莱士的美国士兵创办了美国畅销杂志《读者文摘》。话说在第一次世界大战期间，美国明尼苏达州圣保罗的年轻人华莱士常看见一个小战士把自己喜欢的文章剪辑下来装订成册，他突发灵感：要是能够办一个"读者文摘"，把人们喜欢的文章都收集在一起装订出版，一定会受到读者青睐。华莱士对杂志文章颇感兴趣，且具有缩写的非凡天才。战争结束后，华莱士仍然不忘当初迸发的瞬间灵感，他决定和妻子利拉·艾奇逊一起出版他们称为《读者文摘》的一种袖珍杂志。他们仅以5000美元的资本在纽约格林威治村的一家酒店楼下开设一个办公室，开始征求订户。在经历了千辛万苦的奋斗之后，1918年《读者文摘》创刊号一炮打响，此后它如滚雪球般越滚越大，后来成为在全世界127个国家和地区拥有杂志、书籍、行销和投资的王国，年收入逾10亿美元。由于传统出版业遭遇到了网络阅读时代的狙击，传统阅读走到了末路。2009年8月24日，拥有全球最大销量的通俗杂志《读者文摘》在美国正式申请破产保护。这是一桩在融资收购高峰期达成的媒体交易走向破产的案例。

四、巴斯德象限：需求拉动使技术进步迎来从量变到质变的飞跃

在20世纪我们已有大量科学积累，而21世纪是由科学到技术加速转化的时

代，需求拉动使技术进步迎来从量变到质变的飞跃。近年来，机器人领域的相关知识和技术储备已具备相当条件，接近实现突破的拐点，带动机器人产业迅速发展，机器人领域的"巴斯德象限"特征明显。

1. 什么是"巴斯德象限"。由普林斯顿大学 Donald Stokes 教授提出。Stokes 列举了法国科学家巴斯德（Louis Pasteur——微生物学之父，巴斯德消毒法发明人）和美国曼哈顿计划（Manhattan Project——美国第二次世界大战期间研制第一颗原子弹的计划）的例子，说明科研过程中的认识世界和知识应用的目的是可以并存的。Stokes 提出了自己的一个关于科学与技术相互关系的概念模型，他称为"科学研究的象限模型"。

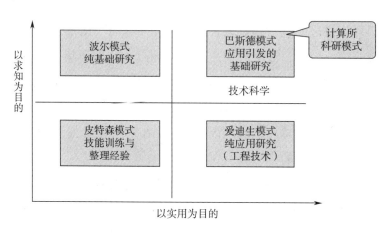

图 1-1 科学研究的象限模型

上方的象限代表的是既受好奇心驱动又面向应用的基础研究，称为巴斯德象限（Pasteur's Quadrant）。对于科学研究的浪漫主义观点认为，科学研究主要由好奇心驱动的，研究者进行一系列的科学研究是因为碰巧发现它很有趣，而不管它的实用性。因为在一些人看来，关注于应用与"真正的"科学格格不入。然而，研究人员发现得以应用的研究更有可能对科学本身产生影响。特别是，那些被专利直接引用的研究文章往往会成为科学领域的"本垒打"，这些杰出的、极具高度引用性的论文被其他科学家所借鉴。因此，关注现实世界的问题不仅可以促进直接的应用，也可以促进新的科学，从而在对世界的理解上带来潜在的深远进步。

2. 推动全球机器人领域开放合作发展，更好造福人类社会。机器人是当前科技变革的最重要领域之一，将对人类社会的生产模式和生活方式产生深刻影响。当今世界，在人口和社会结构变化、由"科"到"技"变革加快、经济发展迫切需要新增长点的背景下，机器人发展受到广泛重视。当前机器人领域发展呈现出一些趋势性现象，机器人产业发展明显加快，机器人与新一代信息技术深度融合，应用范围不断拓展，机器人领域的国际协作更为密切。

促进中国机器人领域持续健康发展，要从中国实际出发，坚持需求导向，坚持以人民为中心，不断提高供给质量和水平。要处理好政府和市场的关系，发挥市场配置资源的决定性作用，允许自由思考和充分探索，创造公平竞争的市场环境，坚定不移加强知识产权保护。要大力加强教育，培养更多机器人领域发展所需人才，努力提升国民教育水平，适应机器人时代的新要求。要妥善应对道德伦理和法律法规方面提出的新问题，趋利避害。要积极开展国际合作，与世界各国携手应对诸多共同挑战，推动构建人类命运共同体。

机器人是当前科技变革的最重要领域之一，最领先的国家、最活跃的投资者和最富有想象力的人们都大显身手，这将对人类社会的生产模式和生活方式产生深刻影响。当前，机器人领域发展呈现出一些趋势性现象：

（1）机器人产业发展明显加快。近年来全球机器人产业年均增长速度始终保持在15%以上，2017年全球机器人产业规模已超过250亿美元，增长20.3%，2018年达到近300亿美元，成为新的增长点。

（2）机器人与新一代信息技术深度融合。以物联网、大数据、人工智能等为代表的新一代信息技术，为机器人的智能化发展提供了必要的技术支撑，实现与人深度交流、互动、协作正成为努力方向。

（3）机器人应用范围不断拓展。工业机器人应用场景已从生产线、车间拓展到仓储和物流，应用领域从汽车、电子等产业扩展到新能源、新材料等产业；服务机器人应用场景扩展更加迅速，已服务于家庭、学校、商场、银行、酒店、医院等多种场所，并进入人类日常生活的诸多领域。

（4）机器人领域的国际协作更为密切。机器人全球产业链初步形成，不同国家根据各自比较优势，深度参与到机器人设计、研发、制造、集成、服务、培训等产业链不同环节，正在形成一个开放式、全球化的产业生态体系等。

3.“深圳奇迹”诞生的秘密。原深圳市副市长唐杰在总结深圳40年沧桑巨变的原因时指出："市场是主导，企业是主体，法治是基础，政府是保障。大城市要引领创新，做创新型制造，不能是做大规模制造。"如果循着巴斯德象限再来看深圳，巴斯德是个纵轴，深圳的产业创新是个横轴。东京—横滨是世界当之无愧的科学与产业创新中心，它的科学论文居世界前列，全球国际专利申请数最多，所以我们要看到差距。世界大多数名城都位于这个曲线的上方，是以科学为导向的。深圳怎么走到产业创新今天的，我们查数据就可以发现，深圳100个专利中有12个是和北京合作，北京的科学发现，深圳产业化。北京每100个专利中有12个是硅谷来的，深圳每100个专利中有8个是从硅谷来的，结果就形成了世界上的一个罕见现象，跨越8000公里的创新三角。有很多人习惯说，深圳"拿来主义"就挺好，为什么要办大学啊？如果不办大学，所有的科学思想永远是白纸。深圳从"三来一补"走向模仿，走向制造，走向创新制造，最后要走向科学创新。

综上所述，科技发展和需求拉动使技术进步迎来从量变到质变的飞跃，科技发展、技术进步，都需要动力。既受好奇心驱动又面向应用的基础研究，称为巴斯德象限。模仿并不可怕，可怕的是只会模仿。所以，科技创新是知识产权法杖的原动力。

第二章　知识产权证券化

当今，知识产权已成为社会一大热点，在知识经济的大潮中，知识产权对于经济的贡献率日益凸显。此外，知识产权证券化及其问题的探讨也成为谈论的一个焦点。以下就知识产权证券化以及有关问题做一个深入的研讨。

第一节　什么是证券化

证券化有两个方面的含义：从狭义上来讲，它是指传统的银行和储蓄机构的资产（主要是贷款或者抵押物）被转变成可转让证券的过程。这类证券可能由存款式金融机构也可能由非银行的投资者购买。从广义上讲，证券化就是指近年来各种各样新型可转让票据市场的新发展，如出现在国际金融市场上的票据发行便利的浮动票据等，它们替代着传统银行贷款的作用，是一种借款机制筹资的新工具。这个过程的发展意味着投资者和借款者绕过了银行直接进行商业交易，事实上削弱了银行体系的中介作用。

一、证券化的特点

一是利用金融资产证券化可提高金融机构资本充足率，二是增加资产流动性，改善银行资产与负债结构失衡，三是利用金融资产证券化来降低银行固定利率资产的利率风险，四是银行可利用金融资产证券化来降低筹资成本，五是银行利用金融资产证券化可使贷款人资金成本下降，六是金融资产证券化的产品收益良好且稳定。

证券化发展在国际金融市场上表现为两个较为明显的特征：一是从 20 世纪 80 年代上半期，新的国际信贷构成已经从主要是辛迪加银行贷款转向主要是证券化资产。传统的通过商业银行筹措资金的方式开始逐渐让位于通过金融市场发行长、短期债券的方式。二是银行资产负债的流动性（或称变现性）增加。银行作为代理人和投资者直接参与证券市场，并且将自己传统的长期贷款项目进行证券化处理。

二、证券化类型

在我国，目前证券化的类型主要有资产证券化、应收账款证券化、融资证券化等；当前，随着国家有关知识产权一系列政策的出台，知识产权证券化方兴未艾，成为一种炙手可热的焦点。

（一）资产证券化

资产证券化，是指以基础资产未来所产生的现金流为偿付支持，通过结构化设计进行信用增级，在此基础上发行资产支持证券（Asset – Backed Securities，ABS）的过程。也就是将缺乏流动性，但能够产生可预见现金流量的资产转化为在金融市场上可以出售和流通的证券。资产证券化将存在的具有稳定未来现金流的非证券化资产集中起来，进行重新组合，据此发行证券的过程和技术，它是以特定资产组合或特定现金流为支持，发行可交易证券的一种融资形式。

也就是说，资产证券化是以项目所属的资产为支撑的证券化融资方式，这种债券的利率一般比较低。加之，在国际市场上发行债券是由众多的投资者购买，所以投资风险也比较分散。从信用角度看，资产支持型证券是最安全的投资工具之一。自 1970 年美国的政府国民抵押协会首次发行以抵押贷款组合为基础资产的抵押支持证券·房贷转付证券，完成首笔资产证券化交易以来，资产证券化逐渐成为一种被广泛采用的金融创新工具而得到了迅猛发展，在此基础上，现在又衍生出如风险证券化产品。

1. 资产证券化的定义。广义的资产证券化是指某一资产或资产组合采取证券资产这一价值形态的资产运营方式，它包括以下四类：

（1）实体资产证券化，即实体资产向证券资产的转换，是以实物资产和无形资产为基础发行证券并上市的过程。

（2）信贷资产证券化，就是将一组流动性较差信贷资产，如银行的贷款、企业的应收账款，经过重组形成资产池，使这组资产所产生的现金流收益比较稳定并且预计今后仍将稳定，再配以相应的信用担保，在此基础上把这组资产所产生的未来现金流的收益权转变为可以在金融市场上流动、信用等级较高的债券型证券进行发行的过程。

（3）证券资产证券化，即证券资产的再证券化过程，就是将证券或证券组合作为基础资产，再以其产生的现金流或与现金流相关的变量为基础发行证券。

（4）现金资产证券化，是指现金的持有者通过投资将现金转化成证券的过程。

狭义的资产证券化是指信贷资产证券化。按照被证券化资产种类的不同，信贷资产证券化可分为住房抵押贷款支持的证券化（Mortgage－Backed Securitization，MBS）和资产支持的证券化（Asset－Backed Securitization，ABS）。前者的基础资产是住房抵押贷款，而后者的基础资产则是除住房抵押贷款以外的其他资产。

2. 资产证券化的实质。资产证券化在本质上是一种结构融资。由于资产证券化是以企业的部分资产为基础进行融资，需要解决的首要问题就是使这部分资产与企业的其他资产隔离开来，使投资者的收益完全来自这部分具有稳定现金流的资产，而不受到企业整体信用状况和风险的影响。这就需要通过设计一定的交易结构来实现，因此资产证券化在本质上是一种结构融资。实施资产证券化的首要问题是设计和建立一个能够使基础资产与融资方的其他资产相隔离的交易结构，这个交易结构可以通过两种方式实现。

（1）特殊目的公司（Special Purpose Company，SPC）形式。简单地说，也就是原始权益人将基础资产出售给SPC，SPC以基础资产的未来现金收益为支持发行证券（一般称为"资产支持证券"），以证券发行收入支付购买资产的价款，以资产产生的现金流向证券投资者支付本息。在这种交易结构下，为了保证基础资产与原始权益人的其他资产相隔离，要求基础资产"真实销售"给SPC，原始权益人不能保留追索权，原始权益人的债权人也不能对这部分已出售的资产主张权利。同时，SPC必须是专为本次交易专门设立的机构，其不能从事其他任何具有经营风险的业务，以保证基础资产所产生的现金流能完全通过自己传递给资产支持证券的持有人。也就是说，SPC实际是一个只持有基础资产的"空壳"公司。

（2）信托形式。简单地说，就是指原始权益人将基础资产信托与营业性信托机构，成立信托关系，然后原始权益人将其所享有的基础资产的受益权以信托受益凭证（也是一种可交易的"证券"）的方式发售给投资者。在这样一个信托关系中，原始权益人为委托人，信托机构为受托人，基础资产为信托财产，投资者则为受益人，其按份享有受益权。使用信托交易结构也能够实现风险隔离，这是由信托的特殊法律属性所决定的。在所有权上，信托财产随着信托的设立而属于受托人，但这种所有权是受限的或者说是一种名义上的（在英美法系，其受到受益人"衡平法上所有权"的限制；在大陆法系，受到受益人"受益权"的限制）。而在法律地位上，信托财产又具有独立性，即信托财产与委托人、受托人和受益人三方的自有财产分离，成为独立运作的财产。也就是说，在信托交易结构中，原始权益人将基础资产信托与特殊目的实体（Special Purpose Vehicle，SPV）后，基础资产的名义所有权属于受托人，受益权属于信托受益凭证的持有人，原始权益人及原始权益人的债权人就不能再对这些资产主张权利，从而实现风险隔离。

3. 资产证券化的目的。资产证券化的目的在于将缺乏流动性的资产提前变现，解决流动性风险。由于银行有短存长贷的矛盾，资产管理公司有回收不良资产的压力，因此在我国，资产证券化得到了银行和资产管理公司的青睐。

无论是通过SPC方式还是信托方式，都是一种表外融资方式，这对于商业银行尤其重要。因为就商业银行来说，其实施资产证券化的驱动力并不是为了融资，而是解决其长期资产与短期负债的结构性矛盾。通过资产证券化这种表外融资方式可以解决这一矛盾，并且提高资本充足率。

4. SPC与SPV。为了便于了解资产证券化，首先需要明白两个概念：SPC与SPV。

（1）特殊目的的公司（SPC）。SPC是指发起人将证券化基础资产转让给一家专门从事证券化运作的特殊目的的公司，由其发行资产支持证券。发起人设立特殊目的公司（SPC），以真实销售的方式，将基础资产的所有权完全、真实地转让给SPC，然后SPC向投资者发行资产支持证券，募集的资金作为购买发起人的基础资产的对价。通常认为，真实销售是指在资产转让过程中由发起人以出售的形式将与基础资产有关的收益和风险全部转移给SPC，资产转让后SPC对基础资产拥有完全所有权，发起人及其债权人不得再对资产行使控制或收益权。在这个过程中要明确基础资产的所有权已从发起人转移至SPC，通常由律师出具法律意见书，并有相应的基础资产出售协议等法律文件的支持。

与信托相比，采用SPC这种形式有两个优点：① 公司拥有证券化基础资产的实质性权益，因而有权对该资产产生的现金收益进行任意的分割组合，可以运用分档、剥离等技术，向投资者发行不同档次或不同支付来源的转付型证券，而无法律上的权利限制；② 作为一个常设机构，可以连续不断地进行证券化交易运作，可向不同的发起人购买不同的证券化基础资产，不管这些资产是否相关，据以分别发行一组组不同的资产支持证券，在更大规模、更深层次上推行证券化，从而提高证券化效率，降低运作成本。资产证券化试点以来，尚未真正以SPC作为载体发行过资产支持证券。

（2）特殊目的的实体（SPV）。通常指仅为特定、专向目的而设立的法律实体（常见的是公司，有时也有合伙等。以下除非特别说明，都指公司）。对比普通公司，往往SPV除设立的特定目的外，没有独立的经营、业务等职能。有时也被称为

SPE（Special Purpose Entity）等。空壳公司（Shell Company）的概念范围通常和SPV类似，但有时会有所区别。例如，在美国证券法背景下，根据 SEC 规定，空壳公司是指符合以下条件的公司：没有或仅有名义上的运营；资产形式（根据 GAAP 认定）：无资产，或者实质上的资产组成只有现金及现金等价物。但是上述定义不适用于资产支持证券的发行人。通常涉及资产支持证券时，基本都会用 SPV 的称呼。

①SPV 与离岸公司。由上述定义可见，SPV 是为实现特定目的（如持有资产、便利未来资产交易等），根据现行法律法规的规定，采取适合该特定目的的形式而设立的企业。由此引申，选择注册 SPV 的地区/法域，除需满足上述特定目的外，最好能有尽可能低的税负成本、宽松的公司治理体制、尽可能简单的政府管理程序，以及被主要的金融服务商（银行、券商等）认可，方便资金流动等。而由于各离岸地法律通常在上述各方面都有优势，因此常常成为 SPV 注册地的首选（注：各离岸地之间法律规定和管理体制还是有差异的，因此在具体交易中往往根据对上述各因素的不同偏重而有所取舍）。

②SPV 的直接目的。从最广泛的角度来说，SPV 的直接目的是以尽可能低的成本（运作成本、管理费用、税负成本、时间成本等），持有一定资产。由此衍生出很多进一步用处，比如证券化、资产剥离，比如达到/规避特定法律要求等。

③SPV 的意义。SPV 公司是转变商业模式、产融结合、拓展投建一体业务、促进公司主营业务收入增长的重要载体之一；SPV 公司可推动 PPP 项目建设，推动与政府工作，有效管理投融资工作，维护公司合法利益，以模式的转变来带动投资和工程建设的收益。通过对 PPP 项目和 SPV 公司的运作，不断完善自身的管理内容，提升公司的管理能力。

（3）几个案例。

①资产证券化。A 公司手里有一个游乐园项目，需要资金覆盖建设、宣传等前期费用，未来用游乐园经营收入偿还。于是，A 公司将游乐园（或游乐园未来运营收入的收益权）的法律权益转给 SPV（根据所依据法律，有不同的转让方式）；通过金融中介机构的服务（如评级、承销等），SPV 的股权可通过证券市场由投资者认购，募集到资金。国内操作见欢乐谷（华侨城 A），国外例子见阿森纳。

②红筹上市。在国内说 SPV，一部分指的是这种操作。一般来说，境内企业的实际控制人在海外设立 SPV；SPV 回头收购境内公司股权（或针对限制/禁止外商投资领域，通过 VIE 形式取得实际控制），并且与境内企业合并报表；SPV 向境外证券市场申请上市。这一操作的实质是，通过 SPV 将境内公司的性质变更为外资公

司，打开境外上市的门路①。中国法律要求创始人就 SPV 设立、SPV 收购境内公司（术语：返程收购），以及未来的上市融资等事项向外汇管理局进行登记。

5. 资产证券化的种类范围。

（1）根据基础资产分类。根据证券化的基础资产不同，可以将资产证券划分为不动产证券化、应收账款证券化、信贷资产证券化、未来收益证券化（如高速公路收费）、债券组合证券化等类别。

（2）根据资产证券化的地域分类。根据资产证券化发起人、发行人和投资者所属地域不同，可将资产证券化分为境内资产证券化和离岸资产证券化。国内融资方通过在国外的 SPV 或结构化投资机构（Structured Investment Vehicles，SIVs）在国际市场上以资产证券化的方式向国外投资者融资称为离岸资产证券化；融资方通过境内 SPV 在境内市场融资则称为境内资产证券化。

（3）根据证券化产品的属性分类。根据证券化产品的金融属性不同，可以分为股权型证券化、债券型证券化和混合型证券化。

值得注意的是，尽管资产证券化的历史不长，但相关证券化产品的种类层出不穷，名称也千变万化。最早的证券化产品以商业银行房地产按揭贷款为支持，故称为按揭支持证券（MBS）；随着可供证券化操作的基础产品越来越多，出现了资产支持证券（ABS）的称谓；再后来，由于混合型证券（具有股权和债权性质）越来越多，干脆用 CDOs（Collateralized Debt Obligations）概念代指证券化产品，并细分为 CLOs、CMOs、CBOs 等产品。最近几年，还采用金融工程方法，利用信用衍生产品构造出合成 CDOs。

6. 交易流程。概括地讲，一次完整的证券化融资的基本流程：发起人将证券化资产出售给一家 SPV，或者由 SPV 主动购买可证券化的资产，然后 SPV 将这些资产汇集成资产池（Assets Pool），再以该资产池所产生的现金流为支撑在金融市场上发行有价证券融资，最后用资产池产生的现金流来清偿所发行的有价证券。一个完整的资产证券化融资过程的主要参与者有发起人、投资者、特设信托机构、承销商、投资银行、信用增级机构或担保机构、资信评级机构、托管人及律师等。通常来讲，资产证券化的基本运作程序主要有以下几个步骤：

（1）重组现金流，构造证券化资产。发起人（一般是发放贷款的金融机构，也可以称为原始权益人）根据自身的资产证券化融资要求，确定资产证券化目标，

---

① 按现行法规，中国企业也可以直接申请境外上市，但程序复杂、要求很高，通常除了少数大型国企很少选择。

对自己拥有的能够产生未来现金收入流的信贷资产进行清理、估算和考核，根据历史经验数据对整个组合的现金流的平均水平有一个基本判断，决定借款人信用、抵押担保贷款的抵押价值等并将应收和可预见现金流资产进行组合，对现金流的重组可按贷款的期限结构、本金和利息的重新安排或风险的重新分配等进行，根据证券化目标确定资产数，最后将这些资产汇集形成一个资产池。

（2）组建特设信托机构，实现真实出售，达到破产隔离。特设信托机构是一个以资产证券化为唯一目的、独立的信托实体，有时也可以由发起人设立，注册后的特设信托机构的活动受法律的严格限制，其资本化程度很低，资金全部来源于发行证券的收入。特设信托机构是实现资产转化成证券的"介质"，是实现破产隔离的重要手段。

（3）完善交易结构，进行信用增级。为完善资产证券化的交易结构，特设机构要完成与发起人指定的资产池服务公司签订贷款服务合同、与发起人一起确定托管银行并签订托管合同、与银行达成必要时提供流动性支持的周转协议、与券商达成承销协议等一系列的程序。同时，特设信托机构对证券化资产进行一定风险分析后，就必须对一定的资产集合进行风险结构的重组，并通过额外的现金流来源对可预见的损失进行弥补，以降低可预见的信用风险，提高资产支持证券的信用等级。

（4）资产证券化的信用评级。资产支持证券的评级为投资者提供证券选择的依据，因而构成资产证券化的又一重要环节。评级由国际资本市场上广大投资者承认的独立私营评级机构进行，评级考虑因素不包括由利率变动等因素导致的市场风险，而主要考虑资产的信用风险。

（5）安排证券销售，向发起人支付。在信用提高和评级结果向投资者公布之后，由承销商负责向投资者销售资产支持证券，销售的方式可采用包销或代销。特设信托机构从承销商处获取证券发行收入后，按约定的购买价格，把发行收入的大部分支付给发起人。至此，发起人的筹资目的已经达到。

（6）挂牌上市交易及到期支付。资产支持证券发行完毕到证券交易所申请挂牌上市后，即实现了金融机构的信贷资产流动性的目的。但资产证券化的工作并没有全部完成。发起人要指定一个资产池管理公司或亲自对资产池进行管理，负责收取、记录由资产池产生的现金收入，并将这些收款全部存入托管行的收款专户。

（7）资产证券化过程中的三个重要问题。资产证券化过程中，最重要的三个方面的问题：

① 必须由一定的资产支撑来发行证券，且其未来的收入流可预期。

② 资产的所有者必须将资产出售给SPV，通过建立一种风险隔离机制，在该资产与发行人之间筑起一道防火墙，即使其破产，也不影响支持债券的资产，即实现破产隔离。

③ 必须建立一种风险隔离机制，将该资产与SPV的资产隔离开来，以避免该资产受到SPV破产的威胁。

后两个方面的问题正是资产证券化的关键之所在，其目的在于减少资产的风险，提高该资产支持证券的信用等级，降低融资成本，同时有力地保护投资者的利益。

（8）资产证券化的当事人。资产证券化交易比较复杂，涉及的当事人较多，一般而言，下列当事人在证券化过程中具有重要作用：

① 发起人。发起人也称原始权益人，是证券化基础资产的原始所有者，通常是金融机构或大型工商企业。

② 特定目的机构或特定目的受托人（SPV）。这是指接受发起人转让的资产，或受发起人委托持有资产，并以该资产为基础发行证券化产品的机构。选择特定目的机构或受托人时，通常要求满足所谓破产隔离条件，即发起人破产对其不产生影响。

③资金和资产存管机构。为保证资金和基础资产的安全，特定目的机构通常聘请信誉良好的金融机构进行资金和资产的托管。

④ 信用增级机构。此类机构负责提升证券化产品的信用等级，为此要向特定目的机构收取相应费用，并在证券违约时承担赔偿责任。有些证券化交易中，并不需要外部增级机构，而是采用超额抵押等方法进行内部增级。

⑤ 信用评级机构。如果发行的证券化产品属于债券，发行前必须经过评级机构信用评级。

⑥ 承销人。承销人是指负责证券设计和发行承销的投资银行。如果证券化交易涉及金额较大，可能会组成承销团。

⑦ 证券化产品投资者。即证券化产品发行后的持有人。

⑧ 除上述当事人外，证券化交易还可能需要金融机构充当服务人，服务人负责对资产池中的现金流进行日常管理，通常可由发起人兼任。

资产证券化的流程如图2-1所示。

举例简单通俗地了解一下资产证券化：

A. 在未来能够产生现金流的资产；

B. 上述资产的原始所有者（发起人）；

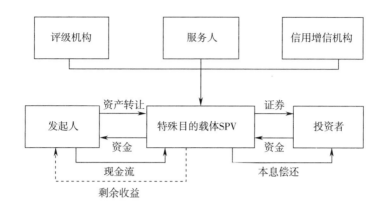

图2-1 资产证券化流程

C. 受托机构SPV；

D. 投资者。

B把A转移给C，C以证券的方式销售给D。

B低成本地（不用付息）拿到了现金；

D在购买以后可能会获得投资回报；

C获得了能产生可见现金流的优质资产。

投资者D之所以可能获得收益，是因为A是或许被认定为在将来的日子里能够稳妥地变成钱的好东西。

SPV是个中枢，主要是负责持有A并实现A与破产等麻烦隔离开来，并为投资者的利益说话做事。SPV进行资产组合，不同的A在信用评级或增级的基础上进行改良、组合、调整。目的是吸引投资者。

7. 资产证券化的意义。

（1）对于发起人而言。

①增强资产的流动性。从发起人（一般是金融机构）的角度来看，资产证券化提供了将相对缺乏流动性、个别的资产转变成流动性高、可在资本市场上交易的金融商品的手段。通过资产证券化，发起者能够补充资金，用于进行另外的投资。例如，商业银行利用资产证券化提高其资产流动性。一方面，对于流动性较差的资产，通过证券化处理，将其转化为可以在市场上交易的证券，在不增加负债的前提下，商业银行可以多获得一些资金来源，加快银行资金周转，提高资产流动性；另一方面，资产证券化可以使银行在流动性短缺时获得除中央银行再贷款、再贴现之外的救助手段，为整个金融体系增加一种新的流动性机制，提高了流动性水平。

②获得低成本融资。资产证券化还为发起者提供了更加有效的、低成本的筹资

渠道。通过资产证券化市场筹资比通过银行或其他资本市场筹资的成本要低许多，这主要是因为发起者通过资产证券化发行的证券具有比其他长期信用工具更高的信用等级，等级越高，发起者付给投资者的利息就越低，从而降低筹资成本。投资者购买由资产担保类证券构成的资产组合的整体信用质量，而不是资产担保类证券发起者的信用质量。同时，资产证券化为发起者增加了筹资渠道，使他们不再仅仅局限于股权和债券两种筹资方式。

③减少风险资产。资产证券化有利于发起者将风险资产从资产负债表中剔除出去，有助于发起者改善各种财务比率，提高资本的运用效率，满足风险资本指标的要求。例如，根据《巴塞尔协议》和我国《商业银行法》的要求，一个稳健经营的商业银行，资本净额占表内外风险加权资产总额的比例不得低于8%，其中核心资本不得低于4%。为了满足这一要求，许多银行必须增加资本或出售资产。由于增加资本是昂贵的，因而通过资产证券化交易出售资产就成为商业银行满足《巴塞尔协议》要求的有效途径。资产证券化可以将一部分资产从资产负债表上分离出去，减少分母资产数额，提高资本充足率以更好地满足监管要求。

④便于进行资产负债管理。资产证券化还为发起者提供了更为灵活的财务管理模式。这使发起者可以更好地进行资产负债管理，取得精确、有效的资产与负债的匹配。借短贷长的特点使商业银行不可避免地承担资产负债期限不匹配风险，通过资产证券化市场，商业银行既可以出售部分期限较长、流动性较差的资产，将所得投资于高流动性的金融资产，也可以将长期贷款的短期资金来源置换为通过发行债券获得的长期资金来源，从而实现风险合理配置，改善了银行的资产负债管理。同时，由于资产证券化允许将发起、资金服务等功能分开，分别由各个机构承担，这有利于体现各金融机构的竞争优势，便于确立金融机构各自的竞争策略。

总之，资产证券化为发起者带来了传统筹资方法所没有的益处，并且随着资产证券化市场的不断深入发展，这种益处将越加明显。

（2）对于投资者而言。

①高收益。资产担保类证券提供了比政府担保债券更高的收益，这部分高收益来源于许多因素，但最主要的是资产担保类证券的信用质量。因此，投资者可以获得较高的投资回报。

②低风险。资产证券化品种一般是以超过一个基准利率的利差来交易的。如在浮动利率资产证券化品种中，一般基准利率使用伦敦银行同业拆借利率，该种投资工具称为"基于利差的投资工具"。资产证券品种的出现满足了投资者对"基于利差的投资工具"的需求，从而达到投资多样化及分散、降低风险的目的。

③ 扩大投资规模。资产证券化可以帮助投资者扩大投资规模。一般而言，证券化产品的风险权重比基础资产的风险权重低得多。例如，美国住房贷款的风险权重为50%，而由联邦国民住房贷款协会发行的以住房抵押贷款为支撑的过手证券却只占20%的风险权重，金融机构持有的这类投资工具可以大大节省为满足资本充足率要求所需要的资本金，从而可以扩大投资规模，提高资本收益率。资本金所创造的压力已经成为对银行等金融机构对支撑证券进行投资的主要驱动力。

④ 提供了多样化的投资品种。投资者的风险偏好各不相同，资产证券化为投资者提供了多样化的投资品种，例如，有的投资者对风险比较厌恶，就会选择国债等风险较低的投资品种，相应会得到较低的收益，而有的投资者风险偏好较高，就会投资股票或衍生金融工具，当然要求的收益也较高。而资产担保类证券丰富了投资品种的风险—收益结构，为投资者提供了更多的投资品种选择，所以能够提高自身的资产质量。

⑤ 多样性与结构的灵活性。现代证券化交易中，证券一般不是单一品种，而是通过对现金流的分割和组合，可以设计出具有不同档级的证券。不同档级证券具有不同的偿付次序，以"熨平"现金流波动。甚至将不同种类的证券组合在一起，形成组合证券，从而可以更好地满足不同投资者对期限、风险和利率的偏好。资产证券化技术可以提供无限证券品种和灵活的信用、到期日、偿付结构等，这样就可以创造出投资者需要的特定证券品种。品种的多样性与结构的灵活性是资产证券化的优良特性，也是投资者最关注的性质。

（3）对原始权益者的好处。

① 资产证券化为原始权益人提供了一种高档次的新型融资工具。

② 原始权益人能够保持和增强自身的借款能力。

③ 原始权益人能够提高自身的资本充足率。

④ 原始权益人能够降低融资成本。

⑤ 原始权益人不会失去对本企业的经营决策权。

⑥ 原始权益人能够得到较高收益。

总之，资产证券化提高了资本市场的运作效率。

（二）融资证券化

融资证券化是指融资由银行贷款转向具有流动性的债务工具，筹资者除向银行贷款外，更多的是通过发行各种有价证券、股票及其他商业票据等方式在证券市场上直接向国际社会筹集资金；资金供应者在购进债券、票据后也可以随时把拥有的债权售出，转换为资金或其他资产。主要方式有股份制企业定向募集或上市公司公开发行股票及债券，这里不再累赘，重点介绍其他形式的融资证券化和应收账款证券化。

融资证券化筹措资金，主要是指银行将其流动性差的债权资产出售给第三者以发行债券，我们通常称为资产证券化。金融体系的证券化是指通过银行等金融机构借款的比重下降，发行对第三方转让的金融工具的比重相对提高，即所谓资金的"非中介化"或"脱媒"现象，这种意义上的融资证券化实质是一种融资渠道的改变，也就是由传统的以银行信贷为主（间接融资）向多元化发展。二者虽然表现形式不同，但都具有直接化的特征，也就是由间接金融趋向于直接金融。

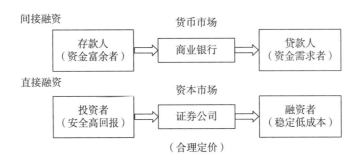

图 2-2　间接融资与直接融资比较

1. 发展现状及趋势。不要说与融资证券化发展最为显著的美国相比，即使与许多发展中国家相比，我国融资证券化的发展也相对滞后。从银行资产结构看，目前我国商业银行资产结构是信贷资产占绝对比重。从银行资产结构及股票融资和非银行持有的债券占银行资产的比重中可以看出，社会融资的主渠道仍然是银行信贷。另据中国证监会的统计数据，在融资结构有调整和优化要求的情况下，其步伐并没有想象的快。然而仅仅凭借对金融体系传统意义的把握就认为融资证券化可以防范系统风险的发生太过草率，因为在过去 10 年中，国际金融体系早已旧貌换新颜，出现了新的发展趋势。

（1）主要证券公司日益国际化。伴随着跨国公司的发展，各大证券公司也不甘示弱，纷纷在世界各地建立分支机构，这样它们不仅可以在全球各地各大证券市场一天二十四小时不停地直接参与证券市场运行，还可以通过其设在不同国家的分支机构同时运作。跨国证券公司的复杂结构使得一国证券公司出现的问题有可能迅速蔓延到其他国家，在处理问题时必须进行国际间的交流与协作，而不同国家制度体制文化等各方面的差异无疑会增加处理问题的难度，也就是说，国际化将使可能发生的危机越发严重。

（2）证券公司与商业银行和保险公司联系日益紧密。金融业由"分业经营、分业管理"的专业化模式向"综合经营、综合管理"的全能化模式的发展已成为当今国际金融业发展的主流。银行、证券、保险业之间的界限被逐步取消，金融机构可以同时经营多种业务，形成了"金融百货公司"或"金融超级市场"，给全球经济带来一场深刻的"金融革命"。但如此一来，与传统银行业相联系的系统风险就不可避免地影响到证券业务，这也是为什么近年来日益把系统风险与全局性的金融风险等同起来的原因。

（3）证券公司与银行合并愈演愈烈。1986 年，英国展开了一场金融业大改革，放宽对金融业的限制，准许银行收购证券公司，这成为银行与证券公司相结合的开始。金融联合体的规模越来越大，既是由于银行与证券公司之间的合并与兼并，也是由于金融业同一部门内部的合并速度非常之快。近年来，金融业的并购活动从发达国家到发展中国家都发展得非常迅猛。尽管金融机构越大，其经营失败的可能性越小，然而一旦发生风险，其外溢效应越大，从而更容易发生系统风险。

（4）全球性交易日益集中于大型金融机构之间。根据美国、英国、法国、日本、意大利等国的国家权威机构所提供的数据，近十年来各大金融交易中心的场外交易量中，最大的三家金融机构的成交量所占份额上升至27.2%，排名前十位的金融机构的成交量所占份额上升至54.7%。这种变化导致的直接后果就是证券交易和支付清算体系的风险越来越集中。我们都知道"把鸡蛋放在一个篮子里"的后果：一荣俱荣，一损俱损。如果一家大型金融机构发生问题，其结果可想而知。

2. 融资证券化的实施。

（1）证券化是一种资产负债管理工具。证券化在本质上是一种改善流动性的资产负债管理工具，而非与一般直接融资方式（股票、公司债）相一致的增量融资工具。资产证券化的功用与效应，普遍存在认识上的偏差。事实上，证券化这种金融创新工具在本质上是一种改善流动性的资产负债管理工具，而非许多地产企业希望的如同股票和公司债券那样的增量融资工具。确实，资产证券化是一种融资工具，而且是革命性的融资工具，因为其使企业能够以其部分资产为基础而非整体信用实现融资，这是证券化区别于股票、企业债的重要特性。但同样以部分信用融资，证券化也区别于担保融资，因为那部分作为信用基础的资产将完全脱离企业（那部分资产可理解为对价，而非担保物）。

（2）证券化顶多是一种"盘活存量"的融资工具。对于原始权益人来说，证券化只是将存量资产（如应收账款、收益权、信贷类资产）出售给特殊目的机构

（SPV），换回流动性更高、风险权重更低的现金或有价证券的过程，其结果是公司资产负债表中资产类别和相应财务指标的变化，在初始阶段并不影响公司负债和净资产的变化。只有当原始权益人将换回的现金用于新业务的扩张或者偿还债务时，其负债和净资产才会发生变化。从这一点可以看出，对于原始权益人来说，证券化顶多是一种"盘活存量"的融资工具。

（3）融资证券化的多种类型。融资证券化，除了股份制企业定向募集或上市公司公开发行股票及债券之外，还有基础设施（高速公路）项目融资证券化、房地产项目融资证券化以及融资租赁（资产）证券化等形式，以下重点介绍应收账款证券化。

3. 系统风险。融资证券化主要表现在两个方面：一是金融工具的证券化，即不断通过创新金融资证券化必然会对金融业产生一系列影响，目前市场及学术界普遍认为，积极推进融资证券化对于解决我国银行不良资产，拓宽融资渠道，推动投融资体制改革，促进经济结构调整，优化资源配置，改善商业银行的运营状态，提高在国际资本市场上的竞争力都具有重要意义。二是融资证券化可以防范金融系统风险、防止金融危机的产生及蔓延。

所谓系统风险是相对于个别金融风险而言的，从世界上一些国家的教训看，金融危机不管什么原因引起，最终都表现为支付危机，即或是无法清偿到期的国外债务，或是银行系统已不能满足国内存款者的普遍提存要求继而进一步导致挤兑甚至是银行破产。与"挤兑"一旦发生便极具传染性的银行相比，人们普遍认为证券公司天然具有防范系统风险的能力，一家证券公司的崩溃不大可能引起金融系统风险的发生，原因在于证券公司与银行之间存在基本结构上的差异。

（1）按规定证券经营机构的客户资金与其自有资金是相互隔离的，如果违背这个原则，比如挪用客户资金用于投资属于违法行为。这样有关证券公司自有资产经营的负面消息就不会影响到公司客户资金的安全。在这个条件下，如果一家证券公司经营失败，客户资金不会受到影响，转移资金相对容易，客户所能享受的服务也不会因此而大打折扣。

（2）证券公司的偿款责任并非像银行存款那样建立在"先到先得"的基础上，而是有一定期限的；另外，由于投资收益具有偶然性，与市场及企业的经管状况有关，而不是像银行那样有既定的利息，由此一来便可以使证券公司在很大程度上避免发生"挤兑"的风险。

（3）证券经营机构普遍持有流动性强，可转让的金融资产，这样当一家证券公司信誉受损，经营出现困难时，可以轻易出售其资产而不致受到巨额损失。

（三）应收账款证券化

应收账款证券化是一种既能充分发挥应收账款的促销作用，又能控制和降低应收账款成本的管理办法。证券化的实质是融资者将被证券化的金融资产的未来现金流量收益权转让给投资者，而金融资产的所有权可以转让也可以不转让。在国际上，证券化的应收账款已经覆盖了汽车应收款、信用卡应收款、租赁应收款、航空应收款、高速公路收费等极为广泛的领域。

1. 运作流程。交易主体在资产证券化交易过程中相当于整个交易的关键参与人，它们分别为发起人、特殊目的载体（SPV）和投资者，结合起来进行证券化交易就可以构建一个完整有效的交易结构，资产证券化就会顺利进行。在这一过程中，发起人就是应收账款的所有者，其剥离出未来能带来稳定现金流量的应收账款进行组合，资产池将根据注入的基础资产整合后形成一定规模，然后打包出售给专门为资产证券化服务的特殊目的载体，SPV将其注入基础资产池；证券发起人将资产真实出售给特殊目的机构，特设机构获得资产的所有权后，将资产进行剥离重组、信用评级并增级，最后委托投资银行在资本市场上发行资产支持证券，此证券是以未来现金流作为担保。投资者在证券市场上购买资产支持证券，SPV用销售证券的资金来购买发起人的应收账款，最后，用基础资产池产生的现金流来支付投资者的本金与利息，其运作流程如下：

（1）发起人确定证券化资产并建立基础资产池。首先发起人会根据企业对融资的需求对应收账款做定性和定量分析，确定将要证券化的应收账款。应收账款证券化是以该应收款能够在未来所能带来的现金流为基础的，但这并不意味着任何应收账款都能用来进行证券化，还需要对将要进行证券化的应收账款进行评定和组合。选择质量较好的基础资产的原因是为了剥离出资产的现金流较为稳定，避免基础资产不良带来的风险，所以这需要由专门的资产评估机构进行风险的评定。

（2）SPV是专门为进行资产证券化而设立的独立机构。SPV设立的主要目的是使基础资产与该资产原始权益人形成风险隔离。因此设立特殊目的载体是进行证券化的关键环节，特殊目的载体也被称为不会破产的实体，的确，特殊目的载体购买了证券化资产后，此基础资产从原始权益人那里脱离出来，实现了破产隔离。为此组建特殊目的载体时，要保持分立的性质、满足清偿的债务限制，并设立独立的董事制度。前文已经讲过，所谓的真实出售是将拟证券化资产从资产原始权益人的资产负债表中移出，这样进行证券化的应收账款就与发起人的信用状况不再有任何关系，达到了破产隔离的目的，维护了证券投资者的利益。特殊目的载体设立的形式一般是信托投资公司、担保公司等。具体需要参考所在国家或地区的法律法规。为了逃避税款等因素，许多特殊目的载体选择去开曼群岛或百慕大群岛进行注册。

（3）资产真实出售。被证券化的应收账款从原始权益人向特殊目的载体的转移是证券化运作中非常关键的一环，会涉及许多的法律税收和会计问题，这种转移实现了原始权益人与基础资产的破产隔离，实现了真实出售。即使原始权益人出现破产，债权人对已证券化的资产也不再具有追索权。

（4）信用评级与增级。应收账款证券化的资产支持证券发行时需要评估产品的信用等级，因此就需要专业的信用评级机构对其进行信用评级，这里面包括对原始权益人的应收账款和经过特殊目的载体重组后的应收账款以及信托机构的信用进行评级。按照程序，这需要初评和发行评级两次评级。初评是为了确认证券化产品是否达到了所需的信用等级，进而来确认信用增级要采取的措施。初评后评级机构还需要对基础资产进行监督，对基础资产的信用等级进行调整，然后正式发行评级，告知投资者评级结果。信用等级越高代表证券的风险越低，发行成本也就越低。因此为了吸引投资者，扩大资本市场，增加融资，被证券化的基础资产需要进行信用增级，使证券在信用质量、基础资产质量偿付准确性等方面满足投资者的需求，同时这有利于进行会计监督，满足企业的融资需求。

（5）发行证券。信用评级结果公布后，特殊目的载体要将证券移交给投资银行来承销。承销有公募发行和私募发行两种方式。资产支持证券的风险较低，收益很高，因此机构投资者更倾向来购买此类证券。特殊目的载体将发行证券所得的收入交给原始权益人来购买基础资产，并于证券偿付日向投资者支付本息。这样，发起人实现了其融资目标。

（6）管理资产池。特殊目的载体需要聘请专门机构来管理资产池作为"售后服务"。其职责主要是收取债务人偿还的本息后将资金存入特殊目的载体设立的特定账户，并监督债务人履行债权情况，一旦债务人违约，就需要及时采取补救措施。根据实践来看，一般发起人自己会充当此类角色，没有人比发起人更熟悉基础资产的情况。

2. 定价原则。在进行应收账款证券化时，对应收账款收益凭证的定价是非常关键的一步，其合不合理直接影响资产支持证券能否发行成功。由于应收账款证券化既要求信用增级还带有产品分层等特征，因此定价也非常复杂。

一般情况下，应收账款收益凭证的定价是由专业的评级机构来进行的，其对每个层次的证券进行评级，并确定这些不同层次证券的加权平均年限，再结合其信用等级、债券的利率与期限来计算产品的价值，确定证券的价格。经历过金融危机后，在对应收账款证券化的支持证券进行定价时，应该着重考虑定性因素与定量因素相结合，谨慎地调整定价模型与数据，以期能对我国应收账款证券化的支持证券做出最合理的判断。

只有合理科学的定价才能正确规划参与人的收益与风险，也能确保我国应收账款证券化交易结构的安全，推动我国应收账款证券化的持续健康发展。

3. 主要优势。应收账款证券化较常规应收账款管理方式有着许多优势，主要体现在以下几方面。

（1）优良的筹资方式。应收账款证券化就是将应收账款直接出售给专门从事资产证券化的 SPV，汇入 SPV 的资产池。经过重组整合与包装后，SPV 以应收账款为基础向国内外资本市场发行有价证券，根据应收账款的信用等级、质量和现金流量大小确定所发行证券的价格。将应收账款出售给精通证券化的 SPV，能够提高公司资产的质量，加强流动性，改善公司融资能力，还可以省去公司管理应收账款的麻烦，转移因应收账款而带来的损失风险。同时，这种融资方式通常融资费用较低，并可享受更为专业化的融资服务。

（2）可以降低管理成本。资产证券化的一项重要内容就是要实现证券化资产的破产隔离，也就是将应收账款从公司（发起人）的资产负债表中剥离出去，缩小破产资产的范围，降低破产成本，这样可提高公司资产质量，降低公司管理成本。同时，由于保险公司、共同基金和养老金基金等大型机构投资者都倾向于选择较高质量的证券，一般的公司债券难以获得这些机构的投资，而证券化过程所采用的资产信用增级技术使得证券质量得以提高，使得公司融资变得较为容易。

（3）降低交易成本。应收账款证券化由专门的机构进行，这些机构精通应收账款的管理，作为应收账款的拥有者来说，只要将应收账款出售给这样的机构就可以免去对应收账款的跟踪、追缴之苦，减少坏账损失，从而大大降低交易成本。

（4）优化财务结构。应收账款证券化有利于优化财务结构，充分利用资产和优化公司投资组合。

由此可见，应收账款证券化就是一种资产证券化的形式，其特点有以下几方面：

其一，应收账款证券化对企业的好处在于应收账款可以马上兑现，金融中介机构把企业的应收账款买过去，然后做成证券化产品卖给投资者。应收账款证券化产品的购买者把钱支付给了金融中介机构，金融中介机构把钱支付给企业。企业实现了马上收款，证券化产品购买者购买了应收账款（购买价格低于应收账款面值），也相应享受了一定的收益。

其二，对企业来说，应收账款证券化之后，其应收账款已经转移，没有风险。然而，风险只能转移和分散，不能消灭，应收账款证券化的意义就在于企业将应收账款的风险分散和转移给了证券化产品的购买者。

其三，对应收账款证券化产品的购买者来说，它的风险就在于应收账款是否能够真的按期足额的获得支付。如果不能，则承担风险；如果能，则享受收益。

4. 运作模式。应收账款证券化的主要参与者为发起人（应收账款出售方）、服务人、发行人（SPV）、投资银行、信托机构、信用评级机构、信用增级机构、资产评估机构和投资者等。以上机构在资产证券化市场中各自有着不同的作用。信用评级机构和信用增级机构对应收账款支持证券的发行是非常重要的，关系到证券发行是否成功和发行成本的大小；信托机构则通过特设托收账户对证券化的应收账款进行催收和管理，并根据证券化的委托协议负责向投资者清偿本金和利息。

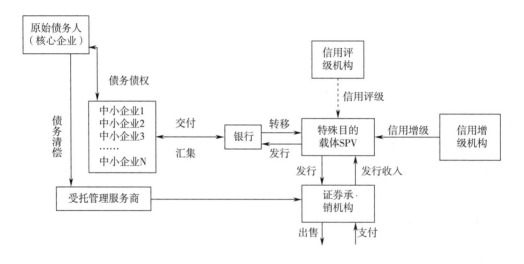

图 2-3 应收账款证券化的运作流程

应收账款证券化的具体运作程序可分为以下五个阶段：

（1）选择证券化的应收账款。在应收账款证券化过程中，一个重要的问题是选择应收账款，并非任何应收账款都适宜证券化。可用于证券化的应收账款应具备以下特征：①有一定可预见的现金流入量；②从应收账款获得的利息收入应足以支付抵押证券的利息支出；③具有抵押价值和清偿价值；④还款条件明确。

（2）组建证券化载体 SPV，实现真实销售。SPV 有时可以由原始权益人设立，但它是一个以应收账款证券化为唯一目的的信托实体，只从事单一的业务：购买证券化应收账款，整合应收权益，并以此为担保发行证券。它在法律上完全独立于原始资产持有人，不受发起人破产与否的影响，其全部收入来自应收账款支持证券的发行。为降低应收账款证券化的成本，SPV 一般都设在免税国家和地区。

（3）完善交易结构，进行内部评级。为完善应收账款证券化的交易结构，SPV 需要同原始权益人一起与托管银行签订托管合同，必要时要与银行达成提供流动性支撑的周转协议。之后，信用评级机构通过审查各种合同和文件的合法性及有效性，对交易结构和应收账款支持证券进行考核评价，给出内部评级结果。一般而言，此时的评级结果并不是很理想，很难吸引投资者。

（4）提高信用。在证券的发行中，应收账款支持证券的偿付依赖于被证券化的应收账款所产生的未来的现金流入顺利实现，这对投资者而言存在一定的风险，为此可以采取以下措施：一是破产隔离。通过剔除原始权益人的信用风险对投资收益的影响，提高应收账款支持证券的信用等级。二是划分优先证券和次级证券。对优先证券支付本息优于次级证券，付清优先证券本息之前仅对次级证券付息，付清优先证券本息之后再对次级证券还本。这样降低了优先证券的信用风险，提高了它的信用等级。三是金融担保。由另一家信用良好的金融机构提供信用担保，并由应收账款出让方给予证券回购承诺，即一旦证券到期而本息得不到及时支付，应由担保方或应收账款出售方代为支付，以保护投资者的利益。

（5）证券评级与销售。信用提高后，发行人还需聘请信用评级机构对应收账款支持证券进行正式的发行评级，并将评级结果向投资者公告，然后由证券承销商负责承销。发行完毕后，可在交易所或场外挂牌上市，在二级市场流通。最后，以证券发行收入支付购买证券化应收账款的价款，以证券化应收账款产生的现金流入向投资者支付本金和利息。

三、证券化产品

证券化产品多种多样、层出不穷，除了常见的资产证券化产品、不良资产证券化产品，目前大致有以下几种。

（一）信贷资产证券化产品

2018 年 11 月 8 日，国家开发银行在银行间市场首次发行绿色信贷资产证券化产品，规模为 31.4 亿元，募集的资金将再次投入绿色领域。这是国开行借助证券化手段，践行绿色发展理念的又一次有益探索。近年来，国开行通过完善绿色体系建设、加大信贷投放力度、发行绿色债券等多种方式，持续推进绿色金融业务蓬勃发展。截至 2019 年 10 月末，国开行绿色贷款余额已超过 1.8 万亿元，约占全部贷款余额的 17%，重点支持了长江等流域水污染防治、大气污染防治、工业绿色发展和绿色出行等领域发展。这些绿色项目每年可节约标准煤 6220 万吨，减排二氧化碳 14289 万吨。

2014 年 8 月 24 日，农业银行第二期信贷资产证券化产品——"2014 年第二期农银信贷资产支持证券"在银行间市场成功发行，规模为 80028 亿元。据悉，农行自此轮资产证券化扩大试点以来已累计发行 101228 亿元，居大型商业银行首位。得益于过硬的资产池质量、合理的产品结构设计和广泛的市场沟通，农行本次发行获得了各类投资者的充分认可，包括银行、保险、证券、财务公司等多样化机构在内的共 30 多家金融机构参与了投标，各档均获得超额认购，平均认购倍数为 1.58 倍，创市场新高。最终，A－1 档发行利率为 4.95%；A－2 档发行利率为 5.3%；B 档发行利率为 5.9%，属于同期市场可比产品较低水平。本次成功发行，将有利于农行进一步释放信贷规模，压降风险资产，主动调整资产结构和增加中间业务收入。

（二）房地产证券化产品

2015 年 12 月 8 日，"汇添富资本·世茂购房尾款资产支持专项计划"挂牌仪式在上海证券交易成功举行。作为国内首单购房尾款资产证券化产品，该项目由汇添富资本管理有限公司携手世茂集团联合推出，具有非常重要的示范意义。公开资料显示，世茂购房尾款 ABS 存续期为 3 年，根据风险收益特征，分为优先级和劣后级资产支持证券。根据中诚信评估，该项目的主体评级及优先级债项评级均为 AAA 级。在风险控制方面，该项目通过内部分层、高比例资产包抽查、强制压力测试等措施保障了产品的风险控制。该产品进一步拓宽了中国金融产品的组合区间，对有长期资产配置需求的机构进行需求细分，丰富了国内金融市场层次。

（三）房地产资产证券化产品

2015 年，以应收账款作为基础资产发行的 ABS 的房企超过 5 家，涉及资金在百亿元以上。以商品房购房尾款应收账款作为基础资产发行 ABS 融资开始步入快速发展渠道。率先尝到这种融资模式甜头的是华夏幸福、世茂房地产、碧桂园和融信中国等上市房企，其发行规模都在数亿元以上。以商品房购房尾款应收账款为基础资产发行 ABS 融资，资金成本相对较低，可以提前将资产变现，降低回款压力，加快资金回笼速度，提高资金利用率。

（四）公积金资产证券化（ABS）产品

武汉市住房公积金管理中心于 2014 年底与上海陆家嘴金融交易所合作，利用信托平台将该市公积金个人住房贷款资产中的特定部分打包，按市场能够接受的价格（发行综合成本不超过 6.5%）出售资产包的半年收益权，以市场化方式公开向社会发行，成功募得 3.55 亿元资金，全国首只住房公积金资产证券化产品由此诞生，实现了公积金个人住房贷款资产证券化的首次实践。从本质上看，武汉中心委托陆金所进行证券产品设计和发行，将具有可预见现金流的资产打包，以证券形式在金融市场上发售以获取流动资金的证券，也称为资产支持证券。与一般债券不同，它不是对某一经营实体的利益要求权，而是对特定资产池所产生的现金流或剩余利益的要求权。

2015 年 12 月 4 日，国内首个公积金个人住房贷款资产支持证券（ABS）产品正式发行，该产品由上海市公积金管理中心作为发起机构，发行总额为 69.6 亿元人民币，已获得专业评级机构 AAA 级的评级。第一期公积金 ABS 发行规模为 19.4 亿元，其中优先级资产支持证券 18.3 亿元，次级资产支持证券 1.1 亿元。优先级证券的票面利率均为基准利率 + 基本利差。这标志着目前国内首个公积金个人住房贷款资产支持证券产品正式出台。上海发行首例公积金 ABS 产品，打通住房公积金与资本市场的通道，释放积极信号，预计住房抵押贷款支持的证券化（MBS）、REITS 等证券化产品将加速推广或试点，有利于房地产市场的恢复。

（五）消费金融资产证券化

2015 年 12 月 3 日，京东金融旗下的京东白条的资产证券化（ABS）再度融资，这意味着国内消费金融类资产的 ABS 有望加速。京东金融宣布，其"京东白条二期应收账款债权资产支持专项计划"已经发行完毕，发行额为 12 亿元，并且深圳证券交易所已经对该计划出具无异议函，这表明京东白条 ABS 二期也将登陆深交所。此前，11 月底，京东金融刚刚在深交所发行了"京东白条应收账款债权资产支持专项计划"，这也是资本市场第一个基于互联网消费金融的 ABS 产品。据介绍，此次京东白条 ABS 二期共计发行 12 亿元，其中优先 1 级和优先 2 级总计占比为 88%，由合格投资者购买，劣后级占比为 12%，由京东购买。公开数据显示，本次发行的京东白条 ABS 二期优先 1 级和优先 2 级年化收益率分别为 4.7% 和 6.9%，较京东白条 ABS 一期发行利率均下降 0.4 个百分点。同期，中国人民银行基准利率下降 0.25 个百分点。

（六）投资类证券化产品

中国人寿通过资产证券化这一企业"盘活存量"的重要工具，来加大对首都核心功能区建设的支持。2017 年 5 月，金融街（一期）CMBS 专项计划正式成立，发行总规模达 63.17 亿元，中国人寿认购 55.17 亿元，实现优质资产大比例配置，助力金融街控股成功发行首期 CMBS（商业房地产抵押贷款支持证券）项目。CMBS 是指商业地产公司的债权银行以原有的商业抵押贷款为资本发行证券。本期项目基础资产为北京市金融街的标志性写字楼——金融街中心，总建筑面积达 13.96 万平方米，为国际 LEED 金级认证的绿色建筑。

目前，入驻金融街中心的有中国银行间市场交易商协会及亚投行、招商证券等众多境内外知名金融机构，持有人为金融街控股，实际控制人为北京市西城区国资委，是金融街商圈的主要开发商。中国人寿加大对首都核心功能区建设的支持，为双方未来全方面合作奠定了良好基础。资产支持证券除主体信用外，更有资产自身现金流支持，符合险资投资偏好。

（七）应收账款资产证券化产品

2016 年 11 月，三一重工应收账款 ABS 产品发行，意味着工程机械行业资产证券化破冰。本产品由三一重工集团金融板块牵头组织实施，采用结构化技术、超额现金流覆盖以及差额支付承诺提高证券信用评级，并广泛开展询价及路演，积极拓展各类型合格投资人，实现近期市场同类产品发行成本新低。分析人士认为，本期证券发行不仅有利于三一重工盘活存量资产、加速经营资金周转、提高资金使用效率，还有利于拓宽融资渠道、降低融资成本、优化资产结构，对我国工程机械行业乃至制造业资产证券化具有里程碑意义。本期证券包括优先 A 档、优先 B 档、次级档，共"两层三档"，其中，优先 A 档和优先 B 档面向合格投资人发售，次级档由三一集团认购。本期证券获得市场青睐，各类型合格投资人认购踊跃，虽然发行利率创近期同类型产品新低，但是认购倍数创同类型产品新高。

四、知识产权证券化的概念和产品

以上介绍了一些证券化产品，回过头再来看看：到底什么才是知识产权证券化？有哪些知识产权证券化的产品？

（一）何为知识产权证券化

所谓知识产权证券化就是指发起机构将其拥有的知识产权移转到特设载体，再由此特设载体以该项资产作担保，经过重新包装、信用评价等，以及信用增强后发行在市场上可流通的（类股或类债）证券，借以为发起机构进行融资的金融操作。

1. 作为一种重要的金融创新，知识产权证券化对于建设多层次金融市场、发展自主知识产权具有重要意义。知识产权证券化是其持有人融资、变现的一种有效手段和合法途径。

2. 然后达到知识产权持有人的高新技术或专利技术成果产业化的目标；当然也可直接转让而套现。

3. 由于知识产权证券化至少涉及科技和金融两大领域，所以可以是一个跨界行业。

（二）知识产权证券化的四个转化

以上这种解释仅是知识产权证券化的实现过程，比较难以理解。如果我们从知识产权证券化的运作以及结果来阐述，可能比较容易理解。

1. 将无形资产转化为有形资产。一旦知识产权证券化实现后，原来列入无形资产的知识产权，可以通过发债、入股及转让变现的形式，成为现金或投资的有形资产；从全球银行业的实践看，通过知识产权证券化所发行的 ABS（资产支持证券）的票面利率通常能比向银行等金融机构支付的知识产权担保贷款利率低 22%～30%。

2. 将表外资产转化为表内资产。由于各种原因，（如一些上市公司为了保护其持有的知识产权而不愿公开故没有申请专利）一些知识产权没有列入资产负债表内，而一旦知识产权证券化后，通过知识产权运营服务体系的运作后，将会成为现金资产、对外投资等各类表内资产。

3. 将长期固化的资产转化为可以流动的资产。作为无形资产的知识产权，流动性就比较差，若能转化成发行在市场上可流通、可转让的证券，无论是债或股的形式都会大大增强其流动性。

4. 将存量资产转化为增量资产。接着上述思路，存量资产一般都是相对固化的资产，虽然它们具有一定的价值或潜在的价值，但是没有知识产权证券化这一关键环节，很难转化为类债、类股的增量资产。

由此可见，作为一种重要的金融创新，知识产权证券化对于建设多层次金融市场、发展自主知识产权具有重要意义。

（三）知识产权证券化的产品

2018 年 12 月 14 日，我国首只知识产权证券化标准化产品"第一创业·文科租赁一期资产支持专项计划"在深圳证券交易所成功获批，实现了我国知识产权证券化零的突破。该笔 ABS 以北京市文化科技融资租赁股份有限公司为原始权益人,底层资产租赁标的物全部为专利权、著作权等知识产权,总规模达 7.33 亿元,实现了知识产权未来收益作为基础资产零突破。

2018 年 12 月 21 日,我国首只知识产权证券化产品——"奇艺世纪知识产权供应链资产支持证券"在上海证券交易所成功获批发行。这意味着我国具有里程碑式的首单知识产权证券化(IPS)产品获批发行。该产品由中国信达中国分公司牵头,基础资产债权的交易标的物全部为知识产权,总规模为 4.7 亿元。其中,优先级资产支持证券 A_1 期限约为 1 年,优先级资产支持证券 A_2 的期限约为 2 年。原始权益人为天津聚量商业保理有限公司,核心债务人为北京奇艺世纪科技有限公司,计划管理人和销售机构均为信达证券股份有限公司,评级机构为联合信用评级有限公司,法律顾问为北京市竞天公诚律师事务所上海分所。联合信用评级有限公司对全部奇艺世纪知识产权供应链资产支持证券优先级证券的评级为 AAA 级。

2019 年 9 月 11 日,广州开发区知识产权证券化产品"兴业圆融——广州开发区专利许可资产支持计划"在深圳证券交易所发行,这也标志着我国首只纯专利知识产权证券化产品落地。广州开发区在探索和实践如何最大化实现"知本"变"资本",取得了实质性进展,知识产权证券化产品有效地打通了民营科技型中小企业的融资新渠道。兴业证券是本次知识产权证券化产品的牵头券商、计划管理人及销售机构。其结构融资业务总部项目负责人称,该产品以民营中小科技企业专利权许可费用作为基础资产,选取了华银医学等 11 家黄埔区广州开发区的民营科技型中小企业作为首期试点参与主体,发行规模为 3.01 亿元人民币,债项评级达 AAA 级。该产品一经销售,就受到了资本市场的认可。项目获批认购倍数达到 2.25 倍,最终发行票面年利率为 4%,创下了 2019 年 3 年以上期限资产支持证券票面发行利率新低。

第二节　知识产权证券化和高新技术产业化

高新技术产业化是高新技术创新成果的商品化、市场化的过程,是从创新成果到形成一定规模商品生产的转化过程。经由这一过程,高新技术成果才有可能在国民经济的各个领域得到日益广泛的应用,并形成一定经济规模的产品。高新技术通过研究、开发、应用、扩散而不断形成产业,它以高技术研究成果为起点,以市场为终点,经过技术开发、产品开发、生产能力开发和市场开发四个不同特征阶段,使知识形态的科研成果转化为物质财富，其最终目的是高新技术产品打入国内外市场，获得高经济效益。高新技术产业化的各阶段相互联系，相互依存，构成了依次递进的线路，使高技术不断由产业点向产业链进而向产业群延伸和扩展。

一、高新技术产业

高新技术产业通常是指那些以高新技术为基础，从事一种或多种高新技术及其产品的研究、开发、生产和技术服务的企业集合，这种产业所拥有的关键技术往往开发难度很大，但一旦开发成功，却具有高于一般的经济效益和社会效益。对高新技术产业范围的界定，是研究高新技术产业各种问题包括政策问题的基础。然而，由于高新技术产业依托于高新技术，而人们对高新技术的认识往往还不能达成一致，这使得目前业界对于高新技术产业的界定也存在不同的看法。

美国商务部提出的判定高新技术产业的主要指标有两个：一是研发与开发强度，即研究与开发费用在销售收入中所占比重；二是研发人员（包括科学家、工程师、技术工人）占总员工数的比重。此外，产品的主导技术必须属于所确定的高技术领域，而且必须包括高技术领域中处于技术前沿的工艺或技术突破。根据这一标准，高新技术产业主要包括信息技术、生物技术、新材料技术三大领域。

经济合作与发展组织（OECD）出于国际比较的需要，也用研究与开发的强度定义及划分高新技术产业，并于 1994 年选用 R&D 总费用（直接 R&D 费用加上间接 R&D 费用）占总产值比重、直接 R&D 经费占产值比重和直接 R&D 占增加值比重 3 个指标重新提出了高新技术产业的 4 分类法，即将航空航天制造业、计算机与办公设备制造业、电子与通信设备制造业、医药品制造业等确定为高新技术产业。这一分法为世界大多数国家所接受。

加拿大认为高新技术产业的认定取决于由研发经费和劳动力技术素质反映的技术水平的高低。而法国则认为只有当一种新产品使用标准生产线生产，具有高素质的劳动队伍，拥有一定的市场且已形成新分支产业时，才能称其为高新技术产业。澳大利亚则将新工艺的应用和新产品的制造作为判定的显著标志。

中国目前还没有关于高新技术产业的明确定义和界定标准，通常是按照产业的技术密集度和复杂程度来作为衡量标准的。根据 2002 年国家统计局印发的《高技术产业统计分类目录的通知》，中国高技术产业的统计范围包括航天航空器制造业、通信设备制造业、电子计算机整机制造业、医药制造业和专用仪器仪表制造业等行业。高新技术企业是知识密集、技术密集的经济实体。高新技术范围的确定将根据国内外高新技术的不断发展而进行补充和修订，由国家科技部颁布。

二、高新技术产业化带来一系列的变革

高新技术的产业化，必将带来科研、工业、经济、社会教育等一系列的变革。

（一）高新技术产业化将改变劳动的性质和内容

人是生产力的第一要素，人参加物质生产过程执行着几种职能：一是以自己的肌力作为动力，运用劳动对象和劳动工具；二是支配、操纵不同的工具和机器，并借助它们作用于劳动对象；三是安排和调整劳动工具；四是设计和组织整个物质生产过程，即确定生产什么，利用什么材料和工具，劳动过程是怎样的，以及它在生产空间和时间上的整个流程。

在高新技术的广泛应用产业化条件下，虽然人在生产中仍然执行着上述几种职能，但各种职能的作用发生了很大变化。第一种职能的作用在减少，即体力劳动的比重减少，脑力劳动的比重在增加；从直接支配工具和工作机器转为主要的负责控制工作机器，把完成生产中的一些逻辑思维职能交给技术手段——电子计算机、机器人，使人从直接生产过程中解放出来。同时，设计和组织整个生产过程的职能日益趋于高智力化，即管理生产的职能越来越显得重要。高新技术产业化把"人类活动的最重要形式——科学、技术、生产、管理结合成一个认识和改造自然和社会的统一机制"。生产劳动大量地增加了创造性成分，并且逐步变为科学性劳动。社会劳动的智力化，产生了新型的劳动者，即不但用手而且用脑劳动的人。

（二）高新技术产业化带来的变化

高新技术产业化将使整个社会的产业结构、产品结构、消费结构和社会劳动分工发生新的变化。农业社会里主要劳动力是农民、少数手工业工人；工业社会里主要劳动力是采矿业、制造业、交通运输业的工人，农民人口流入城市，转入工人阶级队伍；在高新技术产业化的条件下，即所谓的知识经济、信息化的社会里，制造业的百分比不断下降，第三产业的工人和企业管理人员不断增加。美国1960年第一产业的劳动力占劳动力总数的8.2%，第二产业占34.5%，第三产业占57.3%；到1980年，第一产业的劳动力只占劳动力总数的2%，第二产业占21%，而第三产业的劳动力占到77%。

美国管理专家德拉克曾在1984年估计，在今后25年内，美国制造业将失去1500万个工作岗位。而美国电子协会则声称，它下属的各个公司到1985年为工程师、制图员、计算机分析人员和程序员提供了几十万个工作机会。美国休利特·帕

克德工厂每年生产价值 1 亿美元的电子机械，雇用 1700 多名工人，其中 40% 是工程师、程序设计师、技术员、办公室管理人员。高新技术产业化所带来的社会劳动的重新分工，证明了马克思在 100 多年前讲的："大工业的本性决定了劳动的变换、职业的更动和工人的全面流动性。"

（三）高新技术产业化的载体是知识劳动者

高新技术产业化的载体是受过良好高等职业技术教育的知识劳动者。各种支柱性产业都有与之相适应的经济形态和产业载体劳动者。

1. 以种植业、畜牧业、渔业和手工纺织业等为支柱产业的农业经济，所需的生产资料——种子、有机肥料、畜力等都是农业内部提供的，技术结构变化十分缓慢，此时的产业载体劳动者无须经过长期的教育和知识的学习。即"师徒"型的，只要跟着师傅干、老人干，在干中就能掌握有关知识，胜任所能负担的工作。

2. 在以制造各种机器为主体的制造业、为工业提供各种资源和能源的采掘业，以及由公路、铁路、航海和航空组成的交通运输业为支柱产业的工业经济时代，由于知识含量的增加，产业载体的劳动者一分为三：管理者、技术员和体力劳动者。最初的管理者是在实际工作中成长起来的，主要依靠经验来管理企业；到了后期才出现了受过高等职业教育的专业管理人才。早期的技术人员也是些实干家，依靠个人的勤奋和刻苦钻研，从事技术的发明和技术革新，在工业革命中期以后，这类自学成才的技术人员渐渐减少，取而代之的是受过高等职业技术教育的专业人员，他们在企业中数量不多，但作用不小，是企业新技术、新产品的开发者。

3. 在当今，以信息产业、新材料、新能源、生命和医药产业，空间产业、海洋产业、环境保护产业为支柱产业的知识经济时代，高新技术产业的工作领域发生了革命性的变化，既涉及有微观领域又有宏观领域，劳动对象极其微小（纳米技术）也可能异常宏大（生物圈），劳动者不仅要具有直接操作技能，还必须具有凭借仪器间接地从事操作技能，而且要掌握相关的跨学科的专业知识。这种劳动方式势必要求劳动者必须接受高等职业教育，掌握高等的劳动技能。

（四）高新技术产业化是科学技术和生产的日益一体化的总体现

科学技术和生产的日益一体化，缩短了科学技术在生产过程中物化的时间，使科学成为直接的生产力。第一次工业革命以前，不但科学技术和生产是脱节的，而且科学和技术也是分开的。

1. 一种新的科学思想要转化为技术需要经过漫长的岁月，同样技术要应用到生产上又要经过很长时间。例如，蒸汽机从发明到应用经过了 80 年；电动机从原理发明到应用经过了 65 年；真空管从原理发现到应用经过了 33 年，如此等等，这个漫长过程说明了，一方面科学的发展还没有达到能够直接地和急剧地影响和改造生产过程的水平；另一方面，生产还没有摆脱对经验知识的依赖，还没有达到迫切需要直接利用科学和技术的水平。

2. 但是到了 20 世纪中叶，情况开始有了急剧变化，物质生产力的发展，大机器生产进步，迫切需要科学研究的成果根本性的变革，生产中的一切因素，科学技术的进步成了改造生产的前提。因此科学技术应用到生产上的周期越来越短。20 世纪 50 年代以来，如晶体管从发明到应用只经过 3 年，雷达从原理发现到应用只经过了 5 年，激光的发明到制造激光器用了不到 1 年的时间。特别是电子计算机发展的速度更是惊人，这个速度远远超过了摩尔定律。

3. 现在一项新的技术发明问世，立即就会被用到生产上产生高的经济效果，而生产上的技术理论问题，又给科学研究提出了新课题。

（五）高新技术产业化是学科之间相互作用、高度渗透的结晶

众所周知，学科之间的相互渗透和相互作用，可使复杂问题的综合研究加强。例如，电子技术的革命使得整个生产过程的组织科学化和合理化，降低了产品的材料、能源、资金和劳动消耗。相应地，电子技术革命又必须依赖于新材料的出现。

1. 航空航天技术和海洋开发也需要新能源和新材料，同时它又可以在开发中提供新的能源和材料。因此，科学技术研究已经混为一体。科学研究一方面越分越细，出现了许多分支学科；另一方面又越来越综合。

2. 高新技术产业化是以高技术研究成果为起点，以市场为终点。高技术产业由产业点向产业链进而向产业群扩展的整个过程中，许多高技术问题需要跨学科研究。学科壁垒越来越弱化。

3. 过去，物理学在自然科学的革命化过程中起着重要作用，而现在生物学在高新技术革命中也越来越显示出举足轻重的作用。

（六）高新技术产业化是自然科学和社会科学综合的产物

新的科技成果在生产上和社会生活上的应用，必将使社会生活发生重大变革。马克思曾经说过："蒸汽机、电力和自动纺机甚至是比巴尔贝斯、提斯拜尔和布朗基诸位公民更危险万分的革命家。"恩格斯也讲到："英国工人阶级的历史是从 18 世纪后

半期，从蒸汽机和棉花加工机的发明开始的。大家知道，这些发明推动了产业革命，产业革命同时又引起了市民社会中的全面变革，而它的世界历史意义只是在现代才开始被认识清楚。"

高新科技成果出现所带来的社会问题光靠自然科学是不能解释的，必须运用社会学、政治学、经济学、教育学等社会科学的知识来解释。因此，在现时代，不仅学习社会科学的人要懂得自然科学；学习自然科学的人也应懂得社会科学，预测自然科学的发展所带来的社会问题，用正确的观点解释这些问题，以促进社会的进步。

三、高新技术产业的优惠政策

通过制定和实施国家高新技术产业的一系列政策，建设创新创业环境，聚集科技资源，促进技术创新与转化，加强科技和经济结合，调整产业结构，增强区域创新能力，推动高新技术的商品化、产业化和国际化，达到社会承认的规模程度，完成从量的集合到质的激变，使高新技术企业真正成为国民经济中的重要组成部分。高新技术企业可以享受到以下的优惠政策。

（一）税收减免

经认定的高新技术企业可减按15%的税率征收企业所得税。企业所得税由原来的25%降为15%，相当于在原来基础上降低了40%。连续3年，3年期满之后可以重新申请高新技术企业认定（2016年之前是3年期满后做高新复审，2016年管理办法取消了高新复审，改为继续重新申请高新），认定通过继续享受3年税收优惠，即可享受6年。比如，企业年纳税100万元，申报通过当年即可享受减免40万元的优惠，3年就可减免120万元税收，6年则减免240万元。

（二）加计扣除优惠政策

企业开发新技术、新产品、新工艺的企业研究开发投入可以进行研发费用确认享受所得税按150%的比例加计扣除优惠，即研究开发费用的投入在据实扣除的基础上再加计扣除50%。

（三）融资扶持政策

中关村改制上市资金扶持，对于改制、代办系统挂牌和境内外上市的中关村高新技术企业分别一次性给予20万元、50万元和200万元的资金补贴。

（四）直接资金奖励政策

有的地方对获得认定后给予企业一定的资金奖励，如北京市昌平区对通过认定的企业奖励 3 万元；朝阳区高新技术企业认定补助资金，给予最高不超过 3 万元的补助；顺义区对上一年度取得高新技术企业证书的企业，给予 10 万元奖励；房山区对年度内获批国家高新技术企业给予一次性 5 万元的资金支持。

（五）费用补贴政策

针对企业在申请高新认定时公司所做专项审计报告的费用，给予一定比例的补贴，如北京市昌平区、朝阳区、大兴区、经济技术开发区。

（六）项目优先扶持政策

目前各个层级政府扶持资金在内部评审时都对获得认定后的企业优先给予立项，有的计划把通过国高新认定作为申报其他科技计划项目的必备条件。如国家火炬计划重点高新技术企业认定、北京市朝阳区企业研发投入补贴资金等扶持资金、申报最高补贴金额 300 万元的海淀区企业研发投入补贴专项，都把获得高新认定作为前提条件；丰台区获得国家高新技术企业认定的可直接入选丰台区"专精特新"企业认定，可以优先推荐获得国家或北京市中小企业发展专项资金补助，优先获得丰台区中小企业发展专项资金补助，以优惠价格获得与区经信委协议银行、担保机构的融资服务。

（七）国家级资质

高企证书是由国家科技部、财政部、国家税务总局统一认定共同盖章而颁发的证书（北京对应由北京科学技术委员会、北京市财政局、北京市国家税务局、北京市地方税务局共同盖章而颁发的证书），是含金量较高的国家级资质，可提升企业品牌形象、提高企业市场价值、增强企业核心竞争力、优先列入政府采购名单、享受优先贷款政策等，侧面证明了企业在本领域中具有较强的技术创新能力、高端技术开发能力，有利于企业开拓国内外市场、招投标和上市等。

四、科技成果转化率

科技成果转化率（the Rate of Technology Transfer），是指为提高生产力水平而对科学研究与技术开发所产生的具有实用价值的科技成果进行的后续试验、开发、应用、推广直至形成新产品、新工艺、新材料，发展新产业等活动占科技成果总量的比值。

（一）科技成果转化率的计算难度

关于中国科技成果转化率是多少、如何计算等问题，不少专家都表示：没有统一的计算口径。对于科技成果转化率究竟应该由谁来统计的问题，北京科技大学教授刘澄表示，最权威的统计部门应该是知识产权局，由知识产权局统计专利交易数据，并估算转化率，科技部、国家发展改革委都应该以知识产权局发布的数据为准。从知识产权局来看，成果转化率就是知识产权交易率。知识产权局在统计科技成果转化率时，一般采用抽样调查的方法。

（二）科技成果转化率的国内外对比

1. 我国的科技成果转化率。与美国和德国等发达国家相比，中国对科技成果转化率的强调带有一定的"中国特色"。之所以国内仍在强调"科技成果转化率"，是由两个因素促成的：一是很多项目在立项时没有考虑项目的商业化前景，或者一开始觉得有商业化价值，但在项目实施之后发现没有商业化价值；二是一些项目尽管有商业化前景，但大学、研究所没有动力去推行，致使转化率低。中国对转化率的强调，恰恰说明中国的科研不是面向市场的。中国的科研依靠国家拨经费，所以会特别强调要转化。

2. 美国、德国等发达国家并不存在成果转化方面的问题，因为西方国家科技成果本身就是面向市场的，科研成果研发出来就直接面向生产线，否则对于作为科研投资主体的企业来说，资金就"打水漂"了。

3. 在我国，大量的科研成果不能转化为应用技术的问题十分突出。中国科技研发投入快速增加，2011 年超过 10000 亿元，占 GDP 的 1.98%，但科技资源配置不合理，利用效率低，大量的科研成果不能转化为应用技术的问题十分突出。2018 年 10 月 9 日，国家统计局、科学技术部、财政部联合发布的《2017 年全国科技经费投入统计公报》显示：2017 年，我国科技经费投入力度加大，研究与试验发展（R&D）经费投入增速加快，国家财政科技支出平稳增长，经费投入强度稳步提高。全国共投入 R&D 经费 17606.1 亿元，比上年增加 1929.4 亿元，增长 12.3%，增速较上年提高 1.7%；R&D 经费投入强度（与国内生产总值之比）为 2.13%，比上年提高 0.02%。然而，中国的科技成果转化率仅为 10% 左右，远低于发达国家 40% 的水平。

（三）科技成果转化

科技成果转化是指为提高生产力水平而对科学研究与技术开发所产生的具有实用价值的科技成果所进行的后续试验、开发、应用、推广直至形成新产品、新工艺、新材料，发展新产业等活动。

1. 科技成果转化的概念。科技成果转化的概念可分为广义和狭义两种。

（1）广义的科技成果转化应当包括各类成果的应用、劳动者素质的提高、技能的加强、效率的增加等。科学技术是第一生产力，而生产力包括人、生产工具和劳动对象，因此，科学技术这种潜在的生产力要转化为直接的生产力，最终是通过提高人的素质、改善生产工具和劳动对象来实现的。从这种意义上讲，广义的科技成果转化是指将科技成果从创造地转移到使用地，使使用地劳动者的素质、技能得到提升，知识得到增加，劳动工具得到改善，劳动效率得到提高，经济得到发展。

（2）狭义的科技成果转化实际上仅指技术成果的转化，即将具有创新性的技术成果从科研单位转移到生产部门，使新产品增加、工艺改进、效益提高，最终经济得到进步。我们通常所说的科技成果转化大多指这种类型的转化，所言科技成果转化率就是指技术成果的应用数与技术成果总数之比。

2. 转化途径。科技是经济增长的发动机，是提高综合国力的主要驱动力。促进科技成果转化、加速科技成果产业化已经成为世界各国科技政策的新趋势。科技成果转化的途径，主要有直接和间接两种转化方式，并且这两种方式也并非泾渭分明，经常是相互包含的。

（1）直接转化：科技人员自己创办企业，高校、科研机构与企业开展合作或合同研究，高校、研究机构与企业开展人才交流，高校、科研院所与企业沟通交流的网络平台。

（2）间接转化：科技成果的间接转化主要是通过各类中介机构来开展的。机构类型和活动方式多种多样。在体制上，有官办的、民办的，也有官民合办的；在功能上，有大型多功能的机构（如既充当科技中介机构，又从事具体项目的开发等），也有小型单一功能的组织。具体可以通过专门机构实施科技成果转化；通过高校设立的科技成果转化机构实施转化；通过科技咨询公司开展科技成果转化活动。

3. 主体作用。

（1）政府。科技成果转化是个复杂的系统工程，同时也是一项风险性事业。没有政府作后盾，没有政府资助，单个个人或企业很难做到。在科技成果转化过程中，政府作用是必不可少的。所以，科技成果转化，首先是政府要引导，要制定相应的政策。政府应当在科技成果转化和推广过程中起到良好的引导作用。我国科技体制的一个很大的弊端，就是大量的科研机构独立于企业之外，长期形成了科技与经济相分离的局面。对于我国这种由计划经济向市场经济转换过程中的特殊阶段出现的特殊问题，各级政府应积极引导，大力支持企业建立自己的科研机构，尽快承担科技成果转化主体的重任，搞好科技成果的转化。政府有关部门应尽快制定有效的产业政策和相应的产业技术政策及产业结构政策，促使企业组织集团化，从而集中资金、人力和物力，发挥整体优势，提高技术开发，形成规模能力。

（2）企业。企业是科技成果转化和推广过程中的重要主体。企业可以自行发布信息或者委托技术交易中介机构征集其单位所需的科技成果，或者征询科技成果的合作者，也可以独立或者与境内外企业、事业单位或者其他合作者实施科技成果转化、承担政府组织实施的科技研究开发和科技成果转化项目，还可以与研究开发机构、高等院校等事业单位相结合，联合实施科技成果转化。长期以来，我国绝大部分企业仍然通过资金、人力投入来实现量的扩张，通过上规模来增加企业的效益。而以科技进步为主的内涵式扩大再生产，还没有成为企业发展战略的主流。在市场经济的条件下，企业的生存和发展，本质上取决于企业的技术创新、吸纳科技成果能力和经营能力，而不是仅靠资金、人力的投入上规模来实现量的扩张及效益的提高。要不断提高企业是科技成果转化主体的认识，勇挑重担，使企业科技成果于产品开发和发展生产之中，真正成为促进科技成果转化的重要途径。

（3）高校及科研机构。高等院校、科研院所等科研单位是科技成果的供给主体。在"科教兴国"战略指导下，随着"211工程""教育振兴行动计划"的实施，我国高等教育取得了历史性的发展，高校科技创新工作取得了极大的进展。高校正逐渐发展成为基础研究的主力军，应用研究的重要方面军，以及高新技术产业化的生力军，高校科技工作已经成为国家科技创新体系的重要组成部分。在国家有关部门的大力支持下，高校及科研机构承担建设了一大批科技创新基地或平台，积极承担了国家科技攻关计划、"863"计划、"973"计划、国家自然科学基金以及国防军工等一系列科研任务，使高校总体科技实力、自主创新能力以及综合竞争力大大增强，知识贡献与社会服务能力大大增强，正在成为我国科技自主创新的强大力量。

（4）第三方技术服务机构。第三方技术服务机构囊括了科研技术服务、产业技术服务，以及后期工商管理，法律顾问等技术上的服务。在高端科学领域，科研成果的转化往往从立题已经开始了，在高精尖技术领域，一个团队要能够做到尽善尽美是很难的，由此而诞生的第三方技术服务平台能够为广大科研工作者提供一个良好的技术支持服务平台，确保研发工作的顺利进行。

（5）中介机构。自技术市场开放后，科技中介服务机构大量涌现。它们存在于技术市场化全过程的各阶段，沟通了技术供给方与需求方的联系，是技术与经济结合的切入点，是技术进入市场的重要渠道，对于技术市场化的进程有很大的推动作用。科技中介主要有科技部和各地科委成果推广机构、技术成果交易会、技术商城、技术开发公司、大学科技园、创业园、孵化器、生产力促进中心等形式。

4. 相关政策。随着科技体制改革的持续发力，尤其是资源配置、计划管理、科技成果转化等方面重大改革措施的出台，以及大众创业万众创新局面的兴起，科技成果转化为现实生产力的速度在加快。2015 年，国家技术转移示范机构增至 453 家，技术（产权）交易机构 30 家。技术交易总额达到 9835 亿元，同比增加约 14.7%。

2015 年 8 月 29 日，《全国人民代表大会常务委员会关于修改〈中华人民共和国促进科技成果转化法〉的决定》（主席令第三十二号）《全国人民代表大会常务委员会关于修改〈中华人民共和国促进科技成果转化法〉的决定》已由中华人民共和国第十二届全国人民代表大会常务委员会第十六次会议于 2015 年 8 月 29 日通过，自 2015 年 10 月 1 日起施行。

国务院 2016 年 2 月印发的《实施〈中华人民共和国促进科技成果转化法〉若干规定》提出了更为明确的操作措施，强调要打通科技与经济结合的通道，促进大众创业、万众创新，鼓励研究开发机构、高等院校、企业等创新主体及科技人员转移转化科技成果，推进经济提质增效升级。该规定鼓励研究开发机构、高等院校通过转让、许可或者作价投资等方式，向企业或者其他组织转移科技成果。国家设立的研究开发机构、高等院校应当建立健全技术转移工作体系和机制，其持有的科技成果，可以自主决定转让、许可或者作价投资，除涉及国家秘密、国家安全外，不需要审批或备案。

国务院办公厅 2016 年 4 月印发的《促进科技成果转移转化行动方案》提出，对实施促进科技成果转移转化行动作出部署。"十三五"期间，推动一批短中期见效、有力带动产业结构优化升级的重大科技成果转化应用，企业、高校和科研院所科技成果转移转化能力显著提高，市场化的技术交易服务体系进一步健全，科技型创新创业蓬勃发展，专业化技术转移人才队伍发展壮大，多元化的科技成果转移转化投入渠道日益完善，科技成果转移转化的制度环境更加优化，功能完善、运行高效、市场化的科技成果转移转化体系全面建成。"十三五"期间主要指标：建设100 个示范性国家技术转移机构，支持有条件的地方建设 10 个科技成果转移转化示范区，在重点行业领域布局建设一批支撑实体经济发展的众创空间，建成若干技术转移人才培养基地，培养 1 万名专业化技术转移人才，全国技术合同交易额力争达到 2 万亿元。

第三节 如何实现知识产权证券化

知识产权证券化从业务性质而言，还是投资银行的业务范畴。价值是整个业务的核心和关键所在。发现价值、创造价值、实现价值是投资银行业务的精髓所在，这也是证券经营机构拓展投资银行业务的目标定位。同理，价值发现、价值创造、价值实现也是实现知识产权证券化的必然途径。

一、知识产权证券化是推动知识经济发展的重大动力

（一）何为知识经济

知识经济是以知识为基础、以脑力劳动为主体的经济，是与农业经济、工业经济相对应的一个概念，工业化、信息化和知识化是现代化发展的三个阶段。教育和研究开发是知识经济的主要部门，高素质的人力资源是重要的资源。知识经济曾经不是一个严格的经济学概念，被定义为建立在知识的生产、分配和使用（消费）之上的经济。其中所述的知识，包括人类迄今为止所创造的一切知识，最重要的部分是科学技术、管理及行为科学知识。

（二）知识经济的重要意义

知识经济的兴起将对投资模式、产业结构和教育的职能与形式产生深刻的影响。在投资模式方面，信息、教育、通信等知识密集型产业展现出的骤然增长的就业前景，将导致对无形资产的大规模投资。在产业结构方面，一方面，电子贸易、网络经济、在线经济等新兴产业将大规模兴起；另一方面，农业等传统产业将越来越知识化。此外，产业结构的变化和调整将以知识的学习积累和创新为前提，在变化的速度和跨度上将显现出跳跃式发展的特征，还使经济活动都伴随着学习，教育融入经济活动的所有环节；同时，知识更新的加快使终身学习成为必要。

（三）知识经济的标志特征

1. 资源利用智力化。从资源配置来划分，人类社会经济的发展可以分为劳力

资源经济、自然资源经济、智力资源经济。知识经济是以知识人力等智力资源为资源配置要素的经济，要节约并更合理地利用已开发的现有自然资源，通过智力资源去开发富有的、尚待利用的自然资源。

2. 资产投入无形化。知识经济是以知识、信息等智力成果为基础构成的无形资产投入为主的经济，无形资产成为发展经济的主要资本，企业资产中无形资产所占的比例超过50%，无形资产的核心是知识产权。

3. 知识利用产业化。知识密集型的软产品，即利用知识、信息、智力开发的知识产品所载有的知识财富，将大大超过传统的技术创造的物质财富，成为创造社会物质财富的主要形式。

4. 经济发展可持续化。知识经济重视经济发展的环境效益和生态效益，因此采取的是可持续化的、从长远观点有利于人类的发展战略。

5. 世界经济全球化。高新技术的发展，缩小了空间、时间的距离，为世界经济全球化创造物质条件。全球经济的概念不仅指有形商品、资本的流通，更重要的是知识、信息的流通。以知识产权转让、许可为主要形式的无形商品贸易大大发展。

6. 企业发展虚拟化。知识经济时代，企业的发展主要是靠关键技术、品牌，通过许可、转让方式，把生产委托给关联企业或合作企业，充分利用已有的厂房、设备、职工来实现。

7. 人均收入差距扩大。这是指发达国家与发展中国家，发达地区与落后地区之间而言，是知识经济带来的负面效应之一。

8. 时代意义。人们在强调知识经济这一概念时，主要是区别于物质、资本在生产中起主导作用的物质经济和资本经济而言的。与依靠物质和资本等这样一些生产要素投入的经济增长相区别，现代经济的增长则部分依赖于其中的知识含量的增长。但不能由此就认为知识经济仅仅是区别于所谓的物质经济或资本经济。其一，人类经济时代的划分有自然经济、工业经济，但没有物质经济或资本经济的提法。其二，一个经济时代的划分重要的不是生产什么而是用什么生产，这里包含一个重大的区别，即一定社会的主导生产工具及由此形成的产业，这显然不是物质经济或资本经济所能反映的。

知识经济不但从知识在生产中的核心作用表明自身的存在，更重要的是以信息产业为代表的主导经济增长的知识性产业已经形成。对此美国经济学家罗默提出，要求在计算经济增长时，必须把知识列入生产要素函数中。因此OECD定义知识经济即以知识为基础的经济，正是揭示了知识对现代经济增长的基础性作用，并准确地反映了知识经济的现实。

所以，我们从经济时代的角度来认识知识经济，我们称为知识经济的，就必须使这种称谓有相应的经济学理论基础。这需要一个切入点，这个切入点显然不是报刊上所反映出的一些旨在印证知识经济的提法，而应是论证知识经济何以可能的理论基础，这才是问题的核心。

（四）结论

知识经济正在给中国的经济发展与社会发展注入更大的活力，带来更好的机遇。大力发展知识经济有利于优化经济结构、合理利用资源、保护生态环境、促进协调发展、提高人口素质、消除贫困等，有利于在 21 世纪建设国家创新体系，通过营造良好的环境，推进知识创新、技术创新和体制创新，提高全社会创新意识和国家创新能力，从而实现中国跨世纪发展之路。国家的富强、民族的兴旺、企业的发达和个人的发展，无不依赖于对知识的掌握和创造性的开拓与应用，而知识的生产、学习、创新，则成为人类最重要的活动，知识已成了时代发展的主流，以高科技信息为主体的知识经济体系，迅速发展令世人瞩目。所以，知识产权证券化是推动知识经济发展的重大动力。

二、知识产权证券化解决高科技企业融资难题

在高新技术企业成长过程中，往往还遇到仅缺"临门一脚"的困境。即科研试验成功了，生产设备安装调试好了，技术人员及一线工人也到位了。创业者已掏空了所有的积蓄，能抵押贷款的资产全都押给银行了，但所急需的原材料采购款、日常运行费用几乎没有着落……此时，就缺临门一脚：自有资金捉襟见肘、身无分毫，要贷款已无可以抵押的资产了，更没脸向亲友张口借钱。这种现象在一些高新技术企业创业者身上不胜枚举。此时此刻，需要创造一种有利环境，让具有专利技术等知识产权的高新技术企业，利用知识产权证券来化解高科技企业融资难的问题，这必须放到各级政府部门、各类金融机构和各种金融中介的议事日程上来，共同促进知识产权证券化，推动高新技术产业化。

（一）高新技术企业商品化是进入资本市场的有效途径

1. 资本市场与高新技术产业化的互动性。

（1）资本市场的发展可有效缓解高新技术产业化的资金瓶颈。

①间接融资不足以解决高新技术各成长阶段的资金需求。从中国筹资的三个阶段来看，最初依赖财政拨款；后来依靠银行贷款，目前依附证券市场筹资。融资就

是融入资金，也就是取得一个时期的资金使用权。从某种意义上讲，现代企业就是有钱人与有能力的人的合作，即富人与能人的结合。资本市场的发展可有效缓解高新技术产业化的资金瓶颈。

从高新技术企业的成长过程中的五个阶段来看：

种子阶段：对资金的需求量相对较小，通常企业创建者个人资产即可满足。

创建阶段：由于高风险原因，此时筹资难度大，既是阻碍研发的瓶颈，同时又是风险投资发挥作用的关键时刻。

成长阶段：靠自有资金的滚动发展较难，同时资金需求量很大，传统融资渠道仍观望，此时主要资金源也是风险资本。

扩张阶段：原风险资本的增资和新的介入，传统资本市场筹资机会增加，银行也会稳健介入。

成熟阶段：生产经营稳定，利润大量产生，企业已有足够业绩证明自身信用，可吸引银行贷款，还可发行债券与股票。

由此可见，只有在中后期银行对高新技术企业的融资力度才会加大，因此，若高新技术产业化的资金来源仅依赖于银行的间接融资，不少高新技术企业将"胎死腹中"。

②高新技术产业化只能有限度地依赖政府资金。政府对高新技术产业化和高新技术企业的支持：一是政策导向。通过制定一系列鼓励或限制政策，调动各方发展各高新技术产业的积极性，引导资源向高新技术产业领域流动，在税收、土地用工方面予以倾斜。二是营造高质量的投资大环境。提供高标准的基础设施（供水、供电、通信、港口、机场、铁路、公路、市容等）；维护公平竞争的市场秩序（重点是对知识产权的保护）；培育市场中介服务体系；建立技术生产促进中心、科技成果交易中心、无形资产评估机构、专利代理服务机构、知识产权事务机构以及技术合同仲裁委员会等。三是引导劳动力市场、人才市场等中介服务组织共同为高新技术产业化服务。四是支持基础研究。由于直接的商业应用价值相对偏低，或需要进一步进行应用开发，因此需要政府承担对重点技术和行业的基础研究。

国家提供高新技术产业化的资金支持，但力度有限，不足以解决问题。具体在国家政策性银行设立支持重大科技成果转化的专项贷款，高新技术产业化的税收优惠，国家发展改革委对高新技术项目提供国债资金支持，科技部、财政部共同成立的科技型中小企业技术创新基金等。

③发展风险投资是高新技术企业发展的重要依靠。风险投资又称创业投资，其发展推动了世界高新技术的迅猛发展。可以这样认为，没有风险资本家的支持，也

就没有今天的英特尔、微软等这些企业巨人。高新技术产业化和高新技术企业融资选择风险投资势在必行。从规模与数量,我国的风险投资机构比较分散,难以发挥规模效益。为此,风险投资需要拓宽资金来源渠道,增加自我积累能力并按市场化机制运作。

④创业板和科创板市场是推动高新技术产业化的重要力量。以增长性公司或成长型企业为目标的创业板市场,主要为有市场前景的成长型的中小企业服务,其中,相当多的是高新技术企业。创业板的出台可为中小企业提供一个适宜的、公平的融资环境,也为风险投资营造了一个退出机制,使更多的资金注入高新技术企业;还为中小企业和创特创新提供了一个市场化的评价机制与选择机制,通过市场竞争的压力和优胜劣汰的机制,实现强者恒强和弱者变强的发展过程;有助于中小企业的现代企业制度与规范的法人治理结构的建立,从而消除中小企业快速发展的体制缺陷。

综上所述,资本市场介入高新技术产业化,可以形成:"政府投入引导,银行贷款辅助,风险投资为主,创业板市场为补充"的高新技术企业融资体系,解决高新技术产业化的资金瓶颈,有力地推动高新技术产业的进程,从而促进高新技术企业的腾飞。

(2) 高新技术产业化是调整资本市场结构的重要支持。资本市场能推动高新技术产业化,同时高新技术产业化有利于改善经济结构,从而使资本市场的资源结构发生变化,使资本市场中出现更多具有发展潜力与前景广阔的企业。

从第二次世界大战后日本经济的发展看,得益于以技术引进和革新为重点的发展战略,高新技术的发展迅速提升了日本的国际竞争力,证券市场也较为活跃。美国20世纪80年代中期开始抓住了以电子信息产业为重心的高新技术产业化,加之以金融创新为动力的资本市场的配合,实现了经济持续快速增长和高新技术产业化的国际领先地位,其关键在于高新技术产业化和资本市场创新发展的互动效应。

中国证券市场的持续发展,同样也需要高新技术产业化的支持。一方面,从科技股走势上看,获得广泛的市场认可,再次融资容易,也得到银行青睐;另一方面,高新技术在传统产业的提升,也支持着中国证券市场的持续发展。高新技术产业发展的渗透性能对传统产业产生脱胎换骨的改造,引发带动上市公司主业转换。

2. 高新技术企业商品化是介入资本市场的前提。高新技术企业商品化包括如下两层含义:一是商品化意识:高新技术企业不仅产品、技术、设备可以卖,企业也可以卖;二是企业变成商品的转化过程,是通过"股份化分割"或"资产证券化"来实现。

（1）企业的商品化意识。高新技术企业应充分认识到企业商品化的作用，解决资金困难及增强发展后劲的途径，有助于资产管理水平和经营能力的提高。

（2）高新技术企业商品化的内涵。要求进行"股份化分割"或"资产证券化"，建立起"股份制"这个组织形式，通常也称为企业改制。将高新技术企业的产权视为商品，具有商品的一般属性，即价值和可转让性。

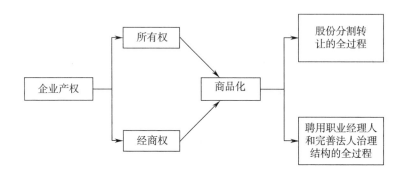

图 2－4　高新技术企业产权商品化流程

（3）资本证券化。资本证券化水平也即股票市值占 GDP 比重，是标志股份制发展的基础。资本证券化，是指各种有价证券在资本总量中不断扩大和增强的过程。一般来说，资本证券化的程度，可用一国的证券余额即市值与货币总量或贷款规模的比率，或者用一国的证券市值与国民生产总值的比率来衡量。从趋势看，一定时期内一国金融结构中有价证券比重越高，该经济能够容纳的金融工具或金融活动总量就越多，从而金融市场所处的层次和阶段就越高。这里所指的有价证券，除了债券和股票外，还包括各种融资券、基金券、票据以及其他的证券化融资工具。中国证券市场发展迅速，规模扩张迅速，资金潜力很大，使高新技术企业融资环境越来越好。为此，绝不能让企业商品化滞后而丧失时机。资本证券化是现代化大生产和现代市场经济发展要求的必然产物，有巨大的作用和意义。

①增强资本流动性，提高资本效率。资本证券化增强了资本的流动性，增强资本效率，使资本的作用更能得到发挥。资本是过去财富的利用，而要使财富得到充分利用，就必然增加其流动性，提高其周转速度和利用效率。由于资本证券化，使得资本的所有权和使用权分离，并使资本细分化，从而可以使资本具有高流动性和对社会的高强度渗透力，减少沉淀、闲置和浪费的状况，并在流动中增强活力。商品经济向高层次发展需要相应的金融机制。如果金融机制中缺乏有效的证券行业，其金融效率就不可能提高，经济就难以摆脱资金短缺与通货膨胀并存的困境。证券

业发达的国家并非没有资金不足与通货膨胀并存的可能性，但应看到证券业在缓解这些矛盾方面已经发挥了作用。

②资本证券化适应了大规模生产的需要。在现代市场经济条件下，经济活动必须走规模经济之路。于是，经济机制需要创造出一种能满足大量资本需求且能长期稳定供给资本的工具。无疑，单靠银行间接融资是很难满足这一需求的，而且银行也难以长期稳定地向社会大规模提供资本。换言之，在社会化大生产发展到一定阶段时，金融机制中仅有货币形式的金融工具已力不从心，社会需要创造出既能够大量满足资金使用者的需要又能够使货币供给量相对稳定的金融工具，这种金融工具就是债券和股票等。它们一旦产生并介入经济体系中，必然使经济运行机制各方面及各环节发生相应的变化，从而推动商品经济跃入新的层次或阶段。此外，由于证券流动和交易兼具投资和投机的双重特性，因此，对所有的闲置货币都具有一种潜在的诱惑和动员力，这一点是银行体制所不可能具备的，正是由于这种诱惑作用，把更多的非资本货币转化成了资本，扩大了资本运行总量。

③弥补了银行作用的不足。银行主要通过货币的存、贷业务来满足社会资金需求，由于存款创造货币倍数原理的作用，银行不能将全部存款转为贷款投放到经济领域中去，否则流通中货币总量会迅速扩张，引发通货膨胀。在这类金融机制的作用下，国民经济常常陷入两难选择，要么多发货币通货膨胀，要么资金不足，甚至发生资金不足和通货膨胀同时并存的矛盾现象。这种矛盾现象提醒我们，在实体经济快速增长的条件下，仅仅依靠货币银行业来解决资金需求问题，不仅会拖延经济正常的发展速度，而且会付出通货膨胀的代价。因为货币银行业对实体经济提供有限服务的前提条件是货币数量的加速扩张，这种加速由银行信用自身的机理所决定。可见，现代商品经济必须寻找新型的、更具效率的金融机制。而证券化金融机制正好弥补银行作用的不足，因为它在增加融资工具的同时，货币供应量却相对稳定；社会资金总量在不同经济主体之间的流动趋于合理，从而得到最大限度的利用，提高了社会资金的利用效率。

④降低企业的筹资成本。作为筹集长期资本的企业，为了降低筹资成本一般乐于证券集资。因为企业以长期借款方式筹集资金，因其期限长、风险大，并非长期贷款都可以取得实际担保，自然要提高利息，长期贷款利息过高，企业利润相应减少，会造成经营上的困难。采用证券募资，因证券的流动性会使利息降低。同时，政府出于对金融市场管理的需要，往往要制定金融机构分散风险的规定，限制对某一企业及某类行业放款的额度，以保证银行的流动性。在国外资金的引进中，传统的方式是信贷，或是外国银行信贷，或是外国政府信贷，或是世界金融机构信贷，

或是外国企业和财团信贷，这几年由于发展中国家相继出现了债务危机，外国贷款人均裹足不前，倒是另一种形式的资本移动取得了替代地位，这就是国际信贷向国际证券化发展，发展中国家通过在国际金融市场上发行证券，吸引外国投资者。这种替代趋势是由信贷的流动性不及证券的流动性引起的。

世界各国经济发展的实践证明，经济越发达的国家，票据、证券及其市场也越发达。在这些国家中，政府为筹集长、短期资金，均通过发行中长期公债券和短期国库券；企业为筹集长期资金多发行股票和企业债券，为解决短期周转资金，多运用票据和短期债券。信用活动票据化和资本筹集证券化是当代金融市场的总趋势。

3. 如何推进高新技术企业商品化。首先需要明确一个"企业商品化"的概念，即企业也是商品，可通过产权流通实现转让。不仅产品技术可以卖，企业也可以卖，这就是股份化分割或资产证券化。企业商品化内涵包括两个层面：一是企业的产权是商品，具有商品的一般属性；二是企业的产权包括所有权和经营权。具体通过以下整体转让、部分转让或托管经营三种途径：

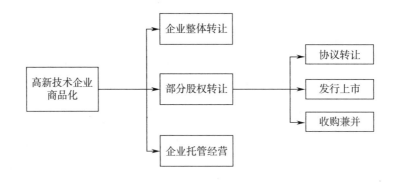

图 2-5　高新技术企业商品化流程

（1）整体转让。值得注意的是，高新技术企业转让不仅要有准确选择投资领域的敏锐感，而且要有合适的时机以及及时变现的洞察力。

（2）协议转让或增发新股。在定向增发再次融资的同时，还可调整高新技术企业股权结构，目前已成为证券市场上最主要的融资方式之一。

（3）发行上市。这是高新技术企业梦寐以求的美事，但要取得发行与上市资格，企业要进行股份制改革、资产重组等商品化处理；同时还要争取符合与满足众多的发行上市条件，注意不同时期的上市标准会随着政策的变化而作出相应的调整。

（4）收购兼并。作为一个现代企业家，面临两大战场：产品经营和资本经营。产品经营是以物化资本为基础，通过不断强化物化资本，提高运行效率，获取最大利润的商品生产与经营活动，其目的是更有效地管理企业；所谓资本经营是以证券化的资本或可供证券化操作的物化资本为基础，通过优化配置提高其生产率，进而提高资本市场价值的经营活动，其目的是更有效地发展企业。收购兼并（简称并购）是证券市场中最常见的资本运作行为，也是企业实施低成本扩张的重要措施，相当多的企业还是依赖这一手段，迅速提升其核心竞争力，成为行业的"领头羊"。

（5）托管经营。高新技术企业往往由少数几个技术发明人创建，初创期带有家庭或个体企业的部分特性。创建者对企业融入了过多的个人情感，在企业治理结构重构、管理权限分割存在分歧；造成部分投资者撤资，对投资方的负面影响不小。为此，在高新技术企业建立职业经理人队伍，将企业交其管理，这也就是前述"经营权商品化"。因此，托管经营有两方面含义：一方面是有管理能力的高新技术企业托管给其他企业，另一方面是高新技术企业将自身托管给其他机构。托管经营一定程度上还是收购兼并的前提，这是因为托管不涉及产权主体的转移，受托方的经济成本相当低；受托方通过托管对象注入资金，优化配置生产要素；并从托管对象的利润分成中获取将来用于并购的费用；若托管后企业的经营状况不佳，受托方即可放弃收购。

总而言之，高新技术产业化是高新技术企业发展的必由之路，产业化需要大量资金，发展资本市场可有效地缓解这一需求矛盾，高新技术企业商品化是介入资本市场的前提，必须积极实现高新技术企业商品化。

（二）知识产权证券化：化解"融资难"的新思路

目前，我国大量的中小企业中，尤其是高新技术企业，一方面可能拥有颇具市场价值的知识产权，另一方面面临资金短缺问题，而知识产权却不能由无形资产转化为有形的物质财产和现金收益。在我国大力加强知识产权应用、强化资产证券化的当今，知识产权证券化无疑是一种非常现实的选择和出路。将自己手中的知识产权以证券化的方式进行融资，对于企业尤其是高科技创新型中小企业缓解实体经济资金不足的困境尤为重要。

所谓的知识产权证券化，即企业以未来知识产权收益产生的资金流为支撑，经过可靠的特殊目的载体（SPV）包装以后发行证券，从资本市场获取企业发展急需的资金的融资方式。而要实现这一过程，完成企业的融资目的，要考虑三个方面：一是资金流的保障。知识产权的价值实现应做一定的特殊考虑。二是中间机构的保障。中间机构的保障主要体现为知识产权证券化需要可靠中介机构的参与。三是公众的认购热情。知识产权证券化的成功最终离不开市场中的投资者的关注和热情。

要实现知识产权证券化这一新型融资方式的健康、快速发展，企业和政府必须通力合作，重点从以下几个方面解决、完善并针对这一模式存在的新问题建立良性互动。

1. 组建知识产权池或专利池。将企业所拥有的知识产权产生的资金流进行捆绑，并作为一个整体来发行证券。这样做有三个方面的好处：首先，解决了单个知识产权因资金流有限而无法募集到足够数目资金的困境；其次，实现了风险对冲，知识产权收益将不会再因为某一项知识产权收益的断绝或者降低而产生剧烈波动，保证了总资金流的稳定；最后，节省了企业知识产权证券化的成本，企业通过将其所有的全部知识产权一次性证券化的方式降低了交易成本。

2. 设立专业的知识产权评估机构。知识产权价值具有不确定性和可变性。不过，从理论上讲，在某一时点上，知识产权应当存在一个合理的公允价值。这就需要通过一定的形式对其进行合理评估。换言之，由于知识产权本身的价值难以确定，设立专业的知识产权评估机构，以便集中人才对知识产权本身的价值作出客观、正确的评估必不可少。从我国的实际情况看，目前知识产权专业性评估事务方兴未艾，前景很大。但也存在评估不够规范、评估人才奇缺等问题。这需要从制度完善、意识提高、经验积累等方面加以解决。

3. 知识产权证券化保险公司。知识产权本身的价值波动较大，除了企业在证券化过程中采取组建知识产权池的方式对冲风险外，还需要保险公司对知识产权证券化过程中存在的风险进行承保。而普通的保险公司很可能根本不愿意对这类风险进行承保。因此，通过政府引导设立专业的保险机构或者开辟新险种来管理这种投资风险，并尽可能降低知识产权这一证券化的基础财产本身出现侵权、被宣告无效等情形给证券带来的冲击就成了比较可行的思路。

4. 政府严控特设载体（SPV）。可靠的特设载体（SPV）作为知识产权证券化的关键一环，直接关系到企业能否从资本市场募集到急需的资金，以及普通投资者能否顺利实现预期收益。最好的方法在于设立与自律组织相类似的特设载体，由其负责证券发行，而政府并不干预其日常经营活动，只是负责对这些自律组织执行法律、政策和内部章程的情况进行监督。

5. 优化国内融资环境。由于整体上我国对知识产权资本运营重视不够，知识产权证券化制度严重缺乏。在新形势下，我国知识产权证券化环境的优化，应从完善相关法律规范和政策，联合高校、企业进行知识产权证券化从业人员的培养，提升知识产权中介服务机构的服务层次，以及加大相关宣传和普及等方面着手。

（三）运用知识产权证券化解决高科技企业融资难的重要意义

我国中小高科技企业在融资中普遍存在银行信贷无门、直接融资渠道有限、无形资产比重大、债权融资观念强等问题。导致这些问题的原因有很多，在现有的国情下，必须开辟新的融资渠道，解决中小高科技企业融资难问题。国务院印发的《关于推进资本市场改革开放和稳定发展的若干意见》（以下简称《意见》）中指出"建立以市场为主导的品种创新机制，研究开发与股票和债券相关的新品种及其衍生产品。加大风险较低的固定收益类证券产品的开发力度，为投资者提供储蓄替代型证券投资品种。积极探索并开发资产证券化品种。"《意见》为探讨知识产权证券化，进而解决中小企业融资难的问题提供了政策支持和依据。

1. 可以实现投融资机制和体制的创新。科技园区要与时俱进，大胆创新，不断探索，担负起探索组织、制度创新的重任，尤其要在知识产权保护、投融资体制改革、信用体系建设和丰富产权交易内容等软环境上创新。尝试知识产权证券化是在知识产权保护和投融资之上的双重创新，具有重要的实践意义。

2. 知识产权证券化是高科技企业发展的趋势和需要。企业融资决策的重点是低成本、低风险筹措各种形式的资本。知识经济的发展要求企业实现融资方式的创新，把融资重点由实物资产转向知识资产。这是因为：知识资产逐渐取代传统的实物资产而成为企业核心竞争力所在；金融工程技术的运用，加快了知识资产证券化的步伐，为企业融通知识资本提供了具体可操作的工具；企业边界的扩大，拓宽了融通知识资本的空间。

3. 更好地保护知识产权，提高企业的核心竞争力。通过知识产权证券化，可以更好地保护知识产权，提高企业的核心竞争力。一方面，很多企业在进行股权融资时，往往对企业知识产权的泄密有所顾虑；另一方面，由于投资人和知识产权拥有人也经常会对无形资产的价值评估产生分歧，因此，造成双方的投资合作谈判不易成功。通过知识产权证券化，企业将知识产权剥离给一个专门化的机构，不用去和很多投资人打交道，可以更好地保护企业的知识产权。

4. 通过知识产权证券化，可以解决企业的融资难题。一方面，由于高科技企业普遍存在无形资产大的现象，较难获得银行贷款，通过知识产权证券化可以帮助企业解决融资问题；另一方面，企业通过知识产权证券化，剥离知识产权获得融资，可以设计为债权融资的方式，企业仍然可以保持对企业的控制权，保护企业创办人的利益。这为引导社会资本投资高新技术产业提供了一条新的渠道。

（四）知识产权证券化较传统资产证券化更复杂

从知识产权证券化本质特征的角度，可以将知识产权证券化概括为证券化载体之上的以知识产权权利信用作为担保的结构型融资方式。

1. 可预期现金收入流量难以界定和厘清。

（1）知识产权证券化中可预期现金收入流量的知识产权的权利主体和权利本身的范围比较难以界定和厘清，因而知识产权证券化的基础资产权利状态较传统的金融资产证券化而言必然会复杂许多。

（2）知识产权固有的不稳定性。知识产权固有的不稳定性不可避免地给知识产权证券化带来比其他资产证券化更多的风险。然而，现今这种风险又因缺乏公认和明确的评估标准而难以做到足够科学的评估，尤其是商誉、商业秘密等类型的知识产权更加难以评估，将此类资产纳入证券化的操作过程实属难上加难。

（3）很难评估知识产权资产现金流的价值。加之知识产权固有的无形性以及地域性限制、时间性限制使得知识产权这一特殊资产难以预计和测算其未来的收益，进而导致很难评估知识产权资产现金流的价值。

2. 法律制度的差异也会带来不少风险。现在对于国际化趋势日趋明显的证券化工具而言，各国知识产权法律制度的差异也会带来不少风险。此外，知识产权资产被侵权的风险可能性也会随着科学技术的不断发展而与日俱增，例如，网络技术的日趋先进化引发了一系列关于影视作品、音乐作品的复制权、传播权等版权侵权案件。显然，伴随着新技术的层出不穷，专利权、商标权等工业产权所可能遭受的各种侵权案件会更多。上述错综复杂的原因使得知识产权证券化这一基于知识产权权利本身的证券化交易过程较之传统的一般资产证券化而言更加复杂。知识产权证券化的这种特殊复杂性昭示着知识产权证券化的顺利开展和进行必然离不开区别于一般资产证券化的较高标准的专门法律制度设计。

3. 知识产权证券化具有一定的投资风险。知识产权证券化是知识产权资本化的新形式，也是知识经济阶段资产证券化的新发展。知识产权证券化反映了随着经济社会发展，技术创新和知识产权资本功能的提升，知识产权结构性融资的新特点。知识产权证券化本身并不是单纯的资产运作行为，它需要与有形资产或其他无形资产结合，通过一定的商业运营活动才能实现。这自然与知识产权作为无形财产权的特点有关，在很多情况下，实现知识产权的价值需要将其与企业的有形资产相结合。另外，基于知识产权本身价值的不稳定性和复杂性，知识产权证券化也表现为一定的不确定性。因此，知识产权证券化具有一定的投资风险，在其运转过程中应充分考虑。

三、实现知识产权证券化的必然途径

首先必须明确，知识产权证券化仅是一种手段，其目的是取得全社会，包括各级政府、科研机构、广大企业以及投资人对知识产权的认可；然后致使高新技术企业获得为了谋求长足发展的政策扶植、资金融入和市场推广。这样一来，高新技术产业化就顺理成章了。知识产权证券化从业务分类而言，还是投资银行的业务范围。价值是整个业务的核心和关键所在。发现价值、创造价值、实现价值是投资银行业务的精髓所在，这也是证券经营机构拓展投资银行业务的目标定位。同理，价值发现、价值创造、价值实现也是实现知识产权证券化的必然途径。

（一）价值发现是知识产权证券化的前提

投资银行业是一个智力高度密集型产业，所拥有的主要资产和所出售的产品主要是人的智力。其核心业务是为企业并购、发行上市等提供咨询服务。

1. 并购的操作是科学性与艺术性的体现。科学性体现：这个过程建立在金融工程理论和技术的基础上，其中包括战略形式与实现方式、市场搜寻与机会分析、公司研究和企业评价、并购结构设计、财务评估方法、评估与定价技术等。艺术性体现在投资银行家的经验洞察力中，这是既艰苦又富有创造性的工程。价格是整个交易中最本质的部分：投资银行家必须发现准确的价值所在；买主所能支付的最高价与卖主所能接受的最低价之间微妙的差距。企业价值评估的基础是公司盈利能力和市场前景。对企业进行评估的常用基本方法：一是成本法：对公司有形资产的估算，企业出售的最低价格。二是市场比较法：根据证券市场真实反映公司价值评定。三是净现值法：通过评估公司未来的净现金流量来计算目前的净现值。

2. 企业价值评估的方法。企业价值评估的主要方法有市场法、收益法、清盘评估法、成本法和营业收入资本化五种。而公司价值和股票价格的关系：公司价值决定股票的长期价格，短期价格波动由供求关系决定。以下重点阐述一下其中三种基本方法。

（1）市场法。市场法是利用市场上同样或类似资产的近期交易价格，经过直接比较或类比分析以估测资产价值的各种评估技术方法的总称。

① 市场法是根据替代原则采用比较和类比的思路及其方法。市场法是根据替代原则，采用比较和类比的思路及其方法判断资产价值的评估技术规程。因为任何一个正常的投资者在购置某项资产时，他所愿意支付的价格不会高于市场上具有相

同用途的替代品的现行市价。运用市场法要求充分利用类似资产成交价格信息，并以此为基础判断和估测被评估资产的价值。运用已被市场检验了的结论来评估被估对象，显然是容易被资产业务各当事人接受的。因此，市场途径是资产评估中最为直接、最具说服力的评估途径之一。

② 市场法进行资产评估需要满足两个最基本的前提条件。市场法是资产评估中若干评估思路中的一种，通过市场法进行资产评估需要满足两个最基本的前提条件：一是要有一个充分发育活跃的资产市场；二是参照物及其与被评估资产可比较的指标、技术参数等资料是可收集到的。一般来说，在市场上如能找到与被评估资产完全相同的参照物，就可以把参照物价格直接作为被评估资产的评估价值。更多的情况下获得的是相类似的参照物价格，需要进行价格调整。参照物差异调整因素主要包括三个方面：一是时间因素，即参照物交易时间与被评估资产评估基准日相差时间所影响的被评估资产价格的差异；二是地域因素，即资产所在地区或地段条件对资产价格的影响差异；三是功能因素，即资产实体功能过剩和不足对价格的影响。

③ 市场法明确评估对象、公开市场调查、收集基本资料。运用市场法评估资产价值，要遵循下面的程序：明确评估对象；进行公开市场调查，收集相同或类似资产的市场基本信息资料，寻找参照物；分析整理资料并验证其准确性，判断选择参照物；把被评估资产与参照物比较；分析调整差异，作出结论。

④ 市场法是资产评估中最简单、最有效的方法。它能够客观反映资产目前的市场情况，其评估的参数、指标直接从市场获得，评估值更能反映市场现实价格，评估结果易于被各方面理解和接受。但是市场法需要有公开活跃的市场作为基础，有时因缺少可对比数据而难以应用。这种方法不适用于专用机器设备、大部分的无形资产，以及受到地区、环境等严格限制的一些资产的评估。

（2）收益法。收益法是通过估测被评估资产未来预期收益的现值来判断资产价值的各种评估方法的总称。

① 采用收益法评估，基于效用价值论。收益决定资产的价值，收益越高，资产的价值越大。一个理智的投资者在购置或投资于某一资产时，他所愿意支付或投资的货币数额不会高于他所购置或投资的资产在未来能给他带来的回报。资产的收益通常表现为一定时期内的收益流，而收益有时间价值，因此为了估算资产的现时价值，需要把未来一定时期内的收益折算为现值，这就是资产的评估值。

② 收益法涉及三个基本要素和三个前提条件。收益法服从资产评估中将利求本的思路，即采用资本化和折现的途径及其方法来判断和估算资产价值。它涉及三

个基本要素：一是被评估资产的预期收益；二是折现率或资本化率；三是被评估资产取得预期收益的持续时间。因此，能否清晰地把握上述三要素就成为能否运用收益法的基本前提。从这个意义上讲，应用收益法必须具备的前提条件：第一，被评估资产的未来预期收益可以预测并可以用货币衡量；第二，资产拥有者获得预期收益所承担的风险也可以预测并可以用货币衡量；第三，被评估资产预期获利年限可以预测。

③ 收益法的利和弊。收益法能真实和较准确地反映企业本金化的价值，与投资决策相结合，易为买卖双方所接受。但是预期收益额预测难度较大，受较强的主观判断和未来不可预测因素的影响。这种方法在评估中适用范围较小，一般适用企业整体资产和可预测未来收益的单项资产评估。

（3）成本法。成本法是指首先估测被评估资产的重置成本，然后估测被评估资产业已存在的各种贬损因素，并将其从重置成本中予以扣除而得到被评估资产价值的各种评估方法的总称。

① 成本途径始终贯穿着一个重建或重置被评估资产的思路。在条件允许的情况下，任何一个潜在的投资者在决定投资某项资产时，他所愿意支付的价格不会超过购建该项资产的现行购建成本。如果投资对象并非全新，投资者所愿支付的价格会在投资对象全新的购建成本的基础上扣除资产的实体有形损耗；如果被评估资产存在功能和技术落后，投资者所愿支付的价格会在投资对象全新的购建成本的基础上扣除资产的功能性贬值；如果被评估资产及其产品面临市场困难和外力影响，投资者所愿支付的价格会在投资对象全新的购建成本的基础上扣除资产的经济性贬损因素。

② 成本法通过资产的重置成本反映资产的交换价值。成本途径作为一条独立的评估思路，它是从再取得资产的角度来反映资产的交换价值的，即通过资产的重置成本反映资产的交换价值。只有当被评估资产处于继续使用状态下，再取得被评估资产的全部费用才能构成其交换价值的内容。只有当资产能够继续使用并且在持续使用中为潜在所有者和控制者带来经济利益，资产的重置成本才能为潜在投资者和市场所承认和接受。从这个意义上讲，成本途径主要适用于继续使用前提下的资产评估。同时，采用成本法评估，还应当具备可利用的历史资料，形成资产价值的耗费也是必需的。

③ 成本途径的运用涉及四个基本要素。这四个基本要素就是资产的重置成本、资产的有形损耗、资产的功能性陈旧贬值和资产的经济性陈旧贬值。资产的价值取决于资产的成本，资产的原始成本越高，资产的原始价值越大，反之则小，二者在

质和量的内涵上是一致的。采用成本法对资产进行评估，必须首先确定资产的重置成本。重置成本是按在现行市场条件下重新购建一项全新资产所支付的全部货币总额。重置成本与原始成本的内容构成是相同的，而二者反映的物价水平是不相同的，前者反映的是资产评估日期的市场物价水平，后者反映的是当初购建资产时的物价水平。在其他条件既定时，资产的重置成本越高，其重置价值越大。

④ 资产价值是一个变量，随本身和其他因素的变化而相应变化。资产的价值也是一个变量，随资产本身的运动和其他因素的变化而相应变化：资产投入使用后，由于使用磨损和自然力的作用，其物理性能会不断下降、价值会逐渐减少，发生实体性贬值；新技术的推广和运用，使用企业原有资产与社会上普遍推广和运用的资产相比较，在技术上明显落后、性能降低，其价值也就相应减少，发生功能性贬值；由于资产以外的外部环境因素变化，引致资产价值降低。这些因素包括政治因素、宏观政策因素等，发生经济性贬值。

⑤ 运用成本法评估资产的利弊得失。运用成本法评估资产，首先确定被评估资产，并估算重置成本，其次确定被评估资产的使用年限，再次估算被评估资产的损耗或贬值，最后计算确定被评估资产的价值。成本法比较充分地考虑了资产的损耗，评估结果更趋于公平合理，有利于单项资产和特定用途资产的评估，有利于企业资产保值，在不易计算资产未来收益或难以取得市场参照物的条件下可广泛地应用。但是采用成本法评估工作量较大，同时这种方法是以历史资料为依据确定目前价值，必须充分分析这种假设的可行性。另外经济贬值也不易全面准确计算。

3. 知识产权的价值发现。知识产权的保护水平、保护的强度也是决定了知识产权的价值，保护强度、水平越高，价值就越大，不受知识产权保护的知识产权价值一定是零。其实品牌更能说明知识产权的价值，全球 2010 年品牌排行榜上可口可乐的品牌价值达 700 多亿元。知识产权是企业和经济主体的生命线，知识产权不是我们可以轻易突破的，对一个有作为的企业，应该构筑自己的知识产权界限，否则很难赢得市场竞争优势，知识产权很值钱，到底哪类知识产权更值钱？这个要看行业，对于技术依赖、创新依赖的企业都有。所以知识产权当中专利与创新企业会更有价值。

（1）知识产权货币化的方式。商标好比是一个企业的名片，很多中小企业手里有良好的知识产权，但没有发展资金，这个时候如果能够把知识产权像楼房一样拿到银行进行抵押贷款，这样我们的企业才能活过来，才能有更大的发展前景，否则我们的企业很可能会走向死胡同。实际上这是一种把知识产权货币化的方式。

（2）国内权利人的稳定性远远不如国外权利人。超过五年的发明专利国内的专利存功率是 46.1%，国外是 81.2%，超过十年的发明专利，国内的存功率仅仅是 4.5%，国外的存功率是 23.6%。从数据可以看出国内权利人的稳定性远远不如国外权利人。

（3）知识产权的保护水平、保护的强度也是决定了知识产权的价值。知识产权的保护强度、水平越高，价值就越大，不受知识产权保护的知识产权价值一定是零，中国多年来实施司法保护和行政保护两条途径并行运作的知识产权保护模式，希望这种保护模式来实现对各种知识产权全方位的、有效的、合理的制度的保护，知识产权的保护要与经济发展水平相适应，越是发达的地区，越要加强知识产权保护力度。司法保护和行政保护两种手段比较起来，行政保护的优点有主动出击、方便快捷、成本低、效率高。而司法保护不会主动去找你，并且浪费时间和金钱。

4. 在知识产权领域中，价值发现的重要性。价值发现是知识产权证券化的前提，只有及时发现知识产权的价值，才能有效地开展研发。因此，企业应鼓励员工搞发明创造，鼓励申请专利，这样可以促进产品的更新换代，也可提高产品的技术含量，以及提高产品的质量、降低成本，使企业的产品在市场竞争中立于不败之地。所以，不论是企业或者个人，一有发明创造时，应尽快申请专利，争取国家法律保护。专利能够让企业在激烈的市场竞争中占据有利的位置，尤其是对中小型企业而言，好的专利足以令其在市场中立于不败之地。具体来说，专利能够带给我们以下好处：

（1）占领市场。一种产品只要授予专利权，就等于在市场上具有了独占权。未经专利权人的许可，任何人都不得生产、销售、许诺销售、使用、进口该专利产品。因此，专利有很重要的占领和保护市场的作用，这种作用在关贸总协定中制定了与贸易相关的知识产权保护协定后更加突出，它把对专利的保护与国际间的贸易相挂钩，强化了对专利的保护力度。例如，某复印公司，因其某型号复印机有专利保护，10 年内其复印机销售额提高了 20 倍，利润提高了 17 倍。

（2）防止他人模仿本企业开发的新技术、新产品。一项技术一旦申请专利，无论这项技术通过发表论文，还是参加学术会议或展示会，或以其他方式的公开，均是在法律保护下的公开，任何人即使通过上述途径学会或掌握了这项技术，在这项技术被授予专利权后，也不能随便使用。例如，某研究所研制的某款仿真器，很快就有 20 家仿制，由于没申请专利，没有办法限制人家仿制，后来该研究所重新研制成功更高端的仿真器，在投放市场之前申请了专利，获得了法律保护，有效地防止了他人的模仿行为。技术含量高的产品需要专利保护，技术含量低的产品更需要专利保护，因为技术含量低的产品更容易被模仿，企业应予重视。

（3）专利技术可以作为商品出售（转让）。纯技术一旦被授予专利权就变成了工业产权，形成了无形资产，具有了价值。一项纯技术不能成为工业产权（技术秘密除外）。因此，技术发明只有申请专利，并经专利局审查后授予专利权，才能变成国际公认的无形资产。例如，扬子电冰箱厂与德国西门子、博世公司合资成立"安徽博西扬制冷有限公司"，其中扬子电冰箱厂以其25项冰箱、冰柜的专利权入股，经评估机构评估作价近482万美元，折合人民币4014万元，得到德国西门子、博世公司的认可。

（4）避免被他人抢先申请专利。虽然专利法规定在专利申请日前应当在国内没有公开制造、销售、使用过，但由于事后要取得相应的有效证据相当困难，因此，存在他人将已经公开的产品（或技术）拿去申请并获得有效专利的可能，甚至倒过来追究发明者的侵权责任，到时只有哑巴吃黄连的份儿了。

（5）专利宣传效果好。在宣传广告或产品打上专利标志，消费者认为这种商品更具可靠性、信用性，提高企业的知名度。例如，科龙公司和美的公司申请了几百件专利，在其部分专利产品打上"CN ZL＊＊＊＊＊＊＊号"标志，市场声誉很好。

（6）避免会展上撤下展品的尴尬。在展览会上，专利权好比是新产品的"出生证"，谁拥有该"出生证"，谁就拥有了该产品作为专利产品展示的权利，否则，随时有被责令撤下展示物品的危机，甚至会被取消参展资格（大型会展一般都有知识产权保护的相关规定，如广交会上就施行《涉嫌侵犯知识产权的投诉及处理办法》）。因此，参展企业对自己研发的新产品应当及时申请专利，对由供货商完成研发的新产品则建议其申请专利后再组织参展。

（7）专利作为企业的一项重要指标。专利一般还作为企业上市和企业其他评审中的一项重要指标、科研成果市场化的桥梁作用等。总之，专利既可用作"盾"，保护自己的技术和产品；也可用作"矛"，打击对手的侵权行为。专利要运用得好的话，专利对企业的作用不可限量。

（二）价值创造是知识产权证券化的核心

价值发现后的重要工作就是价值提升。对公司的盈利进行分析，估算公司的价值；分析重组、收购、兼并、分立的可能性，提高公司盈利能力；前期的改制、重组、包装是公司最大化的市场价值。知识产权评估是一种主要的价值创造工具，属于企业资产评估的范畴，它是用来确定知识产权现在的价值和通过未来的效应所得到的价值。知识产权价值强调未来利益，随着知识产权价值越来越被企业所认识，知识产权收益能力已成为企业利用所有资源寻求收益最大化的途径。因此，对知识产权进行评估时，懂得与知识产权相联系的各种权利及其利用的方式是十分重要的。对企业知识产权的评估应是基于其最具潜力的使用，而不是评估时它被企业实际使用的方式。

1. 评估概念。知识产权评估是指知识产权评估机构的注册资产评估师依据相关法律、法规和资产评估准则，对知识产权评估对象在评估基准日特定目的下的知识产权价值进行分析、估算并发表专业意见的行为和过程。知识产权评估中所涉及的知识产权内容比较多，一般主要对商标权、专利权、著作权等常见的知识产权进行评估。值得注意的是知识产权评估需要考察的要素主要是权利人的适合性，应当收集和评估知识产权的正面和负面权利证据。

2. 评估的作用。

（1）利用无形资产质押贷款（商标权、专利、版权等质押贷款）、工商注册、增资扩股、参资入股、许可使用、转让、租赁承包、清算拍卖等。

（2）提高品牌知名度，外展企业实力，增强凝聚力。

（3）企业利用无形资产的运作与国际标准接轨，进而打入国际市场。

（4）保护知识产权的需要，为企业打假、侵权、诉讼提供索赔依据。

（5）通过无形资产的评估，可以摸清家底，为经营者提供管理信息合理配置资源。

（6）项目融资、合资合作、企业兼并、收购、吸引投资。

（7）无形资产可以增加注册资本金，而且可以占注册资本的70%。

（8）无形资产还可以按照规定年限税前摊销。

3. 评估对象。依据《财政部、国家知识产权局关于加强知识产权资产评估管理工作若干问题的通知》《中华人民共和国专利法》《中华人民共和国商标法》《中华人民共和国著作权法》《中华人民共和国担保法》《国有资产评估管理办法》等有关规定，知识产权占有单位符合下列情形之一的，应当进行知识产权的资产评估。

（1）根据《公司法》第二十七条规定，以知识产权资产作价出资成立有限责任公司或股份有限公司的。

（2）以知识产权质押，市场没有参照价格，质权人要求评估的。

（3）行政单位拍卖、转让、置换知识产权的。

（4）国有事业单位改制、合并、分立、清算、投资、转让、置换、拍卖涉及知识产权的。

（5）国有企业改制、上市、合并、分立、清算、投资、转让、置换、拍卖、偿还债务涉及知识产权的。

（6）国有企业收购或通过置换取得非国有单位的知识产权，或接受非国有单位以知识产权出资的。

（7）国有企业以知识产权许可外国公司、企业、其他经济组织或个人使用，市场没有参照价格的。

（8）确定涉及知识产权诉讼价值，人民法院、仲裁机关或当事人要求评估的。

（9）法律、行政法规规定的其他需要进行资产评估的事项。

非国有单位发生合并、分立、清算、投资、转让、置换、偿还债务等经济行为涉及知识产权的，可以参照国有企业进行资产评估。

4. 评估依据。知识产权评估主要包括商标权评估、专利权评估、著作权评估、软件著作权评估等评估项目，知识产权评估作为一种重要的无形资产评估项目，知识产权评估的依据是决定评估价值科学合理的重要保障。

（1）知识产权评估的行为依据。知识产权评估的评估行为依据，它决定着知识产权评估行为的启动。委托方与受托方签订的资产评估业务委托协议书，就是知识产权评估业务开始的行为依据。

（2）知识产权评估的法规依据。为了规范无形资产评估特别是知识产权评估，国家相关部门陆续出台了很多的评估准则、指导意见等政策法规。正因为是这些政策法规的出台，为我国知识产权评估业务的开展提供了法规依据。

① 国务院 1991 年 91 号令《国有资产评估管理办法》。

② 原国家国有资产管理局【（1992）36 号文】《国有资产管理办法施行细则》。

③ 原国家国有资产管理局国【资办发（1996）23 号】文《资产评估操作规范意见（试行）》。

④ 财政部【财评字（1999）91 号】"关于印发《资产评估报告基本内容与格式的暂行规定》的通知"。

⑤ 2008 年发布的《资产评估准则·无形资产》。

⑥ 中评协自 2011 年 7 月 1 日起施行的《著作权资产评估指导意见》。

⑦ 中评协自 2012 年 7 月 1 日起施行的《商标资产评估指导意见》。

⑧ 中评协自 2009 年 7 月 1 日起施行的《专利资产评估指导意见》。

⑨ 中国资产评估协会 2007 年发布的《资产评估准则·基本准则》。

⑩ 国家有关部门颁布的其他相关法律、法规及规章等。

（3）知识产权评估的产权依据。知识产权评估的评估对象要求产权清晰，关系到知识产权评估报告的合法权威。知识产权评估的产权依据一般是资产占有方享有产权的商标权证书、专利权证书、软件著作权证书、著作权证书。

（4）取价依据及参考依据。知识产权评估过程中的取价依据及参考依据一般是委托方关于委估项目的可行性报告、委托方提供的其他相关资料、评估人员收集的市场资料及其他资料。

5. 评估原则。知识产权评估作为资产评估的范畴，它同样属于一种社会公正性服务业。国家对资产评估机构、执业主体、评估的要求都有规定。如根据国务院第91号令，资产评估应遵循真实性、科学性、可行性的原则，资产评估必须按照申请立项、资产清查、评定估算、验证确认的法定程序进行。资产评估应当根据资产原值、净值、新旧程序、重置成本、获利能力等因素，采用收益现值法、重置成本法、现行市价法、清算价格法以及国务院国有资产行政主管部门规定的其他评估方法评定。企业知识产权评估当然也应按照国家资产评估的有关规定进行。但是，与其他资产评估相比，企业知识产权评估在存在一些共性时又存在一些特殊之处。这里仅对企业知识产权评估的原则展开讨论。

资产评估是以合法的评估标准与被评无形资产价值进行比较的活动。资产评估涉及评估的标准、被评估的量与评估的方法三个要素。企业知识产权评估作为无形资产评估的重要组成部分，也应遵循评估的这三个要素要求，符合公平与合法性、科学与可行性、客观与真实性的原则，这也是知识产权评估的技术性原则。知识产权评估基本原则还包括知识产权评估的目的性原则、评估内容作用机制原则。目的性原则是判断公平、合理的前提，评估内容作用机制原则是确保评估科学性、真实性、可行性的前提。企业知识产权评估基本原则就是这三个原则的统一组合。此外，根据企业知识产权的特殊性质，如企业知识产权作为资源在企业经营活动中投入的状况，企业知识产权评估原则还可以进一步包括以下内容：

（1）替代性原则。一般来说，购买者购买企业一种知识产权的出价不愿高于他在市场上获得它同样能达到目的、满足要求的相类似的知识产权成本。如果有可供选择的能相互替代的资产，比如说专利产品替代品，该项知识产权价值就会受到影响。

（2）预期收益原则。一般来说，一项知识产权的价值与它的研制成本没有正比例关系，而与该项知识产权预期或未来收益有很大关系。因此，对知识产权未来收益的预测，就成为评估一项知识产权的重要依据。另外，企业知识产权预期收益的最佳值是该项知识产权处于最佳使用时产生的。所以，评估企业知识产权价值时，还应研究该项知识产权在最佳使用时能产生的效益，而不能局限于现时利用状况。

（3）变化性原则。知识产权的价值在企业营运中受多种因素的影响，这些因素的变化趋势如何，对知识产权价值变动的影响系数有多大，特别是对知识产权对于企业的获利能力有多大，是评估企业知识产权价值时必须考虑的问题。

（4）一致性原则。对企业知识产权的评估存在许多要考虑的关联因素、变量，这些关联因素与变量之间要存在合理的一致性，否则就会影响评估结果的科学性、真实性。

6. 业务流程。

（1）知识产权评估项目签约：评估前客户需要与本公司签订知识产权评估委托协议，就知识产权评估范围、知识产权评估目的、知识产权评估基准日、知识产权评估收费、交付知识产权评估报告的时间等项内容达成一致意见，正式签署知识产权评估协议，预付50%的知识产权评估费用，共同监督执行。

（2）组建知识产权评估项目组：视评估项目大小、难易程度、组成由行业专家、评估专家，经济、法律、技术、社会、会计等方面专业人员参加的项目评估组，实施项目评估，项目组实行专家负责制。

（3）委托单位按要求提供评估资料及项目负责人实地考察核实情况：委托方提供委托评估的知识产权相关资料，项目经理对提供的资料进行初步审核。项目组深入企业进行实地考察，考察了解企业的发展变化、经济效益、市场前景、技术生命周期、设备工艺、经济状况、查验各种法律文书会计报表，听取中层以上领导干部汇报。

（4）市场调查：采用现代手段在不同地区、不同经济收入的消费群体中进行调查。有的评估工作还要进行国际市场调查，取得评估的第一手资料。

（5）设计数学模型：采用国际上通行的理论和方法，根据被评估企业实际情况设计数学模型，科学确定各种参数的取值，并进行计算机多次测算。

（6）专家委员会讨论：专家咨询委员会论证评估结果，专家咨询委员会必须有2/3以上人员出席，必须有行业专家出席，半数以上专家无记名投票通过，评估结果才能获准通过。

（7）通报客户知识产权评估结果：将评估结果通报客户，客户付清评估费用。

（8）印制知识产权评估报告，将评估报告送达客户。

（9）后服务工作：评估结果的延伸服务、咨询、宣传策划。

7. 生物制药价值评估方法。同样对知识产权也有围绕价值创造开展相关工作。知识产权涉及各行各业、方方面面、林林总总，我们这里就举一个生物医药领域加以说明生物制药企业价值评估方法的选择分析。与一般企业相比，生物制药企业具有高投入、高风险、高收益的特点，未来不确定性大。生物制药作为一种知识密集、技术含量高、多学科高度综合的新兴产业大都具有众多高层次的知识人才、采用尖端的高新技术手段。技术和投资额的限制使得许多势力较弱的公司无法进入生物制药行业，只能"望药兴叹"。因此，生物制药这块"大蛋糕"，只能由科研和资金实力雄厚的公司来分享。

（1）成本法。成本法在生物制药企业价值评估中的适用性。成本法又叫成本加和法，这是一种根据企业的财务报表数据，通过对企业的账面价值进行相关调整来确定企业价值的静态估值方法。目前成本法主要用于国有企业整体价值的评估。与传统企业不同，生物制药企业中技术等无形资产在总资产中占有绝对优势，这一价值并没有在账面上予以反映，采用成本法必然会低估生物制药企业的价值。

（2）市场法。市场法在生物制药企业价值评估中的适用性。市场法又称相对价值法或市场比较法，它是一种通过在市场上寻找与被评估企业相类似的参照企业，以参照企业的相关财务数据为基础来估算目标企业价值的企业价值评估方法。这种方法的评估结果建立在可比公司价值评估基础之上，因而会受到现行市场的影响。

（3）收益法。收益法也叫作收益现值法，是把企业在未来特定时间内的预期收益通过一定的比率折现为当前资本额的方法。由于收入既可以用利润来衡量，又可以用现金流量来表示，因而收益法可以分成以下两类：以利润为基础的收益法和以现金流量为基础的现金流量折现法。与利润指标相比，现金流量可以反映出企业在生产经营过程中不断追加投资和回收投资的动态过程，因而现金流量折现法成为收益法中应用最普遍的价值评估方法。从生物制药企业的特点可以看出，生物制药企业核心技术所带来的未来的盈利能力是其价值的主要来源，这就决定了以未来获利能力为基础的收益法，在生物制药企业价值评估中具有一定的适用性。由于收益法没能考虑生物制药企业巨大的未来成长机会价值，因而需要结合其他方法进行综合评价。

（4）实物期权法。实物期权法在生物制药企业价值评估中的适用性。期权又称选择权，它是期权持有者在期权到期日或期权到期日之前，按照合同规定的价格买进或卖出一定数量的标的资产的权利，而不是义务。实物期权法认为企业价值应该是企业当前资产项目的贴现值与未来资产增长机会的贴现值之和。与一般企业相比，生物制药企业强大的生命力在于它们所面临的不确定性以及把握这些不确定的机会和风险的能力，实物期权法充分考虑了这类企业潜在的获利机会价值，因而比较适合生物制药企业价值的评价。

综上所述，期权定价法可以作为评估生物制药企业未来成长机会价值的主要方法，同时还要结合折现现金流量法等方法评估现有的获利能力价值。

（5）创新药价值评估的数字化模型。在如今的生物医药界，对医药项目的评估大多都是仁者见仁智者见智，而面对不断增长的创新药数量，"如何客观地看项目、找数据、评估值？"这是经常被谈论的话题。在数据化快速发展的今天，如何利用大数据优势将项目优势数字化、项目评估系统化，更加专业客观地对医药项目进行评价与评估，成为不断思索的问题。因此，《药渡》结合自身结构化大数据深度分析优势，创新出三大独有的分析方法及专业理论，力求从新药研发技术、新药创新力度、新药价值空间等多角度数字化评估医药项目。《药渡》穆爱研究员撰文《创新药价值评估的数字化模型》介绍，深感颇有新意，再次分享一下其成果。

① "药物靶点机会指数"：药物靶点研究价值及相关药物成药性评估。"药物靶点机会指数"意在评估药物靶点研究价值及相关药物成药性。通过药渡数据库的信息检索功能，对全球药物靶点及治疗领域进行整理分析，构建药物价值评估理论样本数据库。在此基础上，大量分析文献获取各疾病领域从各临床阶段到获批的成功率（LOA），将 LOA 与对应的靶点药物相连接，获取靶点的预测成药数值。再以药物各个临床研究阶段作为评价单位，计算不同临床研发阶段的靶点药物数值，得出医药项目的创新性及热度的量化值，即"药物靶点机会指数"。《药渡》已将各类治疗领域的相关靶点进行全面分析，构建出完整的各领域全靶点机会指数模型，并将其靶点按照模型研究价值分数进行排序。模型中预测成药数数值越高，药物成药性越高；靶点机会指数数值越大，表面该靶点药物数量繁多，品种拥挤，靶点研究价值不高。

② "新药指数"评估理论：量化指标评估不同区域的新药研发能力、创新能力。"新药指数"评估理论，意在以全球新药研发为视野，对全球创新药物的研发力、创新力进行时间、空间上的对比。通过《药渡》数据库的国际药物信息检索功能，对近年来上市的全球创新药物进行数据采集及信息整理分析，形成创新药物创新性及研发力评估样本数据库。按照全球创新药物上市时间、上市地区、各地区批准数量、批准类别等，进行时间、空间、数量与质量的四重维度统计分析，再以单位时间作为范围，FDA、EMA、PMDA、CFDA 四大药品审评机构作为地域区间轴线，批准的创新药物数量与质量作为评估标准，将不同类别的创新药物分别配比不同的权重系数，形成数据可视化全球新药研发能力评估理论。指数值越大，代表该地区新药批准的数量及质量越高，《药渡》每年都会更新并发布最新的国际新药指数。

③ "药物研发双阶段模型"：创新药物未来价值评估。通过《药渡》数据库的信息检索功能，获取目标药物同靶点同适应症药物的数据信息，形成药物价值评估理论样本数据库。利用样本数据库信息，以时间作为药物价值评估区间轴线，同靶点同适应症首个药物为上市时间为起点，分析同靶点同适应全部药物的上市时间、进口时间及专利到期时间（仿制药上市时间），并以此作为价值区间分割点建立模型，即 "药物研发双阶段模型"。《药渡》建立了双阶段评价模型库，分析了我国 1 类创新药物的价值所在，越来越多的创新项目也逐步纳入库中。高价值的创新药物技术创新度高，市场价值空间广阔，实现了该领域药物零的突破；中等价值的创新药物，有较好的市场价值空间，是对该领域药品价格的冲击；低价值药物则未来市场空间不甚理想。

上述三大模型分别从新药研发技术、新药创新力度、新药价值空间角度客观全面地剖析了创新医药价值。对于日后的新药价值评估有着一定的参考价值，值得分享。

（三）价值实现是知识产权证券化的关键

1. 企业发行上市的操作目标是实现公司的价值。

（1）以公司盈利预测为核心的基本面分析法：

① 宏观经济、行业、公司三个层面的研究；

② 宏观经济和行业研究落实到公司未来盈利；

③ 技术分析法同公司盈利无关，仅作辅助的分析工具。

（2）在研究分析的基础上作出投资推荐，研究报告的质量和数量决定交易市场业务的发展。

（3）基于基本面的证券交易使股价趋于价值。

2. 在组织方式和机构设置上充分发挥价值实现的功能。研发部是价值发现、价值创造、价值实现的重要部门。

（1）支持投资银行部的发行工作，协助其设计方案。

（2）支持销售交易部二级市场的运作。

（3）对行业的深入调研，以争取在市场上获得最大价值。

因此，研究水平相当程度上决定公司业务的整体水准。

3. 知识产权的价值实现。所谓知识产权证券化就是由拥有知识产权资产的所有人作为发起人（Originator），以知识产权未来可产生的现金流量（包括预期的知识产权许可费和已签署许可合同中保证支付的使用费）作为基础资产，通过一定的结构安排对其中风险与收益要素进行分离与重组，转移给一个 SPV，由后者据此发行可流通权利凭证进行融资的过程。

对于发起人来说，这是一种新的、可供选择的融资形式，可以在不改变股本结构、保留对其知识产权所有权的情况下将知识产权资产的未来收益提前实现，解决资金流动性难题。知识产权证券化过程中应当解决好几个核心问题，只有解决好这些问题，知识产权证券化才有可能获得成功。这些问题主要包括 SPV 的设立、对证券基础资产知识产权的风险隔离、基础资产池的组建、知识产权现金流预测、知识产权保险、知识产权抵押登记效力、证券的结构设计、定价与发行等。

（1）知识产权货币化的本质是经济价值的实现。知识产权还有其他的价值比如技术价值、制度价值、文化价值，这些价值都应该在经济社会当中得到实现。做知识产权质押融资需要好多因素才能决定它的价值，其中主要因素是知识产权自身的质量、知识产权保护的途径、全社会质押融资的形成以及整个社会对知识产权保护的氛围都决定了知识产权价值到底能不能得到充分实现。

首先可以做质押融资的知识产权是高质量的知识产权，什么是知识产权质量呢？就专利来说，它有两个含义：一是一项专利权的稳定性是专利质量最主要的含义，可以用有效专利来进行单一表达，用一个企业目前仍然有效的专利占全部授权专利的百分比来衡量一家企业专利的稳定性。二是专利质量还指专利的技术含量的高低，我们可以用发明专利来进行表达。以下我们可以通过一些利用知识产权质押融资的案例。

例如，位于北京市石景山区的某公司是专业的制冷空调设备生产商和服务提供商。借助北京市、石景山区两级政府共同为企业搭建的知识产权融资平台，该公司和某银行北京分行达成了知识产权质押贷款协议，贷款额为 1000 万元，贷款期限为 3 年。该公司属于高科技企业，在成长过程中普遍存在融资难题，而银行并不了解企业知识产权的无形商业价值。为此，北京市知识产权局启动了"首都知识产权百千对接工程"，搭建知识产权服务平台。在这一背景下，石景山区知识产权局与该银行签署了合作框架协议，积极支持拥有知识产权等无形资产的优质科技型中小企业获得贷款。实际上这是一种把知识产权货币化的方式。

科技创新企业大多都是"轻资产型"的中小企业，普遍具有规模小、固定资产少、土地房产等抵押物不足的特点，也多会因为资金短缺而无法正常开展研发创新、扩大产能。那么，以知识产权作为质押物或基础标的，通过质押或者证券化开展融资变得尤为重要。知识产权证券化是资产证券化的一种，相比传统的资产证券化，最大区别在于基础资产为无形的知识产权。

2018 年，某生物科技股份有限公司获得海口某银行发放的一笔期限为 5 年的 2500 万元贷款，与其他普通贷款不同，公司没有用固定资产作抵押，而是以知识产权质押。其实，这在中国已不是新鲜事。

简单来说，就是以知识产权的未来预期收益为支撑，发行可以在市场上流通的证券进行融资。知识产权证券化与知识产权质押融资都属于知识产权金融范畴，发挥着聚集资本、配置资源的功能。二者的不同在于，知识产权质押融资是单一渠道的融资，而知识产权证券化是面向社会公开融资，代表着资产证券化的基础资产由实物资本变为知识资本，是"升级版"。目前，知识产权证券化处在知识产权生态金融链条的最顶端。

在 20 世纪 90 年代，美国、日本就开始探索知识产权证券化。有统计数据显示，1997—2010 年，美国通过知识产权证券化进行融资的成交金额就高达 420 亿美元，年均增长幅度超过 12%。知识产权的创造、运用、保护、管理、服务这 5 个词概括了不同阶段的知识产权。

（2）知识产权价值实现的关键。知识产权价值实现的关键还是要培育好知识产权加工的这个市场，包括中小企业、金融机构。中小企业要想实现知识产权价值，前提是必须提供高质量的知识产权。如果保险公司能够介入知识产权质押融资中来，可以更加有力地推动工作的开展。知识产权质押融资需要一个良好的环境氛围，从某种意义上讲是诚信文化氛围。

（3）知识产权证券化是一种特殊的资产证券化。知识产权证券化是资产证券化的一种，是一种特殊的资产证券化——以知识产权为基础资产的证券化过程。因此，资产证券化的一般原理，对于知识产权证券化仍然适用。资产证券化的一般原理就是对基础资产进行重组以构建资产池，实现资产池和发起人其他资产的风险隔离，同时还必须对资产池进行信用增级，这就是资产证券化的三大基本原理："资产重组原理""风险隔离原理"和"信用增级原理"。但是由于知识产权证券化的基础资产——知识产权所具有的特殊性，也使得知识产权证券化与其他传统证券化相比表现出许多独特性。

（4）知识产权证券化与"专利池"。知识产权证券化是指具有某些共同特质的企业剥离相关的知识产权，注入一个"专利池"，建成一个共有的"专利库"，然后由专门的证券化机构将这个"专利库"转化成可以在资本市场上流通和转让的证券。在此有一个框架性的设想。基本思路：首先成立一个专业化的证券化机构，企业将其所拥有的知识产权剥离出来，形成一个"专利库"，然后通过这个专利库产生的收入作为支持，由信托投资公司发行集合资金信托产品，帮助拥有知识产权的企业获得融资。由于中关村科技园区是高科技成果资源最密集的地区，建议可以在园区的高新技术企业中进行试点。

（5）专利池公司的直接上市。美国有一家叫作 NPEGLLA 的公司，是相当于一家叫专利联盟或者专利池。把这个领域里面所有的专利及技术成果，通过收购或许可托管，形成专利技术的总代理。然后这家公司在美国纳斯达克挂牌，不仅把专利技术货币化了，而且把它资产证券化，通过上市来把专利技术做成公司的营收。目前 NPEGLLA 公司已在美国纳斯达克上市，管理着很多专利，然后他把这些专利产品变成了一个专利池或者专利联盟。

四、知识产权证券化在生物医药领域中必然大有可为

作为知识产权运营"皇冠上的明珠"，知识产权证券化成为创新主体将无形资产变为看得见的市场收益的绝佳手段之一。生物医药知识产权，是指一切与生物医药行业有关的发明创造和智力劳动成果的财产权。这种财产权通常被称为无形资产，与动产、不动产并称为人类财产的三大形态。生物医药知识产权不限于某一新产品、新技术，也不限于某一专利或商标的保护，它是一个完整的体系，是相互联系、相互作用、相互影响的有机体。鉴于生物医药知识产权的特点，知识产权证券化在生物医药领域中必然大有可为。

（一）生物医药行业知识产权的特点

2018 年 3 月，由《中国知识产权》杂志主办的"第八届中国知识产权新年论坛暨 2018 中国知识产权经理人年会"在北京盛大举办。在中国知识产权管理实务论坛上，东莞著名药企——东阳光集团知识产权总监林淘曦发表了题为"生物医药行业知识产权的特点及管理实践"的演讲，主要从以下两个方面对生物医药行业的知识产权问题进行了总结，颇有见解。

1. 生物医药行业知识产权显著的特点。

（1）药物研发周期长，投入高，成功率低。生物医药行业有一个非常突出的特点，药物研发周期长、投入高、成功率低。从原始早期的资本投入，到后期的持续投入，再到研发成功，中间的过程十分漫长。在美国有"十年一药"的说法，即医药创新领域著名的"双十"定律，一款创新药的研发需要耗时十年时间，花费十亿美元。研发时间如此之长，投入如此之高，成功率如此之低，如何确保在漫长的研发过程中对项目的持续性投入？让制药企业能够从投入中随时变现是非常重要的。因此，在生物医药的整个研发过程中，阶段性形成的研发成果，包括高价值的项

目、专利以及团队，如果能够拥有较为容易变现的途径，则知识产权的价值就能得到充分的体现。

（2）知识产权在早中晚期的不同阶段表现出不同的价值且十分明显。在制药业的长周期内（比如专利有 20 年周期），知识产权在早期、中期、晚期的不同阶段，表现出不同的价值，且十分明显。举一个很典型的例子，Assembly 和百济神州这两家公司都是美国纳斯达克的上市公司，Assembly 是做乙肝药物的公司，市值将近 10 亿美元，而百济神州是国内的公司，主要方向是抗癌药物研发，市值为 50 亿美元，这两个公司都没有任何产品在市场上销售，进度最快的项目均是在临床二期。这样的公司可以在美国上市，并且得到市场的认可，正是知识产权价值得到体现的结果。

（3）生物医药行业另一个特点是专利数量少、价值高。生物医药企业的专利可以分为有基础限制的专利，比如化合物专利或者生物类专利，以及有外围的衍生专利，比如制剂专利。与此同时，专利的价值比较高，具体的价值和产品周期有关系，医药是长周期行业，随着市场销售的逐步上升，专利越到后期价值越高。这就是为什么在美国有药品专利延长制度，目前国内讨论的药品专利链接制度也提到了专利延长制度。正是因为价值高，对医药企业来说专利的质量必须优于数量。比如"美国默克 vs. 吉利德案"，曾是 2016 年关注度非常高的案件，到最后一个专利的赔偿金额就达到 25 亿美元。而在美国专利被诉排行榜中，前 11 家就有七八家是生物制药企业，虽然生物制药专利的数量不多，但成为被告的概率却非常高。

2. 生物医药企业不同于其他行业的特点，也体现在行业监管方面。比如在医药市场准入环节，因为生物医药行业是由政府监管的行业，在药品上市之前必须要经过政府相关部门的严格审查审批。正因为政府监管的存在，使得生物医药的准入十分严格，同时也使得生物医药的知识产权价值得到进一步提升。

3. 生物医药行业还有专利药和非专利药的区分。生物医药行业还有一个重要的特点，即专利药和非专利药的区分。在医药行业，虽然药品的专利期过了，但是药品的价值还在，因此诞生了另外一种企业——非专利药企业。围绕专利到期的前后，将发生一系列的专利诉讼、非专利药品上市、药品大幅度降价等事件，这就是所谓的医药"专利悬崖"（Patent Cliff，是指企业的收入在一项利润丰厚的专利失效后大幅度下降），也体现了专利法平衡专利权与公共利益的立法宗旨。"专利悬崖"的存在，也促使医药企业不断创新，推出新药。

总之，医药行业知识产权的特点，药品专利研发周期长、投入高、成功率低、数量少、价值高，行业监管严格，须持续创新才能使生物医药企业继续发展。

（二）生物医药企业的知识产权管理实践

生物医药企业基本分为两类，一类以研发为主，另一类以生产为主。

什么是好的构架？"扁平化管理"是非常好的构架。好的构架能够给予知识产权经理人充分的"权"和"利"。

1. 在专利管理方面生物医药企业有诸多特色。比如，在东阳光实行一票否决制，如果某个项目在专利上行不通，就有可能放弃这个项目。另外，东阳光对专利的布局也非常广，非常重视专利质量，虽然 2017 年该集团专利申请量只有 200 多件，但是平均 1 件专利申请的篇幅是 70 ~ 80 页，平均 1 件专利有 37 个实施例。一件专利可能在今后三年到五年内才发挥作用，未来二十年的发展情况很难预测，但每做一个专利都要做到最好，做好长期规划。同时，由于不希望在研发早期就让竞争对手知道研发意图是什么，因此生物医药企业更注重延后授权，会尽量延长授权，基本上是 18 个月公开，36 个月实质审查，尽量在新药临床上有结果或者上市之后再授权。这时候再把保护范围缩小到具体的保护范围上，能在最大限度上保护创新。

2. 项目的信息支撑。生物医药企业在知识产权管理方面另一个可借鉴的地方是项目的信息支撑。为把 IP 嵌入整个项目流中去，知识产权管理者会做信息支撑的工作，从项目研发的早期立项开始，到研发端、生产端，在每一个审批的节点都设立 IP 的环节。通过 IP 嵌入的项目管理，做到在流程中的任何一个阶段大家都相互了解，把整个 IP 管理和公司流程嵌在一起，以减少突发情况或者知识产权管理者作为"救火队员"去开展工作，对生物医药企业来说是很好的实践。

3. 在商标布局方面，生物医药企业的产品名称均有自己的特点。比如百优解是治疗忧郁症的药品，把忧郁的"忧"改成优秀的"优"。再如辉瑞的"伟哥"，辉瑞早期没有布局"伟哥"商标，在媒体和社会的宣传炒作下，"伟哥"成了这类药品的通用名称，显著性下降，无法申请商标，失去了一个很好的机会。

4. 如何说服老板选择高预算的投资。生物医药行业的知识产权是一个可预见的长期性的行业，同时药物研发本身时间长、风险高、政策环境多变，所以决策者的决心对于企业来说至关重要。2018 年东阳光的研发预算是 12 亿元人民币，其中知识产权的预算是 4200 万元。

如何说服老板？知识产权经理人要让老板看到知识产权的价值，要让老板知道如何能获得知识产权价值。如果 IP 只跟法务结合，就和律师的工作重复了。而律师往往强调合规、强调规避风险，但决策者所要做的事都是有风险的，所以决策者可能不太认可律师的工作。因此，要解决的就是风险问题，让决策者认识到高风险下的回报，同时将 IP 价值能够对接到无形资产上去，把 IP 价值的范围扩大到无形资产。

在公司内部积极推广"IP 是无形资产"这一概念，让决策者认识到二者之间应画等号，认识到知识产权不只在法务上有价值，在财务、商务层面也是有价值的。

（三）生物医药知识产权证券化的创新

1. 生物医药知识产权的范围。

（1）一切与生物医药行业有关的发明创造和智力劳动成果的财产权。

（2）与生物医药行业相关的发明创造。

（3）生物医药行业的智力劳动成果的财产权。

（4）生物医药信息及相关前沿保密技术。

（5）生物医药行业的计算机软件技术。

2. 生物医药知识产权本身就有巨大的潜在价值。这里需要注意的是有两个前提：一是知识产权其本质是一项无形资产，只有通过评估价值才能进行专利（及其他权益）的交易（所有权或所有权的转让），这就所谓"交易产生价值"的逻辑，从而获得可观的经济效益和社会效益；二是为何用"潜在"两字，这是因为其一，无形资产变成有形资产，除了交易这一最终环节外，还需要估值和证券化这两个不可或缺的重要前提；其二，"专利悬崖"的隐患不得不防。此外，知识产权的保护也是必不可少的。

（1）创新药的产业价值会持续提升。生物医药知识产权尤其是创新药的产业价值会持续提升，知识产权保护是重要一环。以恒瑞医药为代表的国内创新药企在过去两年市场价值获得了明显提升，主要反映药品审评政策变革。国家推动优先审评政策，优化新药审评流程，新药上市公司时间有望大大延长；新药上市许可人制度降低了新药投资的固定资产投资门槛，降低了风险。未来专利延长和数据保护制度等在海外通行的规则也有望出台，知识产权保护加强，创新药的产业价值会持续提升。中国海外市场开拓最领先的药企的竞争策略已经从初期的低成本简单竞争向高难度仿制药、首仿、专利调整等升级，未来这些在国内仿制药市场将占得先机。

（2）中国医药行业自 2003 年以来的平均增速是 GDP 的 2～3 倍。根据经济合作与发展组织（OECD）的统计，中国医药行业自 2003 年以来的平均增速是 GDP 的 2～3 倍；2018 年中国人均医药支出有望从 2013 年的 60 美元提高到 150 美元，而 2013 年美国人均医药支出为 1400 美元，欧洲发达国家为 600～800 美元。2020 年，即两年后中国老龄（65 岁及以上）人口将达到 2.48 亿。中国目前在全球医药行业中处于第三梯队，2015 年全球单抗药物规模达 980 亿元，而中国单抗药物规模仅为

70 亿元，占比全球仅 1%；与全球畅销药物以生物大分子、创新小分子药物为主相比，中国畅销药物仍以基础大输液、化学仿制药、中药注射剂为主。随着中国药监局 CFDA 药品上市持有人许可证制度的推出，CRO 企业如雨后春笋，创新前沿药研发人员终于有了知识产权的保障，可以通过 CRO 提供的服务让发明快速进入临床测试和申报阶段；与资本市场对接的大门也随着生物医药企业赴港上市新规而敞开。

（3）投资研发型药企面临高风险的同时存在着巨大的投资回报潜力。研发型生物医药企业从初期研发，到通过临床药理，病理，安全等测试，到正式申报获批入市的周期一般在 10～12 年，当然随着 CRO、CMO 等服务平台的加入，以及 FDA、CFDA 申报流程的提速，至少也得 8～10 年，通过三期临床且拿到批文的概率不到 30%。然而，2015 年全球前十大单个生物药品销售额为 56 亿～140 亿美元，投资研发型生物医药企业在面临高风险的同时，也存在着巨大的投资回报潜力。

3. 生物医药知识产权证券化阶段化实施的探索。

（1）新药从研发到上市需经过哪些流程。10 年时间，花费 10 亿美元，研发一款新药，无论是利益的驱动，还是拯救万千患者的成就感，药企的这一行为都值得我们尊敬。一款新药从研发到上市都需要经过哪些流程？详见表 2-1。

表 2-1 新药研发上市流程

阶段	分阶段	目的与作用
一、临床前研究		
1. 研究开发 （一般 2～3 年）		实验室研究，寻找治疗特定疾病的具有潜力的新化合物
	（1）药物靶点的发现及确认	这是起点，只有确定了靶点，后续所有的工作才有展开的依据
	（2）化合物的筛选与合成	根据靶点的空间结构，从虚拟化合物库中筛选一系列可匹配的分子结构，合成这些化合物，它们被称为先导化合物
	（3）活性化合物验证与优化	初步筛选出活性高毒性低的化合物，并根据构效关系进行结构优化，这些化合物称为药物候选物
2. 临床前实验 （一般 2～4 年）		一是评估药物的药理和毒理作用，药物的吸收、分布、代谢和排泄情况（ADME）。实验需要在动物层面展开，细胞实验的结果和活体动物实验的结果有时候会有很大的差异。目的是确定药物的有效性与安全性。二是进行生产工艺、质量控制、稳定性等研究（CMC），要在符合 GMP 要求的车间完成
		药理学研究：包括药效学、药动学
		毒理学研究：急毒、长毒、生殖毒性，致癌、致畸、致突变情况
		制剂的开发：比如有的药口服吸收很差，就需要开发为注射剂。有的药在胃酸里面会失去活性，就需要开发为肠溶制剂。有的化合物溶解性不好，这也可以通过制剂来部分解决这个问题。还有的需要局部给药，就需要通过制剂开发成雾化剂、膏剂等

续表

阶段	分阶段	目的与作用	
二、临床试验审批（Investigational New Drug, IND）		一般需要30个工作日	
三、临床试验（一般3~7年人体试验）			
1.0 期	（肿瘤药物的研发的需要）	目的是在满足一定的统计学要求的前提下，在有限的样本量（通常不超过20）、有限的时间内（每个患者的治疗期常不超过数周），初步判断一个研究药物是否有效、某个剂量是否有效，是否应继续开发下去，附带看一下某些疗效判断方法是否可行	
2. I 期	（20~100例正常人）	主要进行安全性评价。通常是摸索剂量（dose finding, dose - ranging），药代（PK）和药动（PD），样本量也不大（一般不超过20，或者20左右）	
3. II 期	（100~300例病人）	主要进行有效性评价。初步判断疗效的和安全性的（其实安全性贯穿研发始终），所以一般称为safety & activity研究（SA研究）	
4. III 期	（300~5000例病人）	扩大样本量，进一步评价。严格的验证药物效果的验证性临床研究。很多会议上介绍临床研究，往往以此类研究为模板进行介绍，在假设检验的框架下进行介绍	
四、新药上市审批（New Drug Application, NDA）			
1. NDA 申报资料：CTD（Common Technical Document）	CTD 五大模块（180个工作日）	① 行政和法规信息	
		② 概述：药物质量、非临床、临床试验的高度概括	
		③ 药品质量详述	
		④ 非临床研究报告	
		⑤ 临床研究报告	
审评结果：	① 批准信：符合要求，可以上市		
	② 可批准信：基本满足要求，少数不足可以修改。申请人应在收到10日内作出回应修正，否则视为自动撤回		
	③ 拒绝信：存在严重问题或需要补充大量信息资料。申请人可在10日内提出修正或在30日内要求听证		
2. NDA 特殊审评程序：	① 优先审评（Priority Reviews）适用于能够在治疗、诊断或预防疾病上比已上市药品有显著改进的药品，优先安排NDA审评		
	② 加速审批（Accelerated Approval）用于治疗严重或危及生命疾病的药品，且存在合理并能够测量的"替代终点"（Surrogate Endpoint），即药物预期治疗效果的指标变通审评标准，利用替代终点审评		
	③快速通道（Fast - track）用于治疗严重或危及生命疾病的药品，且有潜力满足临床尚未满足的医学需求，早期介入，密切交流，分阶段提交申报资料		

续表

阶段	分阶段	目的与作用
五、上市后研究	临床监测期：IV 期临床。受试者要大于 2000 例，同时要进行社会性考察。以万络为例：2000 年进行了"VIGOR"胃肠道试验——显示较少的胃肠道副作用，但是使用 18 个月后会引发 2 倍的心脏病/中风风险。2001 年，"APPROVe"腺瘤息肉预防试验——服药超过 18 个月出现较高的心血管疾病风险	
六、上市后再审批（一般上市后 4~10 年）	目的：重新审核 NDA 中的有效性和安全性。"万络"：2002 年 4 月：默克公司增加了万络可能出现心血管副作用的警告。2004 年 9 月 28 日，默克公司与 FDA 商讨有关万络实验结果的事宜。2004 年 9 月 30 日，再审评："万络"，由默克公司主动召回	

表 2-2　　　　　　　　　　　我国与美国在相关流程上的比较

	美国	中国
临床研究标准	"宽进严出"	"严进宽出"
NDA 审评机制	直接审报、一级审评	多次审报、二级审评
双边交流	形式多样、沟通密切	形式单一、沟通不充分
特殊审批机制	针对性强、便于操作	范围宽泛、实用性欠缺
审批时限	目标式、灵活	灵活性有待提高

综上所述，新药从研发到上市需经过十多年的六大阶段、十五个步骤的过程，任何一个步骤的失误均会影响整个新药的成功上市。真可谓新药研发"周期长，投入高，成功率低"的特征。显然这一系列漫长的过程中，很可能给投资人带来许多不确定因素和风险隐患。

（2）从股权投资的方式的变化中得到启示。曾记得最初的股权投资均采取"一竿子"到底的做法：投资人经过筛选、立项、尽调、评估、分析等一系列程序，最终确定作为战略投资人参与目标公司的私募，最后在该企业上市后退出，获取高额收益。想当初，无论是天使投资人、创业投资人、私募股权投资人等，几乎全部蜂拥而入投资于 Pre-IPO 的大潮中，由于投资冲动、饥不择食，盲目跟风盛起，最后造成一地鸡毛，不可收拾。其中，最为典型的案例就是著名的"重庆啤酒黑天鹅事件"。

前车之鉴，后来不少投资人改变了投资操作策略，天使、创投、私募、大机构等，像铁路警察——各管一段：从被投项目所处的阶段看，天使投资是种子期，风险投资是早期/成长期，私募股权投资则是成熟期。最后由大机构或大资金做 Pre-IPO；击鼓传花，各分各的一杯羹。

（3）生物医药知识产权证券化阶段化实施的探索。新药从研发到上市需经过十多年的六大阶段、二十多个步骤的过程，具有研发周期长、投入高、成功率低的特征。为此，我们可否将整个新药从研发到上市的全过程分割成若干阶段，然后将知识产权证券化，提供给广大投资者人根据其投资偏好、资金实力、期限长短等情况，分阶段开展募资。这样一来，可能会给各方参与人带来意想不到的结果。

① 研发资金使用具有阶段性的需求，对生物医药知识产权持有人可以阶段性源源不断地融入所需资金，投入其研发项目，并降低研发成本；

② 投资人可以比较清晰地掌握本阶段的研发动向，便于投资决策，并减少风险隐患，以免出现前功尽弃的恶果；

③对知识产权证券化的产品承销人而言，可以比较轻松地完成其使命；

④显然，这种做法会给生物医药知识产权证券化的推进和实施，带来实质性的效应。

当然，这仅是一种设想，距离实际操作还有相当多的工作要做。

（四）收购药品专利许可费收益权，成功运作知识产权证券化的案例

中国知识产权研究会高级会员王瑜律师曾在 2007 年 2 月 13 日撰文《知识产权资产证券化》，其中介绍了"美国药业特许公司收购药品专利许可费收益权，成功运作知识产权证券化的案例"，对于我们了解知识产权证券化的概念受益匪浅。知识产权证券化与传统的资产证券化基本类似，就是先设定一个"专利池"，即一组能够产生未来现金流的资产组合，再以这些现金流为支持发行证券。资产所有者获得折现现金流并转移资产，投资者获得了这些资产在未来的一系列现金流。证券化也意味着，资产拥有者必须将特定资产转移到为特殊目的而设立的投资实体 SPV 中。下面介绍这一个知识产权证券化的操作案例。

1. 案例概况。2003 年上半年，美国药业特许公司收购了 13 种药品专利的专利许可费收益权，并以该 13 种药品专利的专利许可使用权为基础资产进行了资产证券化处理，由新成立的特拉华商业信托作为特殊目的载体发行了 7 年期和 9 年期两种总值达 2.25 亿美元的可转期投资债券，瑞士信贷第一波士顿参与了债券的设计和承销，由 MBIA 保险公司提供担保。

2. 操作要点。

（1）收购药品专利许可费收益权，组成以 13 个专利许可费收益权为基础的资产池。美国药业特许公司于 2000 年曾经收购过耶鲁大学 Zerit 药品（一种抗艾滋病新药）专利许可费收益权并进行了资产证券化，但该资产证券化最终没有成功，其中主要的原因就在于资产池中只有一个 Zerit 药品的专利费收益权，风险太大。为此，美国药业特许公司将购得的 13 种药品专利许可费收益权组成资产池，以优化资产池的结构，分散风险。

（2）选择的药品专利具有同质性，药品专利许可费收益权要能产生稳定的现金流。为了保证药品专利许可费收益权能产生稳定的现金流，美国药业特许公司在选择药品专利时，考虑了以下要素：

① 选择有实力的药品公司；

② 选择生物药品专利，因为它们在治疗某些疾病方面十分有效，且不容易被模仿和生产，这就为竞争对手进入该领域设置了一道屏障；

③ 具有良好的市场前景；比如说资产池中一个名为 Rituxan 治疗淋巴瘤的治癌药品，据美国癌症协会估计，该药品在美国有较好的市场前景；

④ 具有较大的市场份额；美国药业特许公司所选择药品占有的市场份额不是第一就是第二，在市场上处于垄断的地位。

（3）为证券化建立通道，新设 SPV。为了实施本次资产证券化，美国药业特许公司新设立了一个特殊目的载体——特拉华商业信托，作为发行此次证券化的通道。

（4）以信托专利许可费收益权，实现真实销售。设立 SPV 之后，美国药业特许公司与 SPV 签订信托合同，将信托专利许可费收益权信托给 SPV。但需要指出的是，在此次资产证券化中，并不是所有的基础资产都实现了真实销售，在 13 件专利中，目前只有 9 项专利能够产生专利许可费，而另外 4 项药品专利尚需获得美国食品及药物管理局（FDA）的批准后才能实施，因此，如果此 4 项药品专利的实施不能获得美国食品及药物管理局（FDA）的批准，SPV 应有权向美国药业特许公司进行追索，因而此 4 项专利许可费收益权并没有实现真实销售。

（5）引进专业机构对发行的债券进行设计。SPV 管理人聘请瑞士信贷第一波士顿（投资银行）设计债券的结构，瑞士信贷第一波士顿为 SPV 设计了可转期投资债券，分为 7 年期和 9 年期两种，也就是说 7 年期的债券到期之后，投资者可以选择将 7 年期的债券转化为 9 年期的债券。

（6）增强资产信用，保险公司提供担保。为了使债券的发行能够最大限度地吸引投资者，本次资产证券化采用了 MBLA 保险公司外部信用增级的方式。MBLA 在其金融担保方案中保证：如果 SPV 到期不能按照其与投资者的约定及时给付利息和本金，MALA 保险公司将按照约定及时向投资者支付债券利息和本金。

（7）进行信用评级，安排证券的发行与销售。2003 年 7 月，美国著名的评级机构标准普尔对此次证券化发行评为 AAA 级。此次评级主要依靠了 MBLA 保险公司的金融担保方案，并考虑了以下因素：

① 此种药品专利具有良好的市场前景，易于许可；

② 由 13 项药品专利构成的资产池在商业上应用具有多样性；

③ 交易框架的设计；

④ 法律框架的完备性。SPV 完成信用评级后，还需要与证券承销商签订证券承销协议。瑞士信贷第一波士顿担任了本次证券发行的承销商。

（8）风险与风险控制。标准普尔在对本次资产证券化进行评级时，重点提出了本次资产证券化的下列风险：

① 新产品或可替代产品出现所引发的竞争风险；

② 产品销售下降风险；

③ 产品过时风险；

④ 美国药品和食品管理局撤销许可的风险；

⑤ 保健政策变化的风险。

为了防范上述风险，本次资产证券化除了采取上述的慎重的选择基础资产，采取基础资产的组合策略、进行信用增级和信用评级等风险防范措施外，还采取措施避免专利可能会面临的侵权、诉讼或无效等法律风险，美国药业特许公司还要求专利权人对专利权的有效性提供担保。

3. 业务流程。收购药品专利许可费收益权，成功运作知识产权证券化的案例，可用图 2-6 描述：

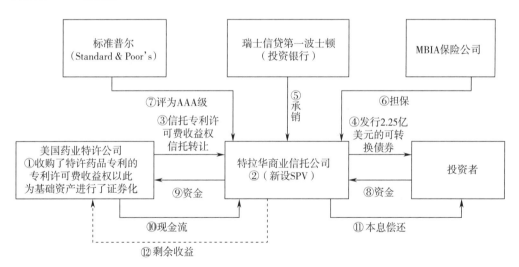

图 2-6 药品专利许可费收益权收购流程

第三章 推动知识产权
运营服务体系建设

2018 年 9 月 24 日，国务院发布《关于印发中国（海南）自由贸易试验区总体方案的通知》（国发〔2018〕34 号）。通知中明确提到，完善知识产权保护和运用体系。推进知识产权综合执法，建立跨部门、跨区域的知识产权案件移送、信息通报、配合调查等机制。支持建立知识产权交易中心，推动知识产权运营服务体系建设。建立包含行政执法、仲裁、调解在内的多元化知识产权争端解决与维权援助机制，探索建立重点产业、重点领域知识产权快速维权机制。探索建立自贸试验区专业市场知识产权保护工作机制，完善流通领域知识产权保护体系。探索建立公允的知识产权评估机制，完善知识产权质押登记制度、知识产权质押融资风险分担机制以及方便快捷的质物处置机制，为扩大以知识产权质押为基础的融资提供支持。鼓励探索知识产权证券化，完善知识产权交易体系与交易机制。深化完善有利于激励创新的知识产权归属制度。搭建便利化的知识产权公共服务平台，设立知识产权服务工作站，大力发展知识产权专业服务业。

第一节 知识产权运营服务体系

一、什么是知识产权服务业

在搞清楚知识产权运营服务体系之前，我们有必要梳理一下知识产权服务业包括哪些范畴。随着知识经济时代的到来，服务业在国民经济中的产值和就业比重日益增大，尤其在发达国家已成为国民经济中居主导地位的产业部门。其中，新型的服务产业——知识密集型服务业（Knowledge - intensive Business Service，KIBS）应运而生。所谓知识密集型服务业是指为知识的生产、储备、使用和扩散服务的行业。主要包括信息服务业、研发服务业、法律服务业、金融服务、市场服务、技术性服务、管理咨询业、劳动就业服务等。这里所称的知识产权服务业，是指以人的智慧成果——知识、信息资源的创造、加工、传播、运用为主导，以这些智慧成果的权利——知识产权的确权、维权、评价（估）、交易、保护、配置为主线所形成的新型服务业。显而易见，知识产权服务业的概念与发达国家的知识密集型服务业具有较强的关联性，其主要的差别是这些子行业大多与各类知识产权的服务密切相关，而把那些不具有知识产权内涵与外延的服务排除在外。

（一）知识产权服务业的主要范畴

随着知识产权经济的发展，与知识产权产业密切相关的各种服务活动日益增多，主要体现在围绕专利、商标、版权（包括计算机软件）、新品种、地理标志与原产地保护等知识产权领域的各种新兴服务业，如对专利、商标、版权（著作权）、软件、集成电路布图设计、代理、转让、登记、鉴定、评估、认证、咨询、检索、转化、孵化、融资与产业化服务等活动。

1. 专利领域。专利服务主要包括专利申请代理服务（包括涉外代理），专利诉讼、调解、仲裁、司法鉴定服务，专利咨询服务，专利维权援助服务，专利技术孵化转移服务，专利技术的融资与产业化服务，专利信息服务（包括专利信息传播平台，专利信息检索、咨询服务，专利专题商业数据库开发与运用、专利预警等），专利许可贸易服务，专利技术（发明、实用新型）；技术秘密；技术标准服务，工业产品外观设计服务，集成电路布图设计代理服务，专利行业社团服务，其他专利服务等。

2. 商标领域。商标服务包括商标注册代理服务（包括涉外代理），商标转让服务，商标诉讼、调解、仲裁、司法服务，商标咨询服务，商标信息服务，商标许可贸易服务，与商标、著名商标、驰名商标有关的工商服务，商标行业社团服务，其他商标服务等。

3. 版权领域。版权服务包括版权代理服务，版权转让服务，版权鉴定服务，版权诉讼、调解、仲裁、司法鉴定服务，版权咨询服务，海外作品登记服务，涉外音像合同认证服务，版权使用报酬收转服务，版权贸易服务，与新闻出版、广播、电视、电影、音像、文化艺术、娱乐和体育有关的版权服务、版权行业社团服务、其他版权服务等；当然，与计算机软件相关的服务业如软件登记代理服务、网络与信息服务等也应该属于版权服务业的范畴。

4. 新品种领域。新品种服务包括品种权申请代理服务、新品种销售推广服务、品种权许可服务、品种权展示交易服务、新品种信息服务、新品种咨询服务、新品种诉讼、调解、仲裁、司法鉴定服务、新品种行业社团服务、其他新品种服务等。

5. 地理标志与原产地保护领域。地理标志与原产地保护服务包括为地方（区域）名、特、优产品申报地理标志提供咨询、策划和代理服务，为地理标志产品提供技术标准、生产工艺、操作流程和质量控制方面提供服务，在地理标志产品注册、产品质量证书、生产许可认证、计量与标准化管理、国际协调等方面提供服务，对地理标志产品的生产工艺，质量特色、质量等级和品牌培育进行服务，对地理标志产品提供司法与行政保护服务，以及地理标志与原产地保护信息服务、地理标志产品行业管理社团服务、其他地理标志与原产地保护服务等。

6. 其他领域。涉及知识产权的资产评估与会计审计服务，与知识产权有关的教育、培训和对外交流等方面的服务，与知识产权相关的金融、房地产、旅游、信用评估、广告会展、现代物流和现代商业方面的服务，与知识产权相关的公共卫生、公共基础设施、环境保护和社会福利方面的服务，其他未列明的知识产权服务等都有可能逐步进入新兴的知识产权服务业领域。

（二）知识产权服务业的主要特征

按照上述定义与范畴，知识产权服务业除了具备知识产权经济的垄断性、利益性、主体性、外延性等特征之外，还具有无形性、动态性、异质性与不可控性等特征。

1. 无形性。知识产权服务的无形性是与知识产权的无形垄断权密不可分的。这种无形垄断权决定了知识产权服务的客体是一种具有"独、特、新"的知识、信息和作品等无形资源，如专利权的客体是具有"新颖性、创造性和实用性"的专利技术；商标权的客体是具有"特征显著、便于识别，并不与他人在先权利冲突"的商品标识；著作权的客体是指文学、艺术、科学、工程领域内，具有"独创性、可复制性"的智力创作与设计成果等。认知、评价、汇集、传播、开发、运用这些无形资产，并为权利人、利益攸关方等提供性价比高的服务是十分困难的。

2. 动态性。知识产权服务的动态性体现在两个方面：一方面，知识产权的客体始终处于动态变化之中；另一方面，知识产权的权利也不是一成不变的。由于知识产权资源及其权利在创造、占有、传播、加工、运用、评估、许可、交易、质押等过程中，客户对服务品种、服务质量的需求始终是动态变化的，只有不断降低服务过程中不确定性所带来的风险，才能为国家、地区的经济发展，尤其是市场主体的发展壮大带来现实、长远和直接的经济利益。所以，这些发展、变化与权利的变动都决定了知识产权服务的主体必须具有动态跟踪、风险控制、交互学习、及时调整的能力。

3. 异质性。知识产权服务的第三个特征是其服务的异质性。知识产权的客体、主体不同，权利攸关方和客户的需求也千差万别。因此，其服务产品具有不可重复性（唯一性），或者称为异质性。异质性决定了知识产权服务的创新性，创新成为知识化服务的永恒动力；服务产品的人性化以及依靠知识化的人才，决定了知识产权服务的管理水平，文化理念和知识化员工队伍的培育成为知识化服务的最高境界。由于在建设创新型国家的进程中，围绕知识产权的许可、转让、产业化以及知识产权资源的创造、占有、传播、加工和运营可以形成新的市场主体（如依靠专利等创办的新企业、通过许可与特许经营创办服务门店，以及开办信息服务机构、代理服务机构、转化孵化机构、咨询培训机构、产权交易机构、法律服务机构等），激发全社会的创新创业活力，以及提升我国产业价值链形态，因此，能够为社会提供异质性服务产品就显得尤为迫切。

4. 不可控（风险）性。服务产品的无形性、动态性、异质性、创新性以及与有形产品的交融性，决定了知识产权服务产品和服务质量的不可控或者风险性较大。不可控性体现在两个方面：一是其风险性。主要体现在知识产权服务的客体面临许多法律法规上的不确定性；当然，风险性也指违反或不遵守法律、法规、规则、行业做法和伦理标准等带来的风险。二是其不可控性。主要体现在其服务流程、服务标准和质量控制的不可控性，因此服务质量成为知识产权服务业发展成败的关键。

（三）知识产权服务业的主要特点

与一般的服务业明显不同，知识产权服务业的主要特点包括服务高度依赖专业性知识和法律法规，服务与创新之间的关系日益密切，服务与有形产品日渐交融，服务与就业者的素质密切相关，即服务的知识化、法律化、网络化和国际化等。

1. 知识（或专业）化。由于知识产权服务的特殊性，知识（或专业）化服务日益成为引领服务业发展的主流文化，并呈现出时代发展的趋势。知识化服务是对传统服务业的发展、创新和提升。这种服务依托于知识产权产业的快速发展，依托于知识、信息资源、技术资源以及各类法律法规，为知识产权权利人、权利攸关方和客户提供高知识含量、高技术含量的智慧密集型服务。同时，知识产权服务业还具有高度专业化的个性特征，行业进入和就业门槛较高；无论是服务商，还是其从业人员都必须对所要服务的行业和领域有比较深厚的专业知识与技能积淀，有比较扎实的专业研究与实践基础以及与客户持续不断的交流、互动和提高，并在不断服务的过程中实现以知识、智能为中心的商业模式创新与品牌打造。服务产品的人性化以及对人才的高度依赖，决定了知识化是知识产权服务业的一项系统工程，而不能一蹴而就。

2. 法律化。依据知识产权服务的主要范畴，知识产权服务与一般的服务业最大不同在于其服务的客体几乎都有严密的国际法、国内法（包括法规）保护与规范。以世界知识产权组织（WIPO）为主导的国际组织建立了一套完整的知识产权国际公约、条约等法律法规；世界贸易组织（WTO）将《与贸易有关的知识产权协议》（TRIPS）纳入管辖范围，将国民待遇原则、最惠国待遇原则、透明度原则、最低保护标准、货物贸易的规则、争端解决机制等引入了知识产权领域，强化了知识产权的保护力度，规定了严格的执法要求，包括临时禁令、财产保全、海关边境保护措施、赔偿数额和司法处理等。自改革开放以来尤其是在加入世界贸易组织之后，我国已经基本建立健全了一套完整的、与国际接轨的知识产权法律法规体系。因此，知识产权的各类服务，诸如信息服务、司法鉴定、分析评估、咨询服务、代理咨询、法律诉讼、纠纷调解、维权援助、人才培训和网络服务等，都必须严格诚信经营，依法合规。

3. 网络化。所谓知识产权服务的网络化，就是把"无形"的服务通过各种载体有形化、网络化。服务商内、外部知识信息的积累、交流与互动必须借助于有形载体，尤其是网络平台，以凝聚客户、树立信用、提升品牌关注度与市场影响力。服务商的"产品"设计、项目管理、流程控制、质量保障等都必须借助计算机与网络化管理技术，对项目预算、流程、计划、进度、质保、文档等方面进行科学、规范、有序管理，以提升服务的能力、效率、质量、信誉等。服务商的人事管理、制度规范、最佳案例等各类有价值的知识管理体系也应该借助网络平台的构建与完善，让各类人才、组织体系和客户群共享智慧成果，以支持服务创新、管理创新与持续创新的需求。总之，在互联网时代，服务的有形化是网络化的基础，网络化是无形服务赖以生存与提升的物质条件。

4. 国际化。知识产权服务与一般服务业的另一个明显区别体现在知识产权的国际化。主要体现在完整的知识产权国际公约、条约、协议等法律法规和知识产权伴随知识、信息的全球化流动而形成的国际化服务。经济全球化把知识产权的各种制度、经贸规则、商业模式和技术壁垒等竞争手段全盘引入国际科技文化与人才交流、国际经济贸易与资本流动、全球价值链整合与产业调整发展之中，这也迫使我国必须发展与国际接轨的知识产权服务业，大力扶持和发展各类知识产权中介服务机构、行业和社团组织，以加速智力成果的产权化、商品化、产业化，为知识产权权利人与利益相关方提供全方位的咨询服务和法律保护。

二、知识产权运营服务体系的基本概念

所谓知识产权运营服务体系，是指以实现知识产权经济价值为直接目的，促进知识产权流通和利用的商业活动行为。具体的运营服务模式包括知识产权的许可、转让、融资、产业化，作价入股、专利池集成运作、专利标准化等，涵盖知识产权价值评估权、交易经纪以及基于特定专利运用目标的专利分析服务的整个体系。目前各种解释比较多，依据国家知识产权局公益讲座的《知识产权运营体系建设介绍》包括以下几方面。

（一）知识产权运营的定义

1. 知识产权的制度运用和权力经营。

（1）运作是提升价值的过程，包括专利运作、市场运作和资本运作等。

（2）经营就价值实现的各个环节。

2. 相关概念辨析。

（1）知识产权商用化、专利转移转化。知识产权是产权化了的技术，可以流通、交易、租赁、融资，已经进入了商用，无须"化"的过程。

（2）科技成果转化。这是指为提高生产力水平而对科技成果所进行的后续试验、开发、应用、推广直至形成新技术、新工艺、新材料、新产品，发展新产业等活动。

（3）技术转移。这是指技术在国家、地区、行业内部或者之间以及技术自身系统内输入与输出的活动过程。技术转移包括技术成果、信息、能力的转让、移植、吸收、交流和推广普及。

（二）知识产权运营的方式

1. 产业化。类似高新技术科技成果产业化，将知识产权应用到生产实践中，形成一定的规模，并产生规模效益。

2. 商品化。将持有的专利等知识产权通过市场或中介机构、经纪人，转让给

需求者，完成知识产权的让渡。

3. 资本化。将持有知识产权经专业的评估后折算成一定数值的股份，进入自己公司或其他公司的无形资产账上。

4. 战略化。由于知识产权运营具有高度的战略性，企业知识产权战略被视为企业战略的重要内容和环节。知识产权运营也就成为企业知识产权管理的要素。

这些在《促进科技成果转化法》明确规定：自行实施、共同实施、转让、许可、作价入股。

（三）知识产权运营的人才

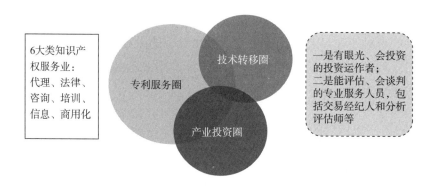

图3-1　知识产权运营人才标准

（四）知识产权运营服务体系的具体要求

1. 建立包含行政执法、仲裁、调解在内的多元化知识产权争端解决与维权援助机制，探索建立重点产业、重点领域知识产权快速维权机制。

2. 探索建立自贸试验区专业市场知识产权保护工作机制，完善流通领域知识产权保护体系。

3. 探索建立公允的知识产权评估机制，完善知识产权质押登记制度、知识产权质押融资风险分担机制以及方便快捷的质物处置机制，为扩大以知识产权质押为基础的融资提供支持。

4. 鼓励探索知识产权证券化，完善知识产权交易体系与交易机制。

5. 深化完善有利于激励创新的知识产权归属制度。

6. 搭建便利化的知识产权公共服务平台，设立知识产权服务工作站，大力发展知识产权专业服务业。

（五）知识产权运营服务体系架构

包括知识产权申报评审体系、知识产权证券化机制、知识产权评估机制、知识产权运营服务体系和证券化管理机制、知识产权估值管理体系、知识产权维权援助机制、知识产权行政诉讼及仲裁和知识产权领域社会信用体系八大部分，都环绕知识产权交易中心这一核心来进行运营。

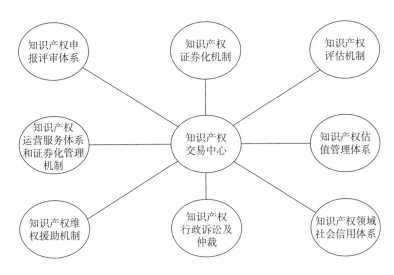

图3-2 知识产权运营服务体系架构

三、知识产权运营与创新驱动

（一）创新战略的演进

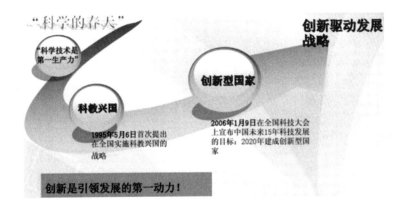

图3-3 创新驱动发展战略

（二）创新转型的背景

1. 发达国家与中低收入国家"双向挤压"，形成严峻挑战；

2. 自主创新能力弱，部分关键核心知识产权缺失；

3. 产品质量不高，缺乏世界著名品牌和跨国企业；

4. 产业结构不合理，传统产业产能过剩和新兴产业供给能力不足；

5. 资源环境承载能力和要素供给能力接近极限；

6. 产业国际化程度不高。全球化经济能力不足。

（三）创新驱动发展战略的政策支持

中共中央　国务院关于深化体制机制改革 加快实施创新驱动发展战略的若干意见（中发〔2015〕8号）

让知识产权制度成为激励创新的基本保障……实行严格的知识产权保护制度

党的十八届五中全会提出：

坚持创新发展，必须把创新摆在国家发展全局的核心位置。深入实施创新驱动发展战略，构建发展新体制，加快形成有利于创新发展的市场环境、产权制度、投融资体制、分配制度、人才培养引进使用机制

知识产权制度作为激励创新的基本保障，既是创新发展必不可少的产权安排机制，也是有效配置创新资源的市场机制

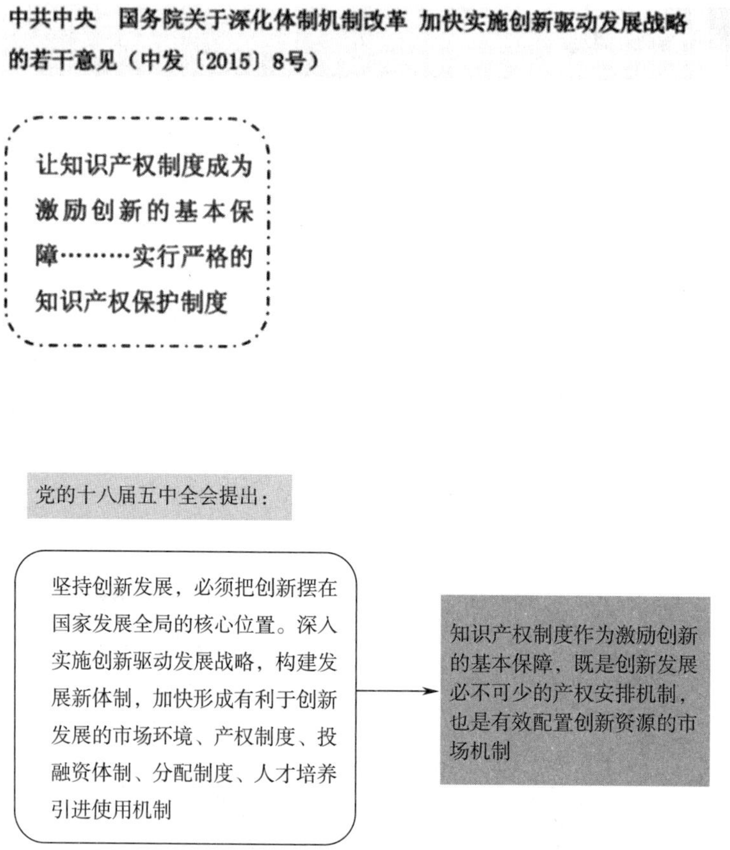

图 3-4　创新驱动发展战略的政策支持

四、构建知识产权运营服务体系

（一）基础工程

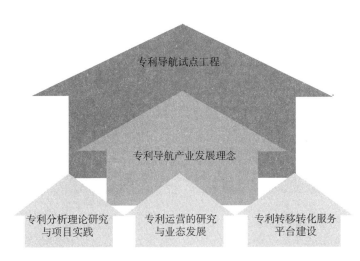

郑州	超硬材料产业
中关村科技园区	移动互联网产业
苏州工业园区	MEMS产业
杭州高新区	数字安防产业
东湖高新区	光通信产业
长春高新区	疫苗产业
宝鸡高新区	钛产业
上海张江	抗体药产业

17个

17个国家专利导航产业发展试验区

37家+56个

国家专利协同运用试点单位37家，13个协会、8所高校、9个院所。备案的产业知识产权联盟56个（含7个试点单位）

1：41+115

1个中国知识产权运营联盟，41家专利技术展示交易中心，115家国家专利运营试点企业

业务指导

◇《产业知识产权联盟建设指南》
◇《产业规划类专利导航项目实施导则》
◇《企业运营类专利导航项目实施导则》
正在研究制定

图 3－5　基础工程

111

（二）知识产权运营服务试点

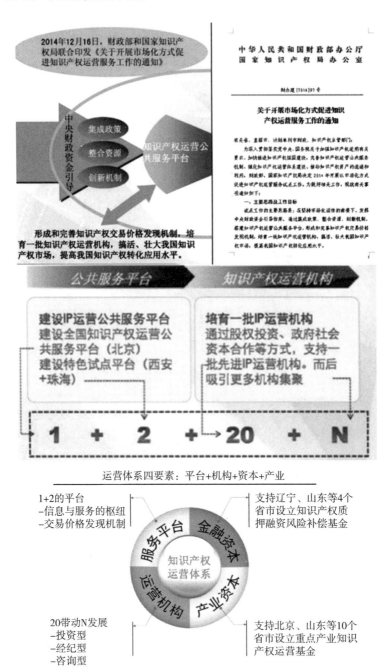

图3-6 知识产权运营服务试点

五、知识产权运营服务体系建设

2014 年 12 月，知识产权事业迎来了新的机遇，经国务院审议同意，发布了《深入实施国家知识产权战略行动计划（2014—2020 年）》，部署建设知识产权强国以应对全球的挑战。知识产权战略的新布局给我国知识产权工作带来了新的机遇。为此，要顺应知识产权强国建设的要求，创新发展，推进知识产权工作。知识产权运营既是知识产权创造、运用、保护、管理和服务的重大课题，也是政府与市场、管理部门与服务对象、服务组织与市场主体互动的关键环节。运用计算机网络的理论知识，探索其中的关系及技术问题，来解决体系建设面临的各种具体问题，提高知识产权运营服务的市场化、科学化和网络化水平，建立具体国际竞争优势、国内政策优势和市场化互补互促的知识产权运营体系，是必要和可行的，由此为我国知识产权行政管理机制、法律保障机制和科技项目知识产权管理机制的深度融合打下平台基础，为推动建立符合我国经济社会文化科技发展需要的知识产权运营和保护模式提供新思路。

（一）背景及意义

在经济全球化和市场经济的大背景下，讨论知识产权运营问题，有其特殊的意义。近年来我国每年在全球支付的专利使用费、商标费、版权费等知识产权费用超过 1000 亿美元，是最多的国家之一。2007—2012 年，中国企业遭遇美国"337"调查的数量占其全球调查总量的 1/3 左右。其中，85% 的涉案中国企业在美国没有专利。我国企业遭遇美国"337"调查已连续 12 年居涉案国首位。可以预见，这类知识产权调查还将越来越多，范围越来越广，金额越来越大。因知识产权问题被淘汰出局的企业将比比皆是。

1. 适应全球形势发展，顺应国家知识产权战略和知识产权强国建设。对于我国而言，适应全球形势发展，顺应国家知识产权战略行动计划和知识产权强国建设，建立符合实际需要的知识产权运营平台更是正当其时，意义重大。

2. 国际背景。当今时代是知识时代，国家间竞争体现在国家企业利用知识产权运营，采取普遍合法规则设置国际市场壁垒，以此作为获利的主要手段。通过知识产权布局和运营占领市场和实现市场垄断，是国际企业扩张和遏制中国企业走出去的有效方式。通过知识产权运营，取得谈判主导权、取得竞争优势和垄断市场，已经成为国际贸易的新亮点。国家间、企业间的竞争，不仅是一般贸易的竞争，决定因素就是知识产权的竞争。

3. 国内背景。改革开放 40 多年来，我国建立了与经济科技文化发展相适应的比较完备的知识产权制度，形成了符合我国国情、与国际接轨的知识产权法律体系和知识产权行政管理体系，建立了纠纷调解、维权仲裁和司法判决相衔接的知识产权维权保护机制和执法体系。不断转变经济发展方式，通过科技进步和创新推动经济增长，从资源依赖型转向创新驱动型，已经成为政府、企业和社会的共识。党的十八大提出了创新驱动发展战略，进一步凸显知识产权作为核心竞争力的重要作用和影响。2014 年，国务院提出建设知识产权强国，出台知识产权强国战略行动计划，是应对迎面而来的知识产权战争的最有力的战略决策。2015 年"两会"后，国家又出台相关政策，启动 400 亿元财政专项资金开展"大众创业、万众创新"行动，支持鼓励全社会重视知识产权，在我国掀起了知识产权创造保护运用管理和服务的新高潮，用知识产权支撑发展，引领未来。知识产权运营已经引起了国家的高度重视，国家知识产权局近几年连续批准了两批国家级知识产权运营试点企业共 70 家，对开展知识产权运营进行实践探索。

（二）知识产权运营服务体系建设的总体思路

1. 知识产权运营服务体系建设的重要性、必要性、可行性。

（1）重要性。知识产权本身具有巨大的经济、技术、法律和情报价值，对于权利人的发展至关重要。一方面，专利支撑产业发展，是企业竞争力的核心和赢得市场的主要因素；另一方面，利用自主知识产权，可以进一步评估作价入股，质押融资等拓宽发展空间。运营平台服务运作能力水平能够改变知识产权的市场状态，引导评估价值的发现，影响价格谈判，因而，关系到知识产权价值实现，关系到产业化的成败和发展前景。

（2）必要性。必要性主要体现在以下三个方面：一是提高研究起点，避免重复研究。二是提高知识产权创造的战略布局能力，明确发展方向。三是实现知识产权保护，防范市场风险。通过知识产权运营服务体系，不但能够使权利人实现智慧权的独占利益，也可以防止自身落入侵权风险，达到实现权利和防止侵权的目的。

（3）可行性。基于当代信息技术和网络平台的广泛应用，借助"互联网＋"、O2O 等新型运作模式，知识产权运营服务体系不但能够顺利实现运营，而且可以扩大功能作用，前景更加远大。美国、欧盟、日本等大经济体在知识产权运营服务体系建设方面积累了许多成功的经验，以此为企业间的专利交易和技术创新活动提供信息支持。这些经济体同时十分关注中国知识产权创造运用保护管理服务的发展动态，及时与我国知识产权数据库进行信息数据交换。但是这些国家对于我们开展知识产权管理规范推行持反对态度，这一点必须引起我们的高度警惕。

2. 知识产权运营服务体系的特点。知识产权运营是一种过程复杂、环节繁复的无形资产综合交易模式的集合，进行知识产权与资本市场对接，整合市场资源与创新产业的融资模式，进行知识产权全方位战略实施。运营平台包含硬件投入和软件投入，以及硬件管理和软件管理等方面。其特点包括：

（1）提供全方位服务新模式。站在服务的角度，为企业与企业、企业与个人、权利人与发明人、投资者与权利人之间建立联系渠道，实现市场化运作的协同共享、金融创新、维权保护、规范交易和决策支撑。

（2）提供信息公开和解决市场信息不对称问题。市场主体通常通过知识产权运营服务，充分掌握知识产权信息状态，在布局研发投入、确定研发方向方面作出正确选择，可避免研发产品的市场风险和侵权风险，可以有效防止交易欺诈的各种风险。

（3）实现规范管理，服务规范标准。运营平台在服务规范和流程设计方面，按照现行政策、制度和知识产权服务内容而定，建立托管体系、培育体系、质押融资体系、评估体系、代理体系、交易体系等，同时结合服务对象、内容开展个性化服务，确定服务规范标准实施。

（4）推进知识产权应用，提高产业化水平。知识产权运营服务体系的中介作用就是催化各类知识产权投入生产、流通领域，获得发展提高。通过产业化反哺知识产权创造运用是世界成功企业的发展经验。

3. 知识产权运营服务体系的功能。作为互联网时代的产物，知识产权运营服务体系应实现以下功能：

（1）知识产权资源配置和价值实现的有效渠道。通过知识产权运营服务体系，使知识资产、知识产权等实现交易，进一步配置资源，促进知识产权这一特殊无形资产，在企业财富中提高比重，促进企业价值增长。通过技术转移转让，进一步促进企业创新创造，增强发展的潜力，培养企业的长期竞争力。

（2）知识产权全程化、资本化和国际化的可靠平台。"以互联网＋"为基础，以信息技术为手段，以知识产权各类成果为对象，开展全方位线上线下运营服务，实现创造与运营的统一，保护与管理的统一，服务与效益的统一。

（3）知识产权市场化的主要途径。知识产权运营服务体系是面向企业、面向市场需求的专业化的服务，网罗包括专利代理人，知识产权评估师等知识产权专业人才，开展知识产权评估、托管、投融资、政策咨询、交易等一系列服务，形成专利代理事务所、会计师事务所、律师事务所等中介服务机构协同运作的知识产权交易服务体系，建立联系科研院所、高校、企业、法人、公民等交易主体的高效服务平台，促成知识产权成果与投资生产对接，推进知识产权投资基金和技术孵化投资基金的建立，实现知识产权市场化的管理目标。

（4）专家参与知识产权交易的合法平台。通过知识产权运营服务体系的桥梁纽带，吸引专家参与，建立门类齐全的高端智库，对专业性、复杂性和多样性问题进行权威解释。

（5）中介服务的有力保障。中介机构的参与不仅扩大了技术交易的覆盖面，而且有效地保障了参与技术交易各方的权益。经济发达国家中介服务方面创造了成功的经验，其体系发育健全，社会信用程度高，成为知识产权运营高效有序进行的重要保障。

（6）政府支持的公正平台。政府通过政策、资金、税收和服务体系建设的引导，推动知识产权运营企业发展，提高运营的公平公正和诚信度。我国现阶段规模较大的知识产权交易机构有上海知识产权交易中心、天津滨海国际知识产权交易所、中国技术交易所、香港知识产权交易所等。知识产权产业化促进了产业结构调整，带动了高新技术产业发展和战略性新兴产业的不断升级。

4. 知识产权运营服务体系的构架。计算机网络应用技术的迅猛发展，已经极大地改变了人们的思维方式、生活生产方式和交换方式。日益强大的数据库和信息交换功能，日益普及的"互联网＋"模式，给知识产权运营服务体系的构架提供了可靠的技术依托和资源基础。从知识产权运营服务体系功能特点出发，在国家政策前提下，建立功能齐全、特点突出、内容全面、流程科学、公平公正、交易安全的知识产权运营服务体系是实践发展的必然要求，也是国家知识产权强国建设的应有之义。为此，构建知识产权运营服务体系，可以根据其需求，按照功能分为以下几个模块。

（1）知识产权托管平台。知识产权托管是指企业将知识产权相关事务委托给一个专门的服务机构进行管理，通俗地讲，就是企业给自己找一个管家。企业根据管理需求，与托管服务机构签订托管协议，授权管理知识产权相关业务。有此基础，企业可以更全面地管理和使用自己的无形资产。托管是把企业知识产权部门外包的一个过程，是让市场主体挖掘、评估、管理知识产权的过程，也是市场主体发现知识产权价值、实现智慧财产权的过程。

（2）知识产权交易平台。顾名思义，这个模块主要是为知识产权所有者、企业、投资者提供开放的知识产权交易与服务平台，推动自主创新成果转化。知识产权交易，就是为买卖双方就专利、商标、版权、专有技术等知识产权的产权进行磋商、转让、使用权许可、专利池运营、租赁、投融资、无形资产资产证券化提供可靠的渠道。在实现规范有序、公平公正的基础服务前提下，进一步打造开放的知识产权交易市场，开展知企认证、展示推广、专业评估、委托经纪、交易推荐等，为各类交易的达成创造有利条件。

（3）知识产权质押融资平台。服务内容主要是进行知识产权确权登记，开展知识产权评估，质押融资合同备案等。知识产权权利人经与金融机构协商，根据知识产权标的评估价值向金融机构提出质押融资申请，由金融机构审查并授信。知识产权质押融资在全国迅猛发展，2014 年全国知识产权质押融资超过 500 亿元人民币。这种新型的融资方式，区别于传统的以不动产作为抵押物向金融机构申请贷款的方式，随着社会发展，质押融资的认识会进一步提高，融资额将进一步扩大。国家知识产权局提出到 2020 年底，质押融资年水平将超过 1000 亿元。

（4）知识产权评估信息平台。知识产权作为无形资产，评估的操作必须科学合理。知识产权评估信息平台的业务流程包括公开评估组专家名单、市场调查结果、实地考察情况、评估模型、评估结果、评估报告和上网展示等。知识产权运营机构与市场主体达成知识产权成果交易意向后，可以通过法律文书签订合同，确定服务标的、服务内容、服务规范及收费标准。评估结果和评估报告也是运营机构的重要运作成果和法定文件。这些文件既是参与交易的市场主体的交易依据，也是信息平台展示的重要信息文本。

5. 知识产权运营的补偿机制。在知识产权运营过程中，补偿机制的建立是十分重要的，是解决运营失效失策的制度安排。下列因素决定了补偿机制的操作强度：一是平台的人为因素，在知识产权成果认定上会出现一定的误差，需要有效纠偏；二是各类信息的叠加效应，使市场主体作出新判断，要求对信息分析与公开进行重新评估；三是产业政策变化和政府管理需要，运营内容和形式需要调整；四是市场与贸易条件变化，需要进行重新布局和战略规划。知识产权运营机构通过运营平台，为服务对象实施补偿补救，需要注意知识产权运营的目的、手段和程序的合理合法，必须进行整套制度设计和流程安排。

（三）构建中国特色的知识产权运营网络平台

1. 知识产权运营网络平台的特点和优势。知识产权运营网络平台的特点和优势主要表现为资金优势、人才优势及政策优势。借助政府的扶持，知识产权运营平台可以形成一支知识产权运营的专业队伍，可以分别从事知识产权代理、评估、法务等工作，开展知识产权运营服务。同时，在有着雄厚资金的支持下，作为将来政府政策支持、市场化运作的运营平台，提高中国知识产权运营平台企业公信力，能够促进产学研政有效对接。更为重要的是，企业可以通过运营平台，迅速找到相关专家委托研发或收购相关知识产权成果，完成产业升级。

通过知识产权运营网络平台，推动知识产权联盟的建立，是中国特殊的网络平台优势。通过网络平台的零距离交换，可以联结全国数量相当的企业、科研单位、高等院校、专家学者，共同组织按一定区域或行业进行统一知识产权布局、运营的知识产权联盟。腾讯、阿里巴巴等众多知名企业纷纷进驻中国生态软件园，充分说明建立知识产权联盟的前景广阔。

中国各类企业根据自身特点，在平等互利的基础上，建立相应的知识产权联盟，旨在通过向联盟内会员提供相应的知识产权信息共享、管理支撑、转化促进、维权协助等多种服务，共同打造中国相关产业知识产权的"航空母舰"，这不但是可行的，而且也是十分必要的。针对当前知识产权侵权案件层出不穷、屡禁不止的现象，知识产权联盟同时倡导联盟内成员自律守法，尊重他人的知识产权，保护自己的知识产权，对重点侵权案件提供法律援助，并代表联盟成员参与国际知识产权谈判和争议解决，维护联盟成员合法权益，展现联盟的优势和生命力。

2. 知识产权运营网络平台的实践模式。

（1）知识产权运营网络平台的内涵和结构。不断创新服务模式是互联网时代的一个特质，知识产权运营服务业也不例外。知识产权运营网络平台的实践模式，实际上就是适应生产生活和交换方式转变的"互联网＋"、O2O 模式的创新发展。知识产权运营平台针对自身业务领域，通过网络平台，开展线上线下服务，实现知识产权交易的新型服务。知识产权运营平台的运营模式和业务领域如图 3－7 所示。

从知识产权运营平台的内部结构看，运营模式直接面对客户，其本质是知识产权服务的排列组合，运营模式的选择决定用户的体验，服务能力的高低决定最终的服务效果，而专利布局和商业开发网络是管理服务能力的媒介，影响这些业务领域向运营模式的转化。从业务领域看，知识产权运营平台的业务定位受到自身技术评价网络、政府关系和资源获取能力的影响。

（2）知识产权服务联盟的 O2O 模式。中国的科研综合实力不强，知识产权服务机构数量较少，无法建立传统意义上的知识产权服务集聚区。但通过网络平台，实现 O2O 线上线下服务，可以打破地域局限，也可以进一步建立中国知识产权服务联盟，实现企事业单位与各地服务机构无缝对接。知识产权服务联盟能够有效推

图 3 - 7　知识产权运营网络平台结构

动知识产权事业的全面升级。通过知识产权服务业产业链上中下游的联结，提升各创新主体的知识产权创造、运用、保护和管理能力，进一步推进代理、信息、评估和培训等知服务水平提高，以更好地实现知识产权服务业和企业的双赢。

（3）中国知识产权服务联盟的布局。根据知识产权服务联盟在北京等地的实践经验，企业集聚的国家高新区、中国生态软件园、创意港等科技园区及各类行业协会，利用自身优势组织创建知识产权服务联盟，设置知识产权代理服务节点、法律服务节点、信息服务节点、咨询服务区等，为企业提供高效优质的知识产权服务。发挥联盟集群优势，充分对接各类创新主体，为他们提供优质高效的知识产权服务。

3. 知识产权运营网络平台的经济效益、社会效益。知识产权运营，不仅可以让知识产权权利人在专利转让和质押融资得到看得见的经济利益，还可以为企事业单位决策者提供知识产权战略布局、科研方向等参考。有了这个运营平台，企业可以更好地转化自己的知识产权结果，或根据自己公司发展的战略需要在平台上交易知识产权。知识产权运营网络平台的社会效益在于直接推动创新创造。知识产权是创新的原动力所在。知识产权就是给创新之火浇上利益之油，驱动着社会不断创新、进步。同时，知识产权也是使科技成果向现实生产力转化的桥梁和纽带，运营解决的是科技成果转化为现实生产力"最后一公里"的问题。

第二节　建设知识产权市场的必要性与可能性

2018 年 4 月,《中共中央国务院关于支持海南全面深化改革开放的指导意见》印发,提出将设立中国国际离岸创新创业示范区,建立符合科研规律的科技创新管理制度和国际科技合作机制,鼓励探索知识产权证券化,完善知识产权信用担保机制。

一、建设知识产权市场的必要性

2017 年 11 月 9 日,由广东省高级人民法院主办、广州知识产权法院协办的"知识产权司法保护与市场价值"研讨会在广州召开。中国社科院法学研究所李顺德教授在会议作了《知识产权市场价值的体现形式与运行模式》的发言,重点阐述了知识产权市场的必要性与可能性,颇有见解。

(一)知识产权运行的主要模式

知识产权的价值是动态的,它在市场的运行中才能产生价值,也就是说并不能一有知识产权,就一定有多大价值,还要看它的运营,如果不能很好地运用,它的价值体现不出来,也很难得到大家的认可。知识产权只有通过运用才能够变成生产力,才能够产生它的价值。知识产权转化为生产力的主要模式可以归纳为以下三个方面:

1. 知识产权的产业化,或者说叫知识产权的实施,通过实施产生价值,主要可以分成四种形式:自行实施、共同实施、转让他人实施和许可他人实施。

2. 知识产权的商品化,或者叫知识产权贸易,就是把知识产权本身作为一种商品来看待进行贸易,主要有五种形式,第一种是以转让的形式,与一般的商品赠与或者出售类似;第二种是许可的方式,类似于有形商品当中的出借或出租;第三种是质押有形商品,就是类似于典当的性质;第四种是信托;第五种是并购。

3. 知识产权的资本化(或知识产权投资)可以归纳为十种形式:

(1)用知识产权直接投资。

(2)合作经营。

(3)特许经营。

（4）定制加工。这个实际上可以归结为是外国跨国公司或者外国公司在中国以知识产权，也就是所谓的商标商誉，品牌商号等知识产权作为资本在中国投资经营的模式，我们把它叫作"三来一补"定牌加工，但从资本运作的角度，它实际上也是一种投资方式。

（5）质押的方式。

（6）信托。

（7）代理。

（8）证券化上市。

（9）风险投资（Venture Capital，VC）。

（10）并购，也就是说企业的兼并收购当中很多都是以知识产权为核心来进行，或者说有些并购的主要目的是购买对方的知识产权。

（二）知识产权市场价值的体现形式

1. 知识产权已成为重要财富。

（1）以知识产权为核心的无形资产，成了企业的主要资产。在这个问题上，目前国内还没有完全形成共识，但是在国际上，特别是跨国公司以及发达国家都有这样一个理念，即一个企业的总资产构成当中包括有形资产和无形资产，值得投资发展有前途的企业有一个评价标准，就是分析这个企业的资产构成比当中有形资产与无形资产的比例，无形资产远远大于有形资产的企业是最有发展前景的，而这个无形资产是以知识产权为核心组成的。

（2）知识产权已成为商品和服务价值的重要组成部分。换言之，知识产权在商品的价值构成当中已经成为和有形资产一样，构成了商品价值的成本。举一个最简单的例子，比如说耐克运动鞋，大量在中国制造，那么同样是制造耐克运动鞋的工厂，生产用同样的原材料，同样的款式，同样的工人，同样的设备制造出的耐克运动鞋，一个是用耐克的商标，一个是用自己的商标，放到国际市场上，这两双鞋价格比是1:10，这两双鞋从原材料制作到各个方面唯一的区别就是所谓的品牌的区别，也就是知识产权承载的价值不同，造成了价格的差别。

（3）知识产权作为资产已经开始纳入国民经济核算。从 2013 年开始，美国等发达国家都开始采用了联合国新的国民经济核算的指标标准，现在中国也已经开始在发达地区试运行。

（4）知识产权已成为市场经济发展的重要资源和重要支撑。

（5）知识产权已成为投资的重要资本。知识产权贸易已经成为贸易的一种主要形式，这里面有狭义的知识产权贸易，还有广义的知识产权贸易，狭义的就是单纯把知识产权当成商品来进行交易。广义的包括知识产权产品的交易。国外已经形成了知识产权产品和知识产权产业的概念。

2. 知识产权经营成为企业经营的重要内容。

（1）知识产权经营已经成为企业的经营方式。以 IBM 为例，IBM 是生产计算机硬件的产业，是世界上最大的计算机软件供应商，现在 IBM 用这种方式经营知识产权，特别是专利，每年获利的很重要的方面是来自知识产权的经营。这种情况不是个别的，在 IT 业和很多行业大量存在。

（2）出现了以经营知识产权作为主业的企业，典型的是美国高通。

（3）知识产权投资运营成了一种产业，出现了知识产权运营基金。

（4）知识产权成为制约企业上市的重要因素之一。国内外企业在上市前后纠纷很多，围绕知识产权甚至因为知识产权问题上不了市的情况国内外都有。

（5）制造业开始注重知识产权投入和经营。

3. 知识产权成为竞争的重要工具。

（1）知识产权成为重要的非关税壁垒。

（2）知识产权诉讼成为打击竞争对手的重要手段。

（3）知识产权侵权指控成为排挤竞争对手参展的撒手锏，特别是在国际展览会大量出现。

（4）知识产权成为企业兼并的重要考量因素。大量的国际间的企业兼并都是围绕知识产权。

（5）知识产权滥用成为反垄断审查的主要内容。

（6）知识产权与标准相结合，成为企业追求的重要目标。

4. 知识产权市场价值对所侵权损害赔偿的影响。

（1）知识产权市场价值是侵权损害赔偿的考量因素之一，但不是决定因素，还要结合其他的更重要的一些因素来做具体的分析。

（2）应该充分尊重权利人对侵权损害赔偿计算方法的选择权。

（3）要坚持个案处理，注意充分注意市场价值的动态性，不要把知识产权市场价值看成一个固定不变的东西。

（4）坚持比例适度原则。

（5）要兼顾加大赔偿力度，以防止权力滥用。

（6）要服从有利于社会科技经济文化发展的总体导向。

（三）建立知识产权交易所，推动科技成果转化

国家发展改革委、科技部、知识产权局等六部委发布的《建立和完善知识产权交易市场指导意见的通知》，要求"重点建立和完善统一的知识产权交易中心，加快推进知识产权质押融资工作，解决知识产权流转交易难和处置变现难的问题，促进科技与金融、产业的有效融合，推动科技成果转化。"

1. 知识产权只有通过交易，才能实现其价值。知识产权本身就具有巨大的潜在价值，首先，知识产权持有人必须用法律的手段，保护好其所有权和使用权，不能受到任何侵权行为；其次，知识产权只有将其证券化，才能进入货币市场和资本市场融入所需资金。此时，需要有一个统一、规范的交易平台，为知识产权的持有人和需求人提供必要的市场服务，包括评估、申报、撮合、成交、交割、结算等一系列程序，而知识产权交易所就是这一系列工作的组织者和管理者。因此，知识产权只有通过交易，才能实现其价值。

2. 交易平台不仅提供服务，而且必须根据"三公原则"执行。众所周知，公开、公正、公平是市场交易的"三公原则"。规则必须公开透明，过程必须公正合理，感觉必须比较公平。三个原则三位一体，共同影响着管理活动和制度的效果。公平，以人为本；人的公平感，与人的主动性和积极性紧密关联。因此，公平原则或许是"三公"原则之首要。公正原则，是公开原则的落脚点，是公平原则的控制点，应该是三公原则之关键。公开原则，是公正原则和公平原则的出发点，有点类似三公原则之根本。三公原则原先是证券市场倡导的市场交易三原则。曾几何时，"三公"这个说法，不知源头何在，却早已路人皆知。近三十年来，中国证券市场能够有序、稳定、健康地发展，离不开"三公原则"的贯彻执行。

3. 交易所在整个知识产权产业化的过程中，发挥了一个桥梁和纽带的作用。知识产权持有人需要将其知识产权证券化、货币化，获取急需的发展资金；药企、医院、患者、科研所、投资人需要获得知识产权的权利。双方之间必须有一个平台，让双方能在上面进行必要的沟通、磋商，同时为他们提供必要的中介、评估、交易、结算的平台。此时交易所就为交易双方发挥了桥梁和纽带作用，起到了穿针引线、挂钩搭桥的功能，这也就是平台的概念。因此，知识产业交易中心是知识产权证券化的必要设施。

二、建设知识产权市场的可能性

改革开放以来，我国知识产权市场从无到有，从小到大，从单一的市场模式发

展为功能齐全、服务专业和行为规范的现代市场体系。但我国知识产权交易市场毕竟处于成长和发展阶段，市场体系还很不完善，存在着中介服务体系发育程度低下、交易方式单一、人才匮乏等诸多问题。认识、剖析这些问题，对知识产权交易市场的建设和创新发展具有积极意义。

（一）知识产权市场发展中存在的主要问题

1. 知识产权市场中介服务严重不足。三十多年来，我国逐步形成了门类齐全、整体专业和服务水平较高的知识产权市场中介服务体系，对我国知识产权的创造、运用、保护和管理起到了重要的推动作用。但随着经济社会的快速发展和人们知识产权意识的不断提高，知识产权市场中介服务体系也暴露出很多问题，主要体现在：

（1）中介机构的发展不平衡。

（2）相当一部分中介机构服务水平、服务质量和人员素质偏低。

（3）支持中介机构发展的公共信息基础设施薄弱，公共信息流通不畅。

（4）政府改革措施还不到位，对知识产权市场中介服务体系管理和支持存在错位。

（5）缺乏促进和规范中介机构发展的政策法规体系。

2. 交易机制落后，融资效率低下。

（1）知识产权融资效率低下、业务清淡。知识产权交易不同于别的财产权交易，其运行过程中的高风险、高成本以及极大的不确定性，使得缺乏专业知识和理财能力的市场参与者往往举步维艰；再则，我国知识产权市场是一个新兴市场，市场体系不完善，中介服务滞后，交易方式单一。

在这一背景下，导致科技成果的转化率低下，一方面，企业有技术却很难被发现；另一方面，银行想放贷但缺乏有效的途径寻找高质量的知识产权，企业想借贷又跟银行对接不上等。以业界普遍关注的知识产权担保贷款和质押贷款为例。目前，国家知识产权的战略给予知识产权市场化运作很大鼓励，其中包含了知识产权担保贷款，科技部、证监会也相继出台了一些政策和文件，鼓励知识产权担保贷款和质押贷款。然而，由于传统的知识产权交易机制的制约，造成包括担保贷款和质押贷款在内的知识产权融资效率低下、业务清淡。

2009 年年中，国家知识产权局公布了以下数据：2009 年上半年，国家知识产权局共受理专利申请 42.6 万件，同比增长 23.1%；专利授权 25.2 万件，同比增长 31.3%。但是 2009 年上半年在国家知识产权局登记的专利权质押合同只有 76 例，其中仅有 29 例已从银行获得融资。两组数据对比，发挥融资作用的专利权比例接近为零。2017 年专利质押融资总额 720 亿元，同比增长 65%；专利质押项目数 4177 项，同比增长 60%。在各级试点示范工作的带动下，各地知识产权质押融资规模和受益企业数量迅速增加，融资模式也不断创新，特别是引入保险"助融"机制的贷款 + 保险 + 财政风险补偿的专利质押融资模式，被国务院明确为推广支持创新改革的举措之一。2017 年全年，我国专利、商标、版权质押融资总额超过 1000 亿元。但这相比知识产权型科技成果所需的融资规模，仍然是杯水车薪。

（2）知识产权市场交易机制的缺失"叫好不叫座"。从长远来看，知识产权质押贷款要真正落实面临的问题很多，其中最根本的问题要数知识产权市场交易机制的缺失"叫好不叫座"。这是众多企业评价知识产权质押贷款最多的一句话。虽然政府在支持，银行在试验，企业在呐喊，但面对知识产权质押贷款，诸多问题导致的风险早已不言而喻。原因很简单，即知识产权的评估难、变现难、风险大。除了要看知识产权是否具备核心竞争力，其改进性和收益期限的长短以及转让时能否顺利找到下家也是个难题。无论是估值还是变现，这些本应由市场自发完成的任务和承担的风险一下落在了银行的肩膀上，而知识产权市场由于交易方式过于单一、成果转化率低、缺乏统筹规划、交易机构定位和服务对象不清、监管不到位等，严重影响了其本该具有的功能和作用。

（3）为了降低违约的可能性，银行抬高了申请门槛。无奈之下，进行知识产权质押贷款试验的银行只能另辟蹊径。为了降低违约的可能性，银行抬高了申请门槛，加大了对企业资产资金流动性、业务收入的审核高度，对贷款的用途和期限也作了限制要求，比如限制贷款额度和贷款期限，禁止资金流入证券和期货市场。除此之外，银行还规定了授信额度，根据知识产权的评估值，一般的授信额度控制在 25% ~ 30%。这就使得大部分急需融资的中小企业被拒之门外，而融到资的企业也并不好过，低授信额让这些企业只能拿到评估值四分之一的贷款，而利息加上评估费、担保费等一系列的手续费就已经大概占了贷款总额的 10%。

3. 复合型人才匮乏。企业的专利如何保护？注册商标应该注意些什么？怎么了解自己的产品是否侵害他人的知识产权或被他人侵权？如何应对国外企业在知识产权领域对自己的围剿？这些都需要知识产权人才。当前越来越多的有识之士开始重视这一块的建设，需要越来越多的专业人才解决以上问题。

当前企业最需要的是法务人才，对知识产权进行保护，同时应对国内外同行在知识产权方面的纠纷。专利申请报告的撰写也至关重要，国内某药企 A 在一款药物的专利说明中，指出这款药物主要由某两种成分组成，而另一家药厂 B 在药物中加入了第三种对药性没有任何影响的蔗糖，随后进入市场。双方对簿公堂，最终法院判定 A 败诉，因为其专利论证是闭环式逻辑。而 B 就是钻了这个空子，使 A 的巨额研发费用遭受损失。

三十多年来，我国初步形成了知识产权人才的培养体系，但是相对于知识产权市场的需要来说，还相当匮乏。

（二）知识产权交易市场需要创新

国家发展改革委等六部委联合发布的《建立和完善知识产权交易市场的指导意见》在总体发展目标、市场体系建设、市场规范行为、交易配套服务、政策扶持措施和领导监督管理等方面，对我国知识产权交易市场的建设提出了原则性的指导意见，为知识产权交易市场的创新发展指明了努力方向。根据这一文件精神，结合发展现状和实践经验，本书对我国知识产权交易市场的创新发展提出初步思考。

1. 大力建设跨区域的中介服务体系。

（1）跨区域知识产权中介服务体系的建设是一个庞大的系统工程，需要整合政府和社会的多种资源，并通过较长时间的实践和总结才能不断完善。为此，在建设跨区域知识产权中介服务体系时必须找到抓手，以起到牵一发而动全身的作用。这样的抓手应该是跨区域的知识产权中介服务的经济实体和联合知识产权交易机构。

（2）跨区域知识产权中介服务的经济实体可以按照公司法的要求，由各地区自愿参股，以奠定雄厚的资本基础，形成知识产权服务、专业技术服务和投资孵化服务"三位一体"的经营管理模式；聚集富有创新精神的知识产权复合人才团队，建立以企业为主体、市场为导向、产学研相结合的知识产权创新、运用体系，以引导和支持创新要素向企业集聚，促进知识产权向现实生产力转化，实现知识产权服务贸易的全区域流通和外向性发展。

（3）跨区域的联合知识产权交易机构的建设主要是在政府主管部门的指导监督下，规范市场行为，创新交易方式，活跃知识产权交易市场，依托跨区域的知识产权中介服务的经济实体和各地的产业集群，以细分市场的模式，积极发展知识产权的中介机构和业务，建立专业化、多层次、多功能的行业性知识产权交易市场，形成市场的聚集和辐射效应。

2. 引进融资新途径，积极推进交易方式创新。在传统的知识产权交易机制存在的情况下，应顺应知识产权的发展规律，寻找知识产权交易的新方式、新途径，使知识产权快速转化为生产力。

（1）知识产权证券化就是一个值得提倡的交易方式创新。一般而言，由于知识产权交易市场理性选择和不确定性的特征，使得投资人在选择知识产权项目时，不得不谨慎地逐个对待。这样的选择过程既费时费力，也让整个知识产权交易过程冗长，造成交易气氛沉闷，但这种现象并不是知识产权交易市场的本质，其他成熟市场在其诞生之初也有类似的情况。这就需要在市场的基本规律之上摸索出适合市场特点并能活跃交易气氛的交易方式，比如知识产权证券化就是一个值得提倡的交易方式创新。

（2）知识产权证券化在未来会成为资产证券化领域的主力军。所谓知识产权证券化，就是以知识产权的未来许可使用费为支撑，发行资产支持证券进行融资的方式。从国外的实践来看，知识产权证券化的基础资产已经非常广泛，从最初的音乐版权证券化开始，拓展到与文化产业关联的知识产权，甚至专利诉讼的胜诉金。尽管从目前来看，知识产权证券化在整个资产证券化市场中所占的份额还很小，但是它已经显示出巨大的发展潜力和态势。据预测，未来 20 年，知识资产要逐渐取代传统的实物资产而成为企业核心竞争力所在，无形资产在企业资产价值中的比重将会从 20% 上升到 70% 左右，这就要求企业应该将融资的重点从实物资产转向知识资产。知识产权证券化正是顺应了这种历史潮流，为知识产权的所有者提供了以知识产权为依托的全新的融资途径，将知识资产与金融资本有效融合在一起，从而实现在自主创新过程中资金需求与供给的良性循环。可以预见，知识产权证券化的前景是非常广阔的，在未来会成为资产证券化领域的主力军。

（3）国家强调了对知识产权产业化应用的融资支持。我国对市场的创新在政策面上是大力鼓励的，在具体措施上是谨慎支持的，如对技术产权市场的政策支持和在北京开展非上市公司股权交易试点等。近年来，我国先后出台了多项鼓励创新的政策，为知识产权证券化的试点，提供了一定的政策依据。2006 年，我国颁布了《中长期科学和技术发展规划纲要（2006—2020 年）》，强调实施促进创新企业的金融政策，鼓励金融机构改善和加强对高新技术企业，特别是对科技型中小企业的金融服务。2005 年下半年，国务院决定制定和实施《国家知识产权战略纲要》，该纲要在制定过程中，也强调了对知识产权产业化应用的融资支持。

（4）不断加强对知识产权交易及其方式问题的研究。随着我国金融体制改革的推进及金融市场和产权市场的规范化发展，知识产权交易除了普通的现货交易外，必将会出现期货交易、期权交易和信用交易等现代市场经济中的交易类型，从而促使知识产权交易的方式呈现更加多样化趋势。因此，适应经济全球化和市场化的时代要求，不断加强对知识产权交易及其方式问题的研究，预测未来国际知识产权交易发展的大趋势将是我国知识产权战略的重要内容和主要任务。

3. 培养知识产权交易的复合型人才。知识产权交易市场是一门知识综合性的智慧产业，这种综合性决定了相关人才的专业素质应当是具有多门学科融合交叉的知识结构，即文科与理工交叉、科技与法律并举，并兼有国际贸易、情报、外语等方面的知识。因此，知识产权服务人才的知识结构应该是复合型的，必须具有"科技—法学—信息—经济管理"等方面的综合知识和实践经验。知识产权交易市场还是一个新兴的市场，其探索、创新实践的深化尚待时日，因而对其探索、创新实践的总结、研究和推广就更有待于人们作出不懈的努力。

三、创建知识产权交易所的必要性和可能性研究

1. 从政策面来看，各级政府积极支持建立知识产权交易中心。2018 年 8 月 8 日，海南省科学技术厅联合中国股权交易中心，在"科创板"启动现场举办了知识产权证券化融资推介及研讨会。海南省科技厅副厅长、时任海南省知识产权局局长朱东海表示，我们处在中国自贸区（港）建设的关键时期，知识产权证券化融资作为一项新生事物不仅创新还很有意义，在中国证监会、国家知识产权局、国家财政部和上交所的关心指导帮助下，希望海南能率先发力推动首单知识产权融资项目落地，为本土甚至全国中小微企业后续的知识产权证券化项目推进起到良好的示范作用。

2018 年 10 月 16 日，国务院发布关于同意设立中国（海南）自由贸易试验区的批复。支持建立知识产权交易中心，推动知识产权运营服务体系建设。探索建立自贸试验区专业市场知识产权保护工作机制，完善流通领域知识产权保护体系。探索建立公允的知识产权评估机制，完善知识产权质押登记制度、知识产权质押融资风险分担机制以及方便快捷的质物处置机制，为扩大以知识产权质押为基础的融资提供支持。鼓励探索知识产权证券化，完善知识产权交易体系与交易机制。深化完善有利于激励创新的知识产权归属制度。搭建便利化的知识产权公共服务平台，设立知识产权服务工作站，大力发展知识产权专业服务业。

2019 年 8 月 18 日，中共中央、国务院发布《关于支持深圳建设中国特色社会主义先行示范区的意见》：加快实施创新驱动发展战略，支持深圳强化产学研深度融合的创新优势，以深圳为主阵地建设综合性国家科学中心，在粤港澳大湾区国际科技创新中心建设中发挥关键作用。支持深圳建设 5G、人工智能、网络空间科学与技术、生命信息与生物医药实验室等重大创新载体，探索建设国际科技信息中心和全新机制的医学科学院。加强基础研究和应用基础研究，实施关键核心技术攻坚行动，夯实产业安全基础。探索知识产权证券化，规范有序建设知识产权和科技成

果产权交易中心。支持深圳具备条件的各类单位、机构和企业在境外设立科研机构，推动建立全球创新领先城市科技合作组织和平台。

2. 事业要发展，关键是人才。中国真正缺乏的是真正意义上知识产权管理人才，他们必须有强大的专业知识，有非常好的项目管理经验，有一定的法律知识，能够融合各方面资源，真正做到知识产权成果转移和交易，还要国际化的视野，这个非常难。专利运营需要专业一个综合团队，包括项目管理的人员、行业专家、评估机构、金融机构，保险机构，专利诉讼师、律师、专利无效律师以及投资人综合一个实体才能打造真正运营管理团队。

3. 海外没有真正意义上的知识产权交易所，我们完全可以创建。国外一些企业还是传统方式上市，但是我们为什么探索知识产权证券化途径，而且专利池建设在国外，像 IPXI（国家知识产权交易所）不成功，但在中国反而可以成功。因为中国是社会主义市场经济，建专利池时可以在一些行业里面，对咱们国家有利，政府可以介入，可以做一些强制。当然在国内证券化没有做起来，一个是模式问题，另一个价值评估很难做。

香港知识产权交易所（HKIPX）自 2012 年 2 月 1 日在香港正式开展其业务，有效拓展客户的最大资产值和减低知识产权资产被低估或忽略的情况。为商户提供香港以及世界各地的知识产权保护、授权和交易等知识产权服务。而知识产权交易市场是提供商标、专利、版权等知识产权的交易、转让、许可、投融资的综合服务平台，是为科技成果及知识产权转化所搭建的桥梁。知识产权交易市场是为处于初创期、成长期的科技型中小企业解决其融资难问题的创新性新途径。知识产权交易有利于拓宽科技型中小企业融资渠道，有利于科学引导民间资本开拓新的投资领域。所以，HKIPX 还是有一定距离。

4. 制度供给创造制造需求与边干边学。古典经济学中，有一个"产品供给创造对自己的需求"的萨伊定律。撇开该定律提出者的最初动机及由此引发的一些理论争议问题不说，它对于产品供给带动产品需求的市场性描述是可取的。边干边学与制度供给创造制度需求现象实际上与改革开放初期的那句名言"摸着石头过河"的精神内涵是一脉相承的。所以，诺思（D. C. North）指出："制度形成了一个社会的刺激结构"。如果等到所有条件都完备，才去供给某项制度，那不仅会迟滞经济增长，而且该制度恐怕难以被供给出来，因为"所有条件都具备"本身就是一个伪命题。条件较为充分时，制度框架就可以建立。逐渐增长的制度需求和边干边学可以促使制度供给更趋合理和完善。如果我们将历史回顾的视角拉大，会发现福利分房制度的改革、社会就业制度的改革、国企冗员处置制度的建立等也体现了边干边学和制度供给创造制度需求，奉献了不纠缠于具体的技术操作之争的改革经验。

第三节　建立完善的知识产权管理服务体系

2018 年 11 月 30 日，国家工业和信息化部、发展改革委、财政部、国资委印发《促进大中小企业融通发展三年行动计划》（以下简称《行动计划》），要求到 2021 年，形成大企业带动中小企业发展，中小企业为大企业注入活力的融通发展新格局。《行动计划》提出，建立完善的知识产权管理服务体系。发挥知识产权制度对企业创新的引导作用，强化知识产权保护，提高创新成果利用效率。推动建立大中小企业共创、共有、共享知识产权激励机制，提升知识产权转化运用效率。加快推进中小企业知识产权战略推进工程试点城市建设，加强知识产权保护意识、提高知识产权保护能力、降低企业维权成本。同时提出，开展中小企业知识产权质押融资和专利质押融资。

一、知识产权运行服务体系的组成

知识产权运行服务体系由以下八个部分组成，即知识产权申报评审体系、知识产权评估机制、知识产权评估管理体系、知识产权证券化机制、证券化管理机制、知识产权维权援助机制、知识产权行政诉讼仲裁机制、知识产权领域社会信用体系。

二、知识产权运营服务体系建设的实施

伴随着知识产权证券化的"蛋糕"越做越大，会涌现很多资产评估机构、风险担保机构、信托管理机构等知识产权证券化的服务机构。另外，不管是出于掌握市场主动权还是考虑到业务多元化发展，目前已有的金融服务机构也有很大可能专门设立知识产权证券化的服务部门，国内的知识产权证券化中介服务机构会迎来群雄逐鹿的时代。通过知识产权运营服务平台，可以方便知识产权拥有者转化其知识产权成果，同时也方便了企业根据自身战略发展需要，在平台上选择交易符合企业发展的知识产权成果，推动了知识产权产业化。平台的推荐展示优秀知识产权功能和评估模块，提升了平台提供知识产权的准确性和价值，吸引更多的高价值流量。

1. 按照"政府引导、市场化运作、专业化管理"的原则，实施知识产权运营

服务平台建设工程。

2. 实施知识产权强企工程，实施知识产权优势、示范企业培育计划；实施高校院所专利质量提升工程。

3. 推进知识产权管理体制机制改革，实施知识产权管理能力提升。

4. 积极履行专利保护领域事中事后监管职责，创新执法监管方式，实施知识产权保护环境优化工程。

5. 协调市人民调解管理部门，实施知识产权维权援助服务促进工程。

6. 鼓励和支持开展贯彻知识产权管理规范国家标准工作。

7. 实施知识产权的服务能力、金融服务、高端人才的提升工程。

三、知识产权运营服务体系的机构及其从业人员

1. 服务机构。包括知识产权（专利）代理公司、知识产权评估（评级）公司、律师事务所、会计师事务所、信托公司、托管银行、知识产权局、证券公司等中介服务机构，以及知识产权信息服务中心和知识产权维权保护中心等。

2. 知识产权评估业界现状。社会上的资产评估机构为数不少，但知识产权评估机构寥寥无几，真正专业的更是凤毛麟角。显然这与当前市场的需求相差甚远。

（1）全球范围都在尝试，中国现在更急迫。

（2）知识产权评估主要目的是为转让、抵押、诉讼。

（3）没有公认的标准，即使诉讼，40%取决于法官的主观判断。

（4）知识产权是一种垄断的权利，权利的价值不断变化，持有人不同，价值不同。

（5）沿用 ABS SPV 的模式，只做到了形式上的证券化（份额化），没有证券化的实质性交易和市场。

3. 知识产权业的新秀——知识产权运营基金。这里特别要强调的是近年来出现的新机构——知识产权运营基金。所谓知识产权运营基金是指由政府财政资金为引导，联合社会资本共同设立并按市场化方式运作的股权投资基金，主要用于促进知识产权转移转化、培育高价值专利、实施专利布局、构建高价值专利池、开展专利投融资、扶持专利密集型企业等，支持产业创新链、价值链、资金链、服务链的完善，探索知识产权运营的新模式。

（1）知识产权运营基金的类型。目前，我国涌现的知识产权运营基金大致可分为两类：一类是由政府资金引导、社会资本参与的运营基金，另一类是主要由企业出资主导的市场化运营基金，前者如北京市重点产业知识产权运营基金等，后者如

七星天海外专利运营基金等。

北京市重点产业知识产权运营基金是我国首只由中央、地方财政共同出资引导发起设立的知识产权运营基金，也是迄今为止国内资金规模最大的知识产权运营基金。

（2）运营模式。在运营模式上，各基金各具特色。以北京市重点产业知识产权运营基金为例，作为由政府引导的基金，其采取的是多样化的运营模式。一是"购买＋培育"模式，即直接购买或培育目标专利，转移给有需求的企业；二是"申请＋运营"模式，即锁定前沿技术或目标专利，由基金支持发明人完成专利申请，并委托知识产权服务机构开展知识产权运营，所获利益与发明人共享；三是股权投资模式，即通过知识产权分析与判断，选择符合基金投资的领域和具有核心知识产权的科技型初创企业等。

作为企业出资成立的专利运营基金的代表，七星天海外专利运营基金采取的是另一种模式："海外专利收购＋国内运营"为核心的"IP Hunter"模式，即通过设立专利运营基金，收购海外专利并在国内运营，打通海外专利向国内企业转移的服务思路，借此带动国内专利运营与国际接轨。

（3）基金要发展，人才是关键。近年来，在相关政府部门的引导和推动下，我国先后成立了多家知识产权运营基金，为缓解创新型中小企业面临的融资难问题提供帮助。不过，运营经验不足、综合性人才缺乏、知识产权配套服务不完善等因素正制约着我国知识产权运营基金的发展，能否破解这些难题，将成为其有效发挥价值的关键。

4. 从业人员。专利代理人、评估师、律师、会计师、投资银行工作人员、知识产权持有人、知识产权使用者、投资人以及增值事务执行人等。

四、探索知识产权证券化，完善我国金融服务体系

（一）知识产权证券化是一个跨界行业

所谓知识产权证券化就是发起机构将其拥有的知识产权移转到特设载体，再由此特设载体以该等资产作担保，经过重新包装、信用评价等，以及信用增强后发行在市场上可流通的（类股或类债）证券，借以为发起机构进行融资的金融操作。作为一种重要的金融创新，知识产权证券化对于建设多层次金融市场、发展自主知识产权具有重要意义。简而言之，知识产权证券化是其持有人融资、变现的一种有效手段和合法途径。然后达到知识产权持有人的高新技术或专利技术成果产业化的目

标；当然也可直接转让而套现。所以知识产权证券化至少涉及科技和金融两大领域，所以说是一个跨界行业。

1. 为什么有必要将知识产权证券化。第一，长期以来在我国众多企业不太重视知识产权及其保护。第二，"没有知识产权，照样发展经济"的歪理误解了不少企业家。第三，没有"百年老店"的商誉意识，也不珍惜长寿企业的声誉。第四，知识产权的培育需要大量投入，不如现在赚快钱来得快的短期行为，像华为这样科技研发大投入的企业凤毛麟角。第五，根本问题在于没有认识到知识产权是企业的核心竞争力。

全球化背景下，越来越多的企业走出国门，参与到国际竞争中去。知识产权作为发展的重要资源和竞争力的核心要素，在企业竞争中的作用日渐突出。作为一种重要的金融创新，知识产权证券化对于建设多层次金融市场、发展自主知识产权具有重要意义。

2. 知识产权证券化的重大意义。

（1）促进高新技术转化，提高自主创新能力。在传统融资方式下，资金供给者在决定是否投资或提供贷款时，依据的是资金需求者的整体资信能力，信用基础是资金需求者的全部资产，较少关注它是否拥有某些特质资产。只有当资金需求者全部资产的总体质量达到一定的标准，才能获得贷款、发行债券或股票，否则，则不能使用这些融资方式。

（2）现有的金融法规框架下知识产权很难流通。我国很多科技型中小企业的实际情况就是自身拥有大量的专利等知识产权，但由于其自身风险性高，整体资信能力较低且缺少实物资产，所以难以通过传统融资方式筹集到发展所需的资金，严重制约了其将高新技术转化为现实生产力的能力。在我国，以不动产（固定资产）为抵押或质押的贷款占九成，而以存货（流动资产）寥寥无几。数据显示，在美国以存货为保证的融资占70%以上。若能把知识产权这部分无形资产盘活，通过知识产权证券化操作，将为企业尤其是中小企业的融资带来福音，从而进一步完善我国的金融服务体系。

（3）突破了传统融资方式的限制，解决了科技型中小企业融资难问题。目前，国内高新技术知识产权转化率不到10%。传统融资方式的局限性是导致这种状况的主要原因之一。而知识产权证券化是一种资产收入导向型的融资方式，其信用基础是知识产权而非企业的全部资产。资金供给者在考虑是否购买 ABS 时，主要依据的是知识产权的预期现金流入的可靠性和稳定性，以及交易结构的严谨性和有效性，资金需求者自身整体资信能力和全部资产的总体质量则被放在了相对次要的地位。

①破解了科技型中小企业融资的难题。由于知识产权证券化突破了传统融资方式的限制，破解了科技型中小企业融资难的问题，为科技型中小企业将高新技术转化为现实生产力提供了有力的金融支持手段，提高科技成果转化的成功率，有助于加快我国科技成果商品化、产业化进程，进而提高企业现有知识产权的收益。此外，与转让知识产权的所有权来获得资金相比，知识产权证券化只是使企业放弃未来一段时间内知识产权的许可使用收费权，并不会导致其丧失所有权。这样可以更好地保护企业的知识产权，提高企业的核心竞争力。

②充分发挥知识产权的杠杆融资作用。同样是基于知识产权融资，但与传统的知识产权担保贷款相比，知识产权证券化能充分发挥知识产权的杠杆融资作用。一方面，知识产权证券化的融资额高于知识产权担保贷款额。从全球银行业的实践看，在传统的知识产权担保贷款中，知识产权的贷款与价值比一般低于65%，而知识产权证券化的融资额能达到其价值的75%；另一方面，通过知识产权证券化所发行的 ABS 的票面利率通常能比向银行等金融机构支付的知识产权担保贷款利率低22%～30%，大大降低了融资成本，提高了实际可用资金的数额。所以，知识产权证券化能充分发挥知识产权的杠杆融资作用，最大限度地挖掘知识产权的经济价值，使知识产权所有者获得更多的资金。

③降低综合融资成本，为科技型中小企业开辟了一条廉价的直接融资途径。知识产权证券化完善的交易结构、信用增级技术和以知识产权这种优质资产作为 ABS 本息的偿还基础，使 ABS 能获得高于发起人的信用等级，达到较高的信用等级，投资风险相应降低。SPV 就不必采用折价销售或提高利率等方式招徕投资者。一般情况下，ABS 的利率比发起人发行类似证券的利率低得多。虽然发行 ABS 需要支付多项费用，但当基础资产达到一定规模时，各项费用占交易总额的比例很低。国外资料表明，资产证券化交易的中介体系收取的总费用率比其他融资方式的费用率至少低0.5个百分点，提高了实际可用资金的数额。最后，发起人还可以利用该资金偿还原有的债务，降低资产负债率，提高自身的信用等级，为今后的低成本负债融资奠定良好的资信基础。

④分散知识产权所有者的风险。在知识经济时代，一项知识产权在未来给所有者创造的收益可能是巨大的，但同时这种收益所隐藏的风险也是巨大的。科学技术的突飞猛进，市场竞争的日益激烈，知识产权消费者消费偏好的改变，以及侵权行为等外部因素，都可能使现在预期经济效益很好的某项知识产权的价值在一夜之间暴跌，甚至变得一文不值。知识产权的所有者面临着丧失未来许可使用费收入的风险。为此，知识产权证券化则能将这种由知识产权的所有者独自承受的风险分散给

众多购买 ABS 的投资者，并且使知识产权未来许可使用费提前变现，让知识产权的所有者迅速地获得一笔固定的收益，获得资金时间价值，而不用长时间地等待许可使用费慢慢地实现。由于知识产权证券化作为一种债权融资方式，在为企业筹集到资金的同时，企业的所有者仍然可以保持对企业的控制权，从而保护企业创办人的利益。

（二）从资本市场到"知本市场"是深化改革的又一个里程碑

1979 年 2 月仅仅 2.14 平方公里的深圳蛇口工业区成为中国改革开放的标志性地域，从而拉开了中国改革开放的帷幕。1990 年 12 月 19 日，位于上海外滩浦江饭店的一声开市锣声，向世人宣告了上海证券交易所的开业，从而吹响了中国资本市场的进军号。四十多年来改革开放的发展历程证明：无论是历史的回归，还是国门的敞开，这一切都表明：改革开放的中国已经跻身于世界经济的大潮中。

1. 资本市场是金融市场的重要组成部分。资本市场又称长期资金市场，是金融市场的重要组成部分。作为与货币市场相对应的理论概念，资本市场通常是指进行中长期（一年以上）资金或资产借贷融通活动的市场。由于在长期金融活动中，涉及资金期限长、风险大，具有长期较稳定收入，类似于资本投入，因而称为资本市场。证券市场是股票、债券、投资基金等有价证券发行和交易的场所，是资本市场的主要部分和典型形态。

2. 证券交易所是市场经济的标志性设施。1990 年 11 月 26 日，上海证券交易所正式成立，12 月 19 日开业；是年 12 月 1 日，深圳证券交易所试营业，结束了新中国没有正规证券交易所的历史，是中国经济由计划向市场转轨过程中的一次重大尝试，标志着我国股票市场的正式形成。证券交易所是为证券集中交易提供场所和设施，组织和监督证券交易，实行自律管理的法人。大凡市场经济高度发展的国家和地区，证券交易所不可或缺。

3. 资本市场完整的功能体系。在高度发达的市场经济条件下，资本市场的功能可按其发展逻辑而界定为以下三个方面。

（1）资金融通。资本市场的本源职能。资本市场即是纯粹资金融通意义上的市场，它与货币市场相对称，是长期资金融通关系的总和，是筹集资金的重要渠道。

（2）产权中介。资本市场的派生功能。指其对市场主体的产权约束和充当产权交易中介中所发挥的功能，在企业产权重组的过程中发挥着重要的作用。

（3）资源配置。通过对资金流向的引导而对资源配置发挥导向性作用。资本市场由于存在强大的评价、选择和监督机制，促使资金流向高效益部门，因而是资源合理配置的有效场所。

4. 我国资本市场整体功能存在的缺陷。

（1）直接融资规模偏小，筹集资金功能未能充分发挥。

（2）投资者权益受损，财富未能增加。

（3）上市公司运作不规范，法人治理结构未能完善。

（4）市场化程度不高，资源配置未能优化。

上述问题除了资本市场自身的健全完善之外，还得从充分发挥要素市场的功能方面考虑加以弥补或解决。

第四章　创建知识产权交易所
完善知识产权运营服务体系

前面已经阐述，知识产权交易中心处于知识产权运营服务体系的核心地位。整个知识产权运营服务体系环绕知识产权交易所。同时，知识产权交易所也是要素市场一支新兴的生力军。

第一节　我国的要素市场

要素市场，也即生产要素市场。生产要素市场有生产资料市场、金融市场（资金市场）、劳动力市场、房地产市场、技术市场、信息市场、产权市场等。生产要素市场的培育和发展，是发挥市场在资源配置中的基础性作用的必要条件，是发展社会主义市场经济的必然要求。然而，目前生产要素市场尚发育不够，我国国内统一大市场尚未形成，地方割据依然存在，一些部门及行业的行政性垄断仍较突出，生产要素正常流通的障碍大量存在，因而尚不能实现生产要素在各市场主体间合理、自由的流动。其中特别需要指出的是，知识产权作为一个重要的生产要素，在我国基本上却还没有一个真正意义上的知识产权交易市场。

一、生产要素

所谓生产要素指进行物质生产所必需的一切要素及其环境条件。也就是说，生产要素是指进行社会生产经营活动时所需要的各种社会资源，它包括劳动力、土地、资本、技术、信息等内容，而且这些内容随着时代的发展也在不断发展变化。按生产要素分配，就是指社会根据生产某种产品时所投入的各种生产要素的比例和贡献对投入主体进行的报酬返还。

（一）生产要素的内涵

一般而言，生产要素至少包括人的要素、物的要素及其结合因素，劳动者和生产资料之所以是物质资料生产的最基本要素，是因为不论生产的社会形式如何，它们始终是生产不可缺少的要素，前者是生产的人身条件，后者是生产的物质条件。

1. 生产要素的类型。在西方经济学中，生产要素一般被划分为劳动、土地、资本和企业家四类。劳动是指人类在生产过程中体力和智力的总和。土地不仅仅指一般意义上的土地，还包括地上和地下的一切自然资源，如江河湖泊森林海洋矿藏等。资本可以表示为实物形态和货币形态，实物形态又被称为投资品或资本品，如厂房、机器、动力燃料、原材料等；资本的货币形态通常称之为货币资本。企业家才能通常指企业家组建和经营管理企业的才能。

（1）劳动者和生产资料必须结合起来，才能成为现实的生产要素。当劳动者和生产资料处于分离的情况，它们只在可能性上是生产要素。它们要成为现实的生产要素就必须结合起来。劳动者与生产资料的结合，是人类进行社会劳动生产所必须具备的条件，没有它们的结合，就没有社会生产劳动。在生产过程中，劳动者运用劳动资料进行劳动，使劳动对象发生预期的变化。生产过程结束时，劳动和劳动对象结合在一起，劳动物化了，对象被加工了，形成了适合人们需要的产品。如果整个过程从结果的角度加以考察，劳动资料和劳动对象表现为生产资料，劳动本身则表现为生产劳动。由于生产条件及其结合方式的差异，使社会区分成不同的经济结构和发展阶段。在社会经济发展的历史过程中，生产要素的内涵日益丰富，不断有新的生产要素如现代科学、技术、管理、信息、资源等进入生产过程，在现代化大生产中发挥各自的重大作用。生产要素的结构方式也将发生变化，而生产力越发达，这些要素的作用越大。

（2）生产要素包括劳动、资本、土地和企业家四大类。但长期以来我们只强调劳动在价值创造和财富生产中的作用，而其他生产要素的作用及其对国民收入的分割则要么被忽视了，要么重视不够，因而一直只强调劳动参与收入分配的问题。而按生产要素分配，就是要在继续凸显劳动作用的同时，给资本、技术和管理等生产要素以足够的重视，使它们也合理合法地得到回报。这其中特别要强调两种要素的作用和回报：

① 人力资本。资本包括物质资本和人力资本两种形式。各国的经济发展实践表明，人力资本的作用越来越大，教育对于国民收入增长率的贡献正在大幅攀升，人的素质和知识、才能等对经济发展越来越具有决定性意义。因此，如何使人力资

本得到足够的回报，对于经济的持续发展以及国民收入的分配变得非常重要。

②土地以及资源性财产。它们对于财富生产的作用早已为人们所认识，但对于它们参与收入分配的必要性却一直存在模糊认识，这表现在我国的土地和自然资源在很多情况下是被免费或低价使用的。在我国，土地和自然资源属于国有或集体所有，它们的免费或低价使用，意味着它们的收益被少数人侵占了。这也是我国收入差距急剧扩大的一个重要原因。因此，土地和资源性要素如何参与分配，是在完善收入分配制度时应认真加以考虑的问题。

③企业家。企业家（Entrepreneur）一词是从法语来的，其原意是指"冒险事业的经营者或组织者"。在现代企业中企业家大体分为两类：一类是企业所有者企业家，作为所有者他们仍从事企业的经营管理工作；另一类是受雇于所有者的职业企业家。在更多的情况下，企业家只指第一种类型，而把第二种类型称作职业经理人。

最重要的生产要素决定社会权力转移和社会制度演进，在封建时代，最重要的生产力要素是土地。在资本主义时代，最重要的生产力要素是资本。科斯的《企业的性质》使我们可以从产权决定角度研究企业和企业家，我国国企改革目标就是建立现代企业制度，希望从产权关系下解决企业经营者的激励、约束、监督等问题；根据产权理论经营权与所有权分离，产生委托—代理关系，企业家的角色就是资产的代理人，拥有企业法人财产所有权。

2. 生产要素需求的特点。企业对生产要素的需求是从消费者对消费品的需求引致或派生的。生产要素的需求具有以下特点：

（1）对生产要素的需求是"引致需求"。

（2）生产要素的需求，不是对生产要素本身的需求，而是对生产要素的使用的需求。

（3）生产要素的需求来自生产者——企业。

（4）企业对生产要素需求的目的，是用于生产产品，希望从中间接地得到收益。

3. 决定生产要素需求的因素。生产者对于一种生产要素需求的大小，决定于以下几个因素：

（1）生产要素的边际生产力。边际生产力是表示某种单位数量的生产要素所能生产的产品数量的大小。

（2）所生产产品价格的高低。

（3）生产要素本身价格的高低。

（4）对生产要素的需求还受到技术因素的影响。

（5）短期和长期的生产要素需求是不同的，时间因素也会对要素需求产生影响，因为短期与长期的要素需求弹性不同。

4. 单个企业对生产要素的需求：完全竞争。

5. 生产要素需求和需求量的变化。

（1）要素需求的变化是指，要素需求量不是随要素本身价格的改变而改变，而是随着要素本身价格以外的因素变动而变动。它使整条要素需求曲线的位置上下移动。

（2）要素需求量的变化是指，其他情况不变下，要素本身的价格的改变所引起的要素需求量的改变，即在同一条要素需求曲线上点的移动。

（二）市场主要构成要素

生产要素市场是生产要素在交换或流通过程中形成的市场。生产要素是社会再生产过程运转的基本条件，生产要素商品化、社会化形成生产要素市场，是生产力发展和社会进步的重要标志。生产要素市场主要包括：资金市场（金融市场）、劳动力市场（劳务市场）、技术市场、信息市场、房地产市场。作为商品市场组成部分的生产资料市场，同时也是必不可少的生产要素市场。

1. 市场构成要素。市场构成要素是由可供交换的商品、提供商品的卖方、买方组成的。市场是由各种基本要素组成的有机结构体，正是这些要素之间的相互联系和相互作用，决定了市场的形成，推动着市场的现实运动。从宏观或总体角度考察，商品、供给、需求作为宏观市场构成的一般或基本要素，通过其代表者——买方和卖方的相互联系，现实地推动着市场的总体运动。

（1）可供交换的商品。这里的商品既包括有形的物质产品，也包括无形的服务，以及各种商品化了的资源要素，如资金、技术、信息、土地、劳动力等。市场的基本活动是商品交换，所发生的经济联系也是以商品的购买或售卖为内容的。因此，具备一定量的可供交换的商品，是市场存在的物质基础，也是市场的基本构成要素。倘若没有可供交换的商品，市场也就不存在了。

（2）提供商品的卖方。商品不能自己到市场中去与其他商品交换，而必须由它的所有者——出卖商品的当事人，即卖方带到市场上去进行交换。在市场中，商品所有者把他们的意志——自身的经济利益和经济需要，通过具体的商品交换反映出来。因此卖方或商品所有者就成为向市场提供一定量商品的代表者，并作为市场供求中的供应方面成为基本的市场构成要素。

（3）买方。卖方向市场提供一定量的商品后，还须寻找到既有需求又具备支付能力的购买者，否则，商品交换仍无法完成，市场也就不复存在。因此，以买方为代表的市场需求是决定商品交换能否实现的基本要素。

2. 微观构成要素。从微观即企业角度考察，企业作为某种或某类商品的生产者或经营者，总是具体地面对该商品有购买需求的买方市场。深入了解企业所面临的现实的市场状况，从中选择目标市场并确定进入目标市场的市场营销策略，以及进一步寻求潜在市场，是企业开展市场营销活动的前提。因此，就企业而言，更具有直接意义的是微观市场的研究。宏观市场只是企业组织市场营销活动的市场环境。微观市场的构成包括人口、购买力、购买欲望三方面要素。

（三）分配关系

研究生产要素分配对收入分配的影响，应遵循经济学家的这一原理："消费资料的任何一种分配，都不过是生产条件本身分配的结果。"

（1）中国的城乡收入分配。城乡收入的差距与生产要素分配有着直接关系。中国的城乡结构从区域来讲，城市人口比农村人口少，却控制着全民所有制资源；农村人口比城市人口多，只控制部分土地等少量资源。这种生产要素的分配格局，必然导致城乡收入差距的扩大。

（2）生产力水平决定生产要素的占有和分配。生产要素的占有和分配不是随心所欲的，最终是由生产力水平决定的。生产要素的公平占有不是重新分配，而是破除人为的划分，使社会成员在社会生产要素的使用面前人人平等，在市场经济中，大家站在同一起跑线上，都有使用社会生产要素的平等权利。但这种公平机遇只是一个前提条件，还需要运行规则上的公平，即大家所使用的是同一规则。这一规则主要指政府的政策制定和执行。在政策制定上如果是区别对待，不能一视同仁，必然会影响一些人的收入。

（3）生产要素的分配就决定了收入分配。在市场经济条件下，分配的原则是按生产要素进行的，因而生产要素的分配就决定了收入分配。正如经济学家指出的那样："既然生产的要素是这样分配的，那么自然而然地就要产生消费资料的现在这样的分配。"所以，要解决收入分配差距的问题不能用公平分配，只能改变生产要素的分配，在政策上一视同仁，使大家站在同一起跑线上，通用同一规则，大家机遇均等，公平竞争。

（四）要素贡献

要素种类。常见的生产要素有劳动、资本、土地。劳动还可细分为工作时间、知识智慧，比如说知识产权、管理知识算是知识智慧。资本还可细分为资金资本、设备资本、人脉资本。

（1）劳动贡献。劳动的贡献通常按照工资衡量并加以体现，知识产权、管理知识等往往当作资本的延伸，按股权比例、分红比例、投票比例来加以体现，在这个时候，知识产权、管理知识的作用可以和资金资本、设备资本、人脉资本、建主厂房、土地等相提并论。有些要素本身可以创造价值，有些要素本身就是价值。各种生产要素按照贡献参与分配基于两个考虑：一是要素所有权关系在经济上的体现，谁持有要素，谁是要素所有权人，谁就可以参与分配；二是市场经济配置资源的内资要求，市场经济要求资源优化配置，给予要素贡献分配有利于引导资源往优的领域配置。

（2）资源配置。生产要素按贡献参与分配，就是在社会必要劳动创造的价值的基础上，按各种生产要素在价值形成中所做的贡献进行分配。

（3）分配依据。按生产要素分配的依据只能是生产要素所有者的所有权在经济上的实现形式。是公平一点好，还是高效一点好，还是定期或不定期地使之变化，保持动态平衡，当中充满了智慧。

（4）市场概念。市场经济要求生产要素商品化，以商品形式在市场上通过市场交易实现流动和配置，从而形成各种生产要素市场。生产要素进入市场配置资源，自然会形成资本要素价格、土地要素价格和劳动要素价格。土地、劳动、资本等生产要素的价格形成与变动，具有两重性质。一方面，生产要素既然已经商品化，其价格形成和变动就具有一般商品的性质和规定性；另一方面，生产要素虽然是商品，但毕竟是特殊的商品，其价格形成与变动必然具有自身的特点。

二、生产要素市场

生产要素市场有金融市场（资金市场）、生产资料市场、劳动力市场、技术（产权）市场、信息市场、土地市场和房地产市场等。

（一）金融市场

金融市场又称为资金市场，包括货币市场和资本市场，是资金融通市场。金融市场是整个市场体系的枢纽，它指的是货币资金的自由流通，包括货币资金借贷和各种有价证券买卖。所谓资金融通，是指在经济运行过程中，资金供求双方运用各种金融工具调节资金盈余的活动，是所有金融交易活动的总称。在金融市场上交易的是各种金融工具，如股票、债券、储蓄存单等。

1. 金融市场的内涵。金融即货币资金的融通，是指在现代银行制度下的货币流通和信用活动的总称。金融市场，就是货币资金的供给者和需求者进行货币资金的融通和交易的场所、机构和供求交易关系。通过买卖各种信用工具而进行货币资金的收集、发放、转换等活动，金融市场可以实现社会闲散资金向生产经营性资金的转化，提高资金和社会经济资源的配置和利用效率。

2. 金融市场的特征。

（1）金融市场的形成。在金融市场形成以前，信用工具便已产生。它是商业信用发展的产物。但是由于商业信用的局限性，这些信用工具只能存在于商品买卖双方，并不具有广泛的流动性。随着商品经济的进一步发展，在商业信用的基础上，又产生了银行信用和金融市场。银行信用和金融市场的产生和发展反过来又促进了商业信用的发展，使信用工具成为金融市场上的交易工具，激发了信用工具潜在的重要性。在现代金融市场上，信用工具虽然仍是主要的交易工具，但具有广泛流动性的反映股权或所有权关系的股票以及其他金融衍生商品，它们都是市场金融交易的工具，因而统称为金融工具。

（2）金融市场的体系。金融市场体系是指金融市场的构成形式。金融市场体系中几个主要的子市场都有其共性的东西：

① 风险性（不确定性）：如股票市场的风险、外汇市场的风险。

② 价格以价值为基础，受供求关系的影响：股票价格的波动、债券价格的波动，最终都反映其价值，受供求关系的影响。

③ 影响债券流通价格、影响股票价格、汇率波动等的基本面分析既要考虑宏观经济影响，也要考虑微观经济的影响等。

（3）金融市场的组织方式。金融市场的组织方式是指金融交易所采取的方式，主要有三种：一是在固定场所、有组织、有制度、集中进行交易的方式，如交易所交易方式；二是在金融机构柜台上买卖双方进行面议式的、分散交易的方式，如柜台交易方式；三是场外交易方式，是一种既没有固定场所，也不直接接触，而是主要借助电讯手段完成交易的方式。

（4）金融市场的形态。金融市场的形态有两种：一种是有形市场，即交易者集中在有固定地点和交易设施的场所内进行交易的市场，证券交易所就是典型的有形市场；另一种是无形市场，即交易者分散在不同地点（机构）或采用电讯手段进行交易的市场，如场外交易市场和全球外汇市场就属于无形市场。

（5）金融市场价格。在资本融通过程中，资本的转让是有代价的，在市场运行中这种代价表现为资本要素价格。资本要素价格分两种情形。

一种是借贷资本价格，表现为利息。利息不是资本价值额的表现，而是体现资本化收入的不合理的价格形式。利息是借贷资本所有者贷出资本使用权分享生产剩余或利润的表现形式，本质上是一种资本化收入；其价值源泉是劳动者劳动创造的一部分剩余价值。

另一种是虚拟资本价格，如股票、债券等有价证券价格。股票本身没有价值，"只是代表取得收益的权利"，本质上是股息资本化收入的货币表现。

（6）金融市场体系中的相关相近或相异的内容。

① 金融市场的功能、同业拆借市场的功能、债券市场的功能、股票市场的功能、外汇市场的功能、期货市场的功能等。

② 外汇市场参与者、期货市场的参与者、同业拆借市场的参与者。

③ 贴现、转贴现、再贴现。

④ 汇票、本票与支票的异同等。

3. 金融市场的构成。金融市场主要由参与者、金融工具和组织方式三个基本要素构成。

（1）金融市场的参与者。金融市场的参与者主要有政府、中央银行、商业银行和非银行金融机构、企业和居民个人五类。

① 政府在金融市场中主要是充当资金的需求者和金融市场的管理者。

② 中央银行是银行的银行，是商业银行的最后贷款者和金融市场的资金供给者，通过在金融市场上吞吐有价证券直接调节货币供给量，影响和指导金融市场的运行，是货币政策的制定和执行者。

③ 商业银行和非银行金融机构作为金融中介机构，是金融市场的最重要的参与者，资金供求双方是通过这些中介机构实现资金融通的，因此，它们实际上是金融商品交易的中心。

④ 企业在金融市场上既是资金的供应者，又是资金的需求者。企业在经营中形成的闲置资金是金融市场的重要资金来源，而企业对资金的需求又构成资金需求的主要部分。

⑤ 居民在金融市场上主要是资金供给者，也提供一部分资金需求。

（2）金融工具。金融工具也称为信用工具，是在金融市场上借以进行金融交易的工具，是证明资金交易双方债权债务关系的书面凭证，是一种具有法律效力的金融契约。金融工具种类繁多，一般分为两大类。一是债权债务凭证，如票据、债券等；二是所有权凭证（权益类凭证），如股票等。

4. 金融市场的分类。金融市场的构成十分复杂，它是由许多不同的市场组成的一个庞大体系。但一般根据金融市场上交易工具的期限，把金融市场分为货币市场和资本市场两大类。货币市场是融通短期资金的市场，资本市场是融通长期资金的市场。货币市场和资本市场又可以进一步分为若干不同的子市场。货币市场包括金融同业拆借市场、回购协议市场、商业票据市场、银行承兑汇票市场、短期政府债券市场、大面额可转让存单市场等。资本市场包括中长期信贷市场和证券市场。中长期信贷市场是金融机构与工商企业之间的贷款市场；证券市场是通过证券的发行与交易进行融资的市场，包括债券市场、股票市场、基金市场、保险市场、融资租赁市场等。

表 4–1 中国金融市场的分类

分类标准	市场种类	具体含义及举例
企业或个人取得资金的方法	债务市场	契约协定，借款者承诺向此项债务工具的持有者支付固定金额
		短期（1 年及 1 年以下）、中期（1~10 年）、长期（10 年以上）债务工具
	股权市场	如股票，是分享企业的净收入和资产收益的凭证
交易层次	一级市场（发行市场）	借款公司或政府向最初购买者出售新发行的债券或股票等证券的市场
		一级市场上最重要的机构是投资银行（证券公司）
	二级市场（流通市场）	再出售过去发行的证券（二手货）的金融市场
		上海证券交易所和深圳证券交易所
		外汇市场、期货及期权市场
市场组织形态	交易所市场	证券的买主和卖主（或其代理人或经纪人）在交易所的一个中心地点见面进行交易
		上海证券交易所及上海期货交易所等
	场外市场	位于不同地区的拥有证券存货的交易商随时向与他们联系并愿意接受他们所提出价格的任何人在柜台上买卖证券
		政府债券市场：大额可转让定期存单、同业拆借市场、银行承兑汇票及外汇交易市场等
资金期限	货币市场	期限在 1 年及 1 年以下的债务工具交易的市场
	资本市场	期限在 1 年以上的债务工具交易的市场，又称为中长期资金市场
		直接融资的主要场所
		广义：中长期贷款市场和有价证券市场
		狭义：证券市场（股票、债券及基金等市场）

（1）根据融资方式的不同划分，金融市场可以区分为直接融资市场和间接融资市场两大类。直接融资是资金供求双方直接进行资金融通的活动，也就是资金需求者直接通过金融市场向社会上有资金盈余的机构和个人筹资。与此对应，间接融资则是指通过银行所进行的资金融通活动，也就是资金需求者采取向银行等金融中介机构申请贷款的方式筹资。在金融市场上，直接融资主要是筹集中长期资本，间接

融资主要筹集中短期周转资金。

（2）根据融资期限的长短划分，金融市场可以分为货币市场和资本市场两类。金融市场体系包括货币市场、资本市场、外汇市场和黄金市场，而一般根据金融市场上交易工具的期限，把金融市场分为货币市场和资本市场两大类。

① 货币市场。货币市场是融通短期资金的市场，包括同业拆借市场、回购协议市场、商业票据市场、银行承兑汇票市场、短期政府债券市场、大面额可转让存单市场。

② 资本市场。资本市场是融通长期资金的市场，包括中长期银行信贷市场和证券市场。中长期信贷市场是金融机构与工商企业之间的贷款市场，证券市场是通过证券的发行与交易进行融资的市场，包括债券市场、股票市场、保险市场、融资租赁市场等。

金融市场对经济活动的各个方面都有着直接的深刻影响，如个人财富、企业的经营、经济运行的效率，都直接取决于金融市场的活动。

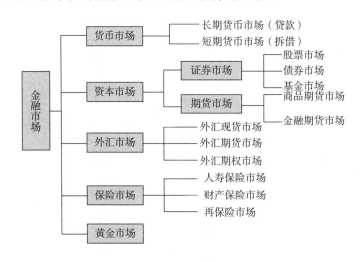

图4-1　现行中国金融市场结构

（二）生产资料市场

生产资料市场是进行生产资料交换的场所。它与消费品市场的根本区别在于：这个市场的购买者主要是生产性企业，而不是个人消费者；购买商品是为了制造其他商品，而不是为了个人或家庭消费。因此，生产资料市场与消费品市场相比较，具有不同的特点。生产资料市场是指为了生产或再生产的需求而购买或准备购买生产资料的消费者群体。生产资料与消费资料共同构成社会物质资料即社会总产品。生产资料就其本来含义而言，是指人们在生产过程中所使用的劳动资料和劳动对象的总和。包括未经人类劳动加工的自然资源，如土地、森林、河流、矿藏等；也包括经过人类劳动加工的劳动对象和劳动设施，如原材料、能源、机器、厂房等。然而，从生产资料市场角度而言，生产资料是指进入流通领域进行交换的、用于生产建设的物质资料的总称，通常表现为由工业部门生产加工的、提供于社会再生产使用的原料、材料、燃料、机器、设备、仪器、仪表、工具、量具、刀具等。生产资料是构成生产力的物的要素，生产资料市场是实现社会再生产的前提条件，因此，开拓生产资料市场对促进整个国民经济的发展具有重要意义。显然它也是生产要素市场重要的组成部分。

1. 生产资料市场的特点。

（1）需求引申性。生产资料市场的需求，最终取决于生活资料市场的需求，生产资料市场的需求以生活资料市场的需求为基础。生活资料市场需求的增减变化，往往会导致生产资料市场需求的相应变化，甚至剧烈的变化。因此，一名优秀的市场营销人员，在经营生产资料市场时，绝不会忽视生活资料市场的变化，而是时刻关注和预测生活资料市场的变化动向，准确判断生产资料市场的相应变化趋势，超前开展有效的营销活动。构成生产资料市场的消费者群体主要是生产企业等法人团体，不像生活资料市场是以个人或家庭购买的形式出现。其购买的目的不同于生活资料市场用于个人或家庭消费，而是用购买的商品或劳务生产出其他商品或劳务，以实现购买团体的营销目标。

（2）相对稳定性。生产资料市场的稳定性特征表现为短时间内，市场波动不大，对经济、技术等因素的影响反应较为迟钝，需求价格弹性小。这是因为：

① 生产资料的生产和消费相对稳定。

② 价格机制对生产资料市场的调节效应低。

（3）购买量大次少。受生产企业的周期性及规模化特点的影响，生产资料市场的购买频率低，次数少，批量大，购买者相对集中。

（4）交易方式。为了避免双方利益受损，维护购销活动的正常进行，生产资料的购者与销者之间，经常以合同的形式缔结购销合同，确保各自的营销在一定时期内相对稳定。

（5）理智购买。生产资料市场具有购买数量大、技术复杂、金额大的特征，决定了生产资料购买者不能像消费品市场购买者那么冲动或盲目，而是在充分进行市场调查和市场比较，熟悉待购商品的技术与性能的基础上，由专家和行家拍板决策，理智购买。因为如果决策失误，不仅会造成大量投入资金的浪费，而且会影响企业生产的有效进行及最终产品的质量、成本与定价，影响企业最终经济效益，严重的失误甚至会使企业破产。因此，生产资料市场的购买需要相当慎重与理智。

（6）需求性质。这是农业生产的季节性特征决定的。即要求以农作物生长的自然规律为转移，保证不违农时，满足供应。同时，不同地区受不同气候、土壤、地势等地理条件的限制，农业生产资料的需求与供应的方式和时间都会有所不同。

2. 生产资料市场的分类。

（1）工业生产。主要指进行各类工业生产所需的物质要素交换的市场。这个市场又可分为直接工业品市场和间接工业品市场。

直接工业品市场：是指经过生产加工能够转化为产品的物质要素的市场。包括：

① 原料：指虽未加工但可以经过制造程序变成产品实体的一部分工业品，如原油、原煤、矿石、农产品原料等。

② 半成品：指已经部分加工程序，变成产品实体一部分工业品，如棉纱、钢、铁。

③ 零部件：指经加工用于整机装配的工业品，如电动机、轴承、轮胎等。

间接工业品市场：是指用于加工和生产产品的物质要素的交换市场。包括：

① 主要设备。即生产所需的主要工业机械装置，包括厂房建筑、交通运输工具、电子计算机、重型或大中型机械设备等。其特点是价值大，使用时间长，属于购买者的固定资产投资支出。

② 次要设备。即处于辅助地位起辅助作用的设备，如工具、模具、小型电机、打字机、复印机、手推车等。此类产品多属于标准化、通用化产品，价值低，使用时间短。

（2）农业生产。农业生产资料市场是指为农业生产所需的物质要素交换的市场。包括农业机械设备、中小农具、半机械化农具、种子、化肥、农药、耕畜等。

3. 我国主要的生产资料市场。

（1）期货市场。近几十年来，我国期货市场品种体系不断丰富，投资者结构日益优化。回望 2018 年资本市场，中国期货市场以原油期货和铁矿石期货为突破口，开启了"国际化元年"。原油、铁矿石以及 PTA 先后引入境外交易者，不仅提升中国大宗商品在全球的定价影响力，也为我国特色期货品种的国际化探索了一条路径。中国期货市场正面临着重大机遇，期货市场的巨大溢出效应对国际投资者具有重大吸引力。同时，"一带一路"建设给大宗商品期货市场带来了广阔的空间。"一带一路"沿线国家和地区的棕榈油、橡胶、原油都是我国重要的进口区。未来，随着更多开放举措的落地，期货市场将加快向国际化发展。目前我国主要的期货交易所如下：

①郑州商品交易所（ZCE）。郑州商品交易所成立于1990年10月12日，是我国第一家期货交易所，也是中国中西部地区唯一一家期货交易所，交易的品种有强筋小麦、普通小麦、PTA、一号棉花、白糖、菜籽油、早籼稻、玻璃、菜籽、菜粕、甲醇等16个期货品种，上市合约数量在全国4个期货交易所中居首。它所制定的一套制度规则为整个期货市场提供了一种自我管理机制，使得期货交易的"公开、公平、公正"原则得以实现。

②上海期货交易所（SHFE）。上海期货交易所成立于1990年11月26日，目前上市交易的有黄金、白银、铜、铝、锌、铅、螺纹钢、线材、燃料油、天然橡胶、沥青11个期货品种。

③大连商品交易所（DCE）。大连商品交易所成立于1993年2月28日，是中国东北地区唯一一家期货交易所。上市交易的有玉米、黄大豆1号、黄大豆2号、豆粕、豆油、棕榈油、聚丙烯、聚氯乙烯、塑料、焦炭、焦煤、铁矿石、胶合板、纤维板、鸡蛋15个期货品种。

④中国金融期货交易所（CFFEX）。中国金融期货交易所于2006年9月8日在上海成立，是中国第四家期货交易所。交易品种有股指期货，国债期货。

（2）大宗商品交易市场。商品交易市场主要包括消费品综合市场、农产品市场、工业消费品市场、生产资料综合市场、工业生产资料市场、农业生产资料市场等类型。以2004年国务院颁布的《大宗商品交易市场管理办法》为标志，现货市场在国内的运作已日臻完善。大宗商品交易市场特指专业从事电子买卖交易套保的大宗类商品批发市场，又被称为现货市场，是由市级以上政府职能部门批准设立，并由商务部发改委等相关职能部门进行监督和管理。具备生产资料大宗货物的战略储备、调节物价、组织生产和套期保值四大基本功能。而基于实物商品为交易标的物的电子仓单交易，以其便捷高效的特点，正日益成为广大投资者的热土。

截至2017年5月大宗商品交易中心排名靠前的如下：

① 上海黄金交易所；

② 天津贵金属交易所；

③ 北京大宗商品交易所；

④ 广东省贵金属交易中心；

⑤ 福建省海西商品交易所；

⑥ 湖南省南方稀贵金属交易；

⑦ 浙江省汇丰贵金属交易市场；

⑧ 江苏大圆银泰贵金属现货电子交易市场；

⑨ 内蒙古乾丰贵金属交易中心；

⑩ 山东鲁银贵金属交易所。

（3）全国中药材交易专业市场。目前全国范围内比较有影响力并通过国家审批的中药材专业市场共17家。

① 安徽亳州中药材交易中心；

② 河南省禹州中药材专业市场；

③ 成都市荷花池药材专业市场；

④ 河北省安国中药材专业市场；

⑤ 江西樟树中药材市场；

⑥ 广州市清平中药材专业市场；

⑦ 山东鄄城县舜王城药材市场；

⑧ 重庆市解放路药材专业市场；

⑨ 哈尔滨三棵树药材专业市场

⑩ 兰州市黄河中药材专业市场；

⑪ 西安万寿路中药材专业市场；

⑫ 湖北省蕲州中药材专业市场；

⑬ 湖南岳阳花板桥中药材市场；

⑭ 湖南省邵东县药材专业市场；

⑮ 广西玉林中药材专业市场；

⑯ 广东省普宁中药材专业市场；

⑰ 昆明菊花园中药材专业市场。

（4）义乌（国际）生产资料市场。义乌生产资料市场的建设既是推进国际贸易综合改革试点的重要内容，也是落实浙江省委、省政府"大平台、大产业、大项目、大企业"建设战略的重要项目。义乌国际生产资料市场区块规划总面积12.98平方公里，"十二五"期间，已建成占地2.6平方公里（约3900亩）的产品展销中心及相关配套设施，具体包括三大项目：

① 国际生产资料市场一期：规划占地面积1350亩，建筑面积230万平方米，总投资100亿元，分三个阶段建设。

② 国际电子商务城：规划占地面积666亩，建筑面积160万平方米，总投资80.84亿元。

③ 商务配套区：规划占地面积1708亩，建筑面积285万平方米。

全国性的生产资料市场还有许多，显然挂一漏万了。这里只是把主要具有代表性的生产资料市场介绍一下。

4. 生产资料市场面临的问题。

（1）要充分重视国际经济与市场变化的挑战。首先，生产资料是一国制造业发展的重要资源。从国际经验看，世界制造中心转移呈加速趋势，由美国到西欧、日本、东南亚以至中国，时间越来越短。目前中国主要依靠劳动力成本低廉和广阔的市场吸引国外资本，但是能源与原材料成本以及劳动力成本已呈上升趋势，中国将面临着印度等一批新兴国家的挑战。如果人们不能抓住这一有利时机，迅速转变落后的生产经营方式和加快流通体制改革，中国将很快失去自身的优势，世界制造中心地位转瞬即逝，新型工业化道路更趋艰难。

其次，随着对外开放的扩大，跨国流通企业凭借资金、技术、管理、信息方面的强大优势，快速抢滩中国市场，中国流通业面临严峻考验。沃尔玛现象说明，流通产业开始在全球范围内，发挥引领生产、调整结构、配置资源、促进消费、抵御风险的强大功能，流通企业正在逐步取得对制造商、供应商的支配地位。尤其是石油、钢铁等关系中国经济命脉的战略资源的流通问题，解决不好，中国在国际分工中的地位将始终处于低附加值的末端。

最后，中国生产资料参与国际竞争的广度和深度不断扩大，针对中国的贸易摩擦也将日益增多。中国今后相当长的时期内将会遭遇反倾销、反补贴、保障措施与特别保障措施、技术性贸易壁垒，以及涉及知识产权方面的贸易摩擦问题，大大影响了中国贸易发展的步伐。

（2）通缩苗头不可轻视。近年国内生产资料市场价格增幅出现明显回落，并开始出现负增长，反映出市场需求增势减弱的势头。生产资料价格属于先行指标，价格的持续走低不利于市场的稳定健康发展，可能传导到最终消费品市场，并对居民消费价格产生影响，形成新的通缩。

（3）部分资源性产品比价关系不合理。成品油、水、电等资源产品价格改革滞后，价格水平与国际市场相比长期偏低。这种状况不利于经济发展、资源优化配置、转变经济增长方式和建设资源节约型社会。同时，能源、原材料价格偏低加剧了供求紧张的矛盾，也带来国际收支失衡和汇率上升的压力。

（4）部分商品供大于求形势有加速之势。如钢铁、氧化铝、焦炭等部分生产资料商品已经出现明显的供大于求趋势，而部分有色金属、化工原料，甚至煤炭也在向供大于求方向发展。由于这些产品相关的行业近年投资一直保持大幅增长，今后一段时期必然出现产能集中释放和产量持续增加，并带来市场价格持续下降、企业亏损增加、同业竞争加剧、银行呆坏账增加等一系列负面影响。

（5）市场发展的不稳定因素和不确定性依然较大。近年来，国际石油、铁矿石等国际矿产品价格上涨，对世界经济产生较大影响。2006年以来，伊朗的核问题和尼日利亚局势动荡不安预示着国际石油市场仍将在动荡之中。

5. 生产资料市场的应对措施。

（1）进一步加强生产资料市场监测工作，不断提高监测、调控水平。生产资料市场运行将面临的主要问题，一是市场供大于求，二是市场需求对出口的依赖性较大，三是市场价格持续大幅下滑，全年价格总水平将降至3%以下。为保持市场的平稳运行，要进一步加强对生产资料市场的监测与调控，着重做好生产资料国际、国内两个市场的衔接工作，密切跟踪了解生产资料进出口动态情况，防止和避免进出口贸易出现较大起伏；进一步加强国内市场重要资源性产品的供需衔接和平衡工作，努力抑制资源性产品价格大幅波动。

（2）积极培育农村生产资料市场，促进社会主义新农村的建设。当前农村生产资料市场规模偏小，市场份额仅占28.4%，与建设社会主义新农村、推动农业产业化发展的要求相差较大。要进一步加强对农村基础设施建设力度，提高档次和水平，以扩大农村生产资料需求。

（3）大力创新流通业态，推动生产资料市场增长方式的转变。目前中国生产资料批发业态还十分落后，主要采取"一买一卖"的传统交易方式，服务链、价值链短，流通附加值低。要根据不同类型产品的流通特点，有重点推进经营业态提升。加大推进汽车零配件、建筑装饰材料连锁超市业态建设。大力促进金属加工配送业发展，加快发展散装水泥配送，促进生产资料流通企业由单纯的贸易向加工配送、物流配送方向发展。

（4）加快批发市场的改造和提升。中国目前有生产资料批发市场6545个，销售额近万亿元，占全社会生产资料销售额的8.8%。但交易方式比较落后，信息手段滞后，服务功能单一。要加快制订批发市场改造和提升的具体规划和措施，实行分类指导。建材装饰等与人民生活相关的市场应向连锁超市发展，建在城市边缘的金属材料等市场应向城市配送中心发展，建在铁路与公路、机场与公路枢纽上的市场应向区域物流中心发展，变交通枢纽为物流枢纽。

（三）劳动力市场

劳动力市场是市场体系的组成部分，是交换劳动力的场所，即具有劳动能力的劳动者与生产经营中使用劳动力的经济主体之间进行交换的场所，是通过市场配置劳动力的经济关系的总和。劳动力市场交换关系表现为劳动力和货币的交换。劳动力市场是劳动力资源通过市场机制来配置。其主要特征是劳动力可以自由流动；用人单位和劳动者在劳动关系中是平等的主体，可以互相选择；价值规律对劳动力市场发挥调节作用，劳动报酬将主要由劳动生产率和劳动力市场供求关系来决定。

1. 劳动力及其价值。劳动力是最重要的经济资源和生产要素，在市场经济中必须通过市场实现其配置和形成价格。"劳动是价值的实体和内在尺度，但是它本身没有价值"。工资不是劳动要素价值的货币表现，而是劳动力价格的表现。在资本主义条件下，劳动力成为商品并具有价值。劳动力价值取决于再生产劳动力所必需的生活资料价值，通过劳动力商品交易市场的雇佣劳动关系，实现劳动者与资本的结合。工资在现象形态上表现为劳动的报酬，实质是劳动者再生产劳动力所必需的生活资料价值的货币表现。在社会主义市场经济条件下，劳动力作为生产要素进入市场，通过市场供求双方的契约合同关系，实现劳动者与公有生产资料的结合。在社会主义公有制经济中，实行按劳分配原则，工资的实质是劳动者按劳分配个人消费品价值的货币表现。

2. 市场特点。劳动力市场与一般商品市场相比具有以下特点：

（1）区域性市场为主。劳动力市场和其他商品市场一样，也应是全国统一的市场。但是，由于社会生产力在各地区发展水平不平衡，原始手工业、传统的大机器和现代技术产业并存，劳动力的素质相差悬殊，职业偏见的存在，再加上地区分割等，阻碍了劳动力在全国范围流动，大多数只能在区域内运转，只有少数高科技人才可在全国范围内流通，从而形成的主要是区域性市场。

（2）进入劳动力市场的劳动力的范围是广泛的，一切具有劳动能力并愿意就业的人都可以进入劳动力市场。我国由于劳动力资源丰富，随着科技进步、劳动生产率不断提高，以及经济体制改革的进行，农村出现剩余劳动力，加上国有企业和国家机关的富余人员，因而在一个相当长的时间里，我国劳动力供大于求，形成买方市场。

（3）劳动力的合理配置主要是通过市场流动和交换实现的，市场供求关系调节着社会劳动力在各地区、各部门和各企业之间的流动；劳动报酬受劳动力市场供求和竞争的影响，劳动力在供求双方自愿的基础上实现就业。劳动力的市场配置行为，不可避免地会出现劳动者由于原有的劳动技能不能适应新的经济结构的变化而产生的结构性失业现象。

3. 市场分类。

（1）各级人事部门举办的人才交流中心；

（2）各类民办的人才交流中心；

（3）各级劳动社会保障部门举办的职业介绍所；

（4）各类民办的职业介绍所；

（5）政府有关部门举办的各类劳动力供需交流会；

（6）社区劳动服务部门；

（7）专门的职业介绍网站。

中国劳动市场还处在起步阶段，所提供的信息还不能满足进城务工农民的就业需要。尽管在一些大城市出现了诸如"家政服务介绍"的一些组织，但针对农民进城就业的专门服务机构还没有系统形成。进城务工的农民除了利用劳动力市场的这些机构外，还要寻求其他途径的帮助。

（四）技术市场

技术市场是指科技知识和科技成果交换的场所及其交换关系的总和。技术市场经营的项目一般包括科技成果转让、技术引进培植、科技信息交流、技术协作攻关、科技咨询、科技培训，接受委托代为试验等。

1. 技术与技术商品。技术是人类在实践基础上通过经验总结、科学研究和实验等方式创造和发明出来的可以直接地改进生产或改善生活的知识和技能。技术一般以知识形态存在，在生产上，技术具有创造性和单一性，在使用和消费上具有持续性，并能在使用和消费中得到改进。技术具有使用价值，也是人类劳动的成果，如果投入市场交换，自然就表现为商品。

2. 技术成为商品的条件。技术成果要成为商品，必须具备先进性、成熟性、适用性和经济性等条件：技术的先进性是指新技术必须优于原有技术；技术的成熟性是指新技术必须稳定和可靠；技术的适用性是指新技术能满足使用者的生产和市场需要，适应使用者的生产技术条件与环境，能为使用者消化掌握；技术的经济性是指技术的转让价格要合理、应用成本和投入为使用者所能承担。技术商品与普通商品不同的是，技术商品的交易具有延续性和重复性。

3. 技术商品的流通。技术商品的流通表现为技术贸易，具体形式有很多，其中最典型的形式是技术转让。技术转让是将具有一定技术水平和实用价值的科技成果包括专利技术和专有技术由一方转让给另一方的活动。技术转让的形式最主要的是许可证贸易。许可证贸易是指由技术贸易双方以签订许可证协议的形式进行的一种技术交易，具体地说有三种形式：

（1）独占许可证贸易。它要求在确定的区域内，被许可方对所购技术具有独占的使用权，许可方和任何第三者不能在该地区内使用所转让技术制造和销售产品。

（2）排他许可证贸易。其特征是在确定的区域内，被许可方独家使用所购技术制造和销售产品，任何第三方不得在该区域内使用所转让技术制造和销售产品，但是，许可方本身仍然保留在该区域内使用所转让技术制造和销售产品的权利。

（3）普通许可证贸易。其特征是许可被允许在规定的区域内使用所购技术制造和销售产品，同时，许可方仍然保留在该区域内将同一技术再出让给第三方的权利。

4. 技术商品价格。技术商品的价格是指科技出让后从技术受让方获得的技术使用费。技术商品价格形成的特殊性在于：首先，形成技术商品价值的劳动是高级复杂劳动，是倍加的简单劳动。其次，形成技术商品价值的劳动不仅要包括应用技术研究所耗费的劳动，而且要包括与此直接有关的基础研究所耗费的劳动。最后，形成技术商品价值的劳动是通过技术应用后节约的劳动量，即一项科技产品新增的经济效益来表现。在具体的价格形成和变动过程中，供求关系、技术商品的成本、潜在经济效益、寿命周期、转让次数、研制与推广风险、实用性和实施条件，以及价格的支付方式和技术流通方式等，都具有程度不同的实际影响。

（五）信息市场

信息是人们对外界事物的某种了解和知识，以消除不确定的认识，它是人类认识的一种成果（"信息"概念还没有公认的定义。信息论创始人香农在《通信的数学理论》一书中认为，"信息是用于消除不确定的东西"；维纳在其《控制论》一书中认为，信息是"同外部世界进行交换的内容的名称"）。经济信息是人类对社会生产、交换、分配和消费等活动特征和规律性的认识，其中的部分内容具有特殊的使用价值，应作为商品成为市场交易的对象。信息产业部门（或个人）与信息需求者双方进行有偿转让交易的活动场所和信息商品交换关系的总和称为信息市场。信息市场上，有企业诊断型信息交换关系，有咨询型信息交换关系（如商业信息、金融信息等），有科技成果型交换关系（如专利机构经营的科技信息商品），有媒介型信息交换关系（如广告机构等）。

1. 信息市场的构成。信息市场主要是信息咨询市场，进行信息产品的生产、流通和服务等活动的产业就是信息咨询业，它是信息产业的重要组成部分。在科学技术对生产的作用日益增强的现代经济中，信息业已经逐渐成为整个社会经济的主导产业，并被称为"第四产业"。

2. 信息的使用价值和价值。在市场经济中，被投入市场交易的信息是具有商业价值或经济功能的经济信息。这类经济信息都具有现实的经济应用价值，能给掌握这种信息的经济活动主体带来实际的经济利益，提高其经济活动的效益水平，这就是信息产品的使用价值。从信息产品的生产来看，信息产品特别是有经济功能的信息产品，一般地说都是耗费了人类劳动而专门生产出来的，是人类劳动成果的一部分。从事信息收集、加工和创造的劳动作为一种必不可少的生产性劳动，也需要通过某种方式实现补偿，这就要求将信息产品商品化，通过市场交易实现劳动补偿及相应的利益这就是信息的价值。信息产品成为商品，必然形成以信息商品为交易对象的市场即信息市场。

3. 信息商品的价格。信息商品化，不仅可以使信息生产的消耗得以补偿，而且能促进信息的生产和流通，优化信息资源的配置，提高整个社会的经济效益。在信息交易中，信息商品的价格，一方面以信息商品的生产加工成本和社会劳动消耗数量为基础，另一方面也与信息商品的经济效益有很大关系。信息商品价格与其直接成本存在较大背离，这一方面是因为信息生产所消耗的劳动是一种极为特殊的高级复杂劳动，单位劳动消耗会形成较大的社会价值，另一方面主要是因为其潜在的经济效益较大，有较大的市场需求。

（六）土地市场

土地作为生产要素范畴，是未经人类劳动改造过的各种自然资源的统称，既包括一般的可耕地和建筑用地，也包括森林、矿藏、水面、天空等。

1. 土地市场的内涵。土地是任何经济活动都必须依赖和利用的经济资源，比之于其他经济资源，其自然特征主要是它的位置不动性和持久性，以及丰度和位置优劣的差异性。相对于其他经济资源和生产要素，土地是最难以增加的，其稀缺性比其他生产要素更显著。特别是随着人口的增多、经济活动规模的扩大和深度的发展，土地的稀缺性具有明显加强的客观趋势。如何保护和利用好现有的各种土地资源、开发新的土地资源，始终是经济活动的重要问题。对于人口众多、人均可用土地资源严重不足的我国来说，土地资源的保护、利用和开发更为重要，而使土地资源商品化、配置市场化，是提高土地资源配置和利用效率的重要途径。

2. 土地市场的构成。在私有制市场经济中，土地是私有的生产要素，土地市场实际上有两个层次：一是土地交易市场，以土地的最终所有权为交易对象，相应地形成土地价格；二是土地租赁市场，以土地的使用权为交易对象，相应地形成地租。在我国，土地实行国家所有制和集体所有制两种制度。城市土地和非农业用地实行国家所有制，农业用地实行集体所有制。以此为基础，在改革中形成两种彼此分隔的土地市场，即城市土地市场和农村土地市场。

（1）城市土地市场，包括土地使用权出让市场（一级市场）和土地使用权转让市场（二级市场）等两级市场。城市土地一级市场就是国家将国有的城市土地包括国家有偿征用的原属集体所有的土地的使用权有偿出让的市场。城市土地使用权出让市场是由国家的地产机构垄断经营的市场。

（2）农村土地市场：农村集体所有的土地必须在被国家征用为国有土地之后，才能进入城市土地转让市场。

3. 土地使用权的出让方式。土地使用权的出让方式分为"零租制"和"批租制"两种。"零租制"对出让的土地按不同等级逐年收取不同水平的土地使用费；"批租制"是有限期地出让土地使用权，一次性地收取地价款，并每年收取为数不多的使用金。在二级土地市场上，土地使用权的转让有租赁、抵押等不同的具体形式。

4. 土地价格。在土地出让和转让过程中，受让者向出让者交纳的土地使用费是由两部分组成的，一部分是投入土地并形成土地生产力的固定资本即土地资本的折旧和利息，另一部分是为使用土地而支付的地租。地租资本化就表现为土地价格。

（七）房地产市场

凡从事土地开发、房屋建设，或对开发建设后的房地产进行经营管理，以及提供咨询服务、信贷保障、劳务支持等项社会经济活动的单位和部门，均属于房地产业。它有三个组成要素：交易的主体、交易的客体和交易的行为。

1. 房地产市场的基本要素。

（1）存在着可供交换的房地产商品。

（2）存在提供房地产商品的卖方和具有购买欲望与购买能力的买方。

（3）交换价格符合买卖双方的利益要求。

只有同时具备了这三个条件，实际的交易行为才能发生。

2. 房地产市场的组成要素。

（1）土地使用市场。是按国家对城市土地使用权的有偿出让和获得土地使用权者将开发的土地使用权有偿转让的场所。

（2）房产市场。是指房产的转让、租赁、抵押等交易场所，包括房屋现货和期货的交易场所。

（3）房地产资金市场。是指通过银行等金融机构，用信贷、抵押贷款、住房储蓄、发行股票、债券、期票，以及开发企业运用商品房预售方式融资等市场行为。

（4）房地产劳务市场。是指物业管理，室内外装饰、维修、设计等活动的市场。

（5）房地产技术信息市场。

3. 房地产市场的作用。具有传递房地产供求信息、优化房地产资源配置、提高房地产使用效益等作用。当供不应求时，价格上涨；当供过于求时，价格下跌。当成交量放大时，反映市场趋热；当成交量萎缩时，反映市场趋冷。

4. 房地产市场的特点。

（1）交易只能是房地产权利的转移。

（2）交易对象非标准化。

（3）一个城市为一个市场。

（4）容易出现垄断和投机。

（5）较多受法律、法规、政策等措施影响和限制。

（6）一般人非经常参与。

（7）交易金额较大。

（8）交易程序较复杂。

（9）广泛。

5. 房地产市场的参与者。包括交易双方，为交易双方提供服务的房地产经纪机构和其他专业服务机构，以及对交易等行为进行管理的行政主管部门和行业自律管理组织。

（1）卖方：主要包括土地拥有者，房地产开发企业，房屋所有权人。在房地产开发建设过程中，有五类企业受开发商委托直接参与房地产的开发建设和维护：规划设计单位；勘察设计单位；建筑设计单位；建筑施工企业；物业服务企业。

（2）买方：消费者（购买者和承租人）。

（3）房地产经纪机构。

（4）其他专业服务机构（金融机构、律师事务所、会计师事务所和房地产估价机构）。

（5）房地产市场的管理者（职能：管理、监督、服务）。

开发商从购买房地产开发用地开始，就不断与政府的土地管理、发展改革委、城市规划、建设管理、市政管理、房地产管理等部门打交道，以取得立项、规划意见以及国有土地使用权证、建设用地规划许可证、建设工程规划许可证、施工许可证、市政设施和配套设施使用许可、商品房预售许可证、商品房销售许可证。

6. 房地产市场的分类。

（1）按房地产流转次数分类：一级市场（建设用地使用权的出让）。二级市场（建设用地使用权出让后的房地产开发和经营）。三级市场（投入使用后的房地产交易以及抵押、租赁等多种经营方式）。

（2）按房地产交易方式分：买卖市场和租赁市场。

（3）房地产市场竞争：指在房地产市场上交易各方为自己利益最大化而进行的努力。现阶段，我国房地产市场依然处于火爆状态。房地产业高速增长的原因主要是：居民消费结构升级，人口城市化快速发展，导致房地产需求迅速增长；另外，目前很多跨国公司大举进军中国房地产业，使我国的房地产发展商、房地产策划业、代理业、房地产金融保险业不得不面对日益强烈的竞争压力。

三、知识产权市场

生产要素市场的培育和发展是发挥市场在资源配置中的基础性作用的必要条件，是发展社会主义市场经济的必然要求。然而，目前生产要素市场尚发育不够。知识产权作为一个重要的生产要素，在我国基本上还没有一个真正意义上的知识产权交易市场。国务院《关于印发中国（海南）自由贸易试验区总体方案的通知》中明确提到，完善知识产权保护和运用体系，推进知识产权综合执法，建立跨部门、跨区域的知识产权案件移送、信息通报、配合调查等机制。支持建立知识产权交易中心，推动知识产权运营服务体系建设。创建知识产权交易中心完全必要，非常及时。

（一）建立知识产权交易所，推动科技成果转化

国家发展改革委、科技部、知识产权局等六部委发布的《建立和完善知识产权交易市场指导意见的通知》文件精神，要求"重点建立和完善统一的知识产权交易中心，加快推进知识产权质押融资工作，解决知识产权流转交易难和处置变现难的问题，促进科技与金融、产业的有效融合，推动科技成果转化。"

1. 知识产权只有通过交易，才能实现其价值；
2. 交易平台不仅提供服务，而且必须根据"三公原则"执行；
3. 交易中心的平台发挥了桥梁和纽带的作用。

（二）交易所、交易中心和交易市场的区别和联系

交易所、交易中心和交易市场均是一个要素市场概念，都是进行交易某种信息

及物品等的交易平台，所需要使用的一个固定的地点叫交易所，通过联网实现产权信息共享、异地交易，统一协调，交易市场及各种规则条款来平衡。其建立必须经上至国务院、下至各级地方政府批准。交易所必须经国务院或授权主管部门批准的全国性交易平台，交易中心和交易市场即由各级地方政府批准成立的交易平台。

综上所述，我国的要素市场中尚未有一个真正意义上的知识产权交易所。近来尽管各地相继成立了一些知识产权交易中心，无论从规划、规模、规范等诸多方面，与真正意义上的知识产权交易所的要求差距甚远。因此，乘着当前党中央、国务院"深入实施国家知识产权战略，加快建设知识产权强国"的东风，创建知识产权交易所是完全必要的，也是非常及时的。

第二节　创建知识产权交易所完全必要，非常及时

既然创建知识产权交易所对于"深入实施国家知识产权战略，加快建设知识产权强国"的国策有着重要的作用，那么，机不可失、时不待人，付诸行动吧！

一、创建知识产权交易所是历史赋予重任，时代给予机遇

（一）历史赋予重任，时代给予机遇

改革开放后的今天，无论何时何地要始终站在时代前列，就必须准确把握自身所肩负的历史使命。2018 年 5 月 28 日，习近平主席在出席中国科学院第十九次院士大会、中国工程院第十四次院士大会开幕会，向全党全国全社会发出"努力建设世界科技强国"的号召。科研工作者必须胸怀时不我待的紧迫感，肩负起历史赋予的重任，超前布局、超前谋划，不能总是用别人的昨天来装扮自己的明天，更不能做其他国家的技术附庸，永远跟在别人的后面亦步亦趋。肩负科技兴国的历史使命，必须矢志不移自主创新，坚定创新信心，着力增强自主创新能力。

（二）知识产权交易所处于知识产权运营服务体系的核心地位

由于知识产权交易所处于知识产权运营服务体系的核心地位，所以，其建立的重要意义不言而喻了。在此我们可以引入一个知识产权市场"铁三角"的概念：

1. 知识产权运营服务体系是整个知识产权市场的基础，对于知识产权交易所而言是一个有力的保障体系。

2. 知识产权交易所处于知识产权运营服务体系的核心地位，其运作成功与否决定了知识产权运营服务体系的生存发展。

3. 知识产权持有人、知识产权使用者、投资人、代理人、律师、会计师、评估师、市场监管者等知识产权从业人员是关键因素，这些市场参与者的品行、素质、能力决定整个知识产权市场的兴衰存亡。由此可见，交易所、运营服务体系和市场参与者是一个不可分割的"铁三角"，共同支撑整个知识产权市场的健康、有序、稳定发展。

二、创建知识产权交易所是振兴地方经济的重要抓手

（一）因地制宜、扬长避短，突破一点，带动全面

如今随着社会经济的发展，会展经济、高铁经济、影视经济、总部经济（CBD）、交易所经济等，逐渐进入人们的视线。

1. 一个城市（地区）的某一产业可以带来庞大的带动效益。

（1）好莱坞电影产业。好莱坞位于美国西海岸加利福尼亚州洛杉矶郊外。由于美国许多著名电影公司设立于此，故经常被与美国电影和影星联系起来，好莱坞是世界闻名的电影中心，每年在此举办的奥斯卡颁奖典礼则是世界电影的盛会。环绕电影产业，好莱坞市经济腾飞。全世界可能找不到比拉斯维加斯更有趣的城市了：从一个荒凉的沙漠腹地，摇身一变成为国际著名景点，汇聚全世界最有名的酒店、餐厅、商店，还有独一无二的表演节目，每年到访的游客超过 4000 万人次，75%是回头客。

（2）横店集团的影视文化旅游业。无独有偶，横店集团以影视文化旅游为切入点发展文化产业，将整个城市建成一个庞大而完备的影视产业配套和后勤服务基地。影视产业给横店带来了巨大的广告效应，不仅带动了文化产业直接相关的产业，也带动了包括教育，体育在内的大文化产业，同时也带动了信息、金融、商贸、物流、服务等第三产业，取得了良好的经济和社会效益。今天的横店是一个第二产业强大，第三产业发达，影视明星和追梦者随处可见，有"中国瓷都""中国好莱坞"之称的时尚之镇。

（3）世界著名高科技产业区——硅谷。硅谷（Silicon Valley），位于美国加利福尼亚州北部的大都会区旧金山湾区南面，是高科技事业云集的圣塔克拉拉谷（Santa Clara Valley）的别称。硅谷最早是研究和生产以硅为基础的半导体芯片的地方，因此得名。硅谷是当今电子工业和计算机业的王国，尽管美国和世界其他高新

技术区都在不断发展壮大，但硅谷仍然是世界高新技术创新和发展的开创者和中心，该地区的风险投资占全美风险投资总额的三分之一，择址硅谷的计算机公司已经发展到大约 1500 家。一个世纪之前这里还是一片果园，但是自从英特尔、苹果公司、谷歌、脸书、雅虎等高科技公司的总部在这里落户之后，这里就出现了众多繁华的市镇。在短短的几十年之内，硅谷走出了大批科技富翁。硅谷的主要区位特点是拥有附近一些具有雄厚科研力量的美国顶尖大学作为依托，主要包括斯坦福大学（Stanford University）和加州大学伯克利分校（UC Berkeley），还包括加州大学系统的其他几所大学和圣塔克拉拉大学。结构上，硅谷以高新技术中小公司群为基础，同时拥有谷歌、Facebook、惠普、英特尔、苹果公司、思科、英伟达、甲骨文、特斯拉、雅虎等大公司，融科学、技术、生产为一体。

2. 交易所经济横空出世。

（1）交易所增加了地方财政的税源。交易市场的主要税源有交易经手费、印花税、结算过户费、经纪人的佣金、交易所及其会员的企业所得税等。曾记得 1990 年 12 月 19 日开业的上海证券交易所，1992 年、1993 年的印花税收入为 8.2 亿元和 10.8 亿元，恰好等于上海同期竣工的南浦大桥和杨浦大桥的造价。而在当时印花税收入基本归地方财政，增加了地方财政的税源。

（2）交易所的创建带动相关产业的发展，为社会创造更多就业机会。市场的功能之一就是为制造业的集聚、升级提供发展空间。因此，在制定规划时必须坚持市场提升与产业升级相适应。为了满足多样化的消费需求，提高流通效率，市场规划要注意优化市场布局，完善配套设施；必须坚持市场建设与特色产业发展相互促进。

（3）与交易所同步发展的相关产业。与交易所同步发展的相关产业具体包括电脑通信业、房地产业、物业管理业、餐饮酒店业、旅游服务业、客运出租业、汽车服务业、会展会务业、法律公证业、财务审计业、税务筹划业、专利代理业、咨询服务业、培训教育业、人才服务业、电商零售业、养生保健业和家政服务业十八个行业。由此可见，交易所给地方带来了经济效益和社会效益。对地方经济有牵一发而动全局的功效。显然，建立知识产权交易中心，推动知识产权运营服务体系建设，同样也会吸引全国乃至全球的有识之士前来"淘金"，进而也促进了当地的经济发展。

（二）为产业转型、调整结构、扩大内需、发展经济作贡献

1. 交易所可以带动哪些相关产业？上面说过交易所经济的效应，以下我们看看交易所能带动哪些相关产业，创造多少就业机会。

（1）通信业。由于信息交互与传播的特殊要求，有关政策的调整、外部市场的变化以及瞬间行情的震荡，均会给市场带来不可估量的影响。"时间就是金钱，效率就是生命"，在这一行业体现得淋漓尽致。所以，知识产权交易中心须要一流、先进的 IT 产品和通信设备且更新也要快。

（2）房地产业。知识产权交易中心的交易大厅、交易所办公、集中保管库、驻场交易员休息、会员单位营业、员工及其家族的住房、各家银行营业所、传媒机构等，都需要房源。这一切将会给当地商业用房、住宅用房带来新的商机，大大促进当地房地产业、房屋中介业、建材装潢业等相关产业的发展。

（3）物业管理业。上述办公用房和生活之房，均需具有专业水准的物业管理公司来管理。物业管理公司接受业主委托，依据委托合同进行的房屋建筑及其设备，市政公用设施、绿化、卫生、交通、生活秩序和环境容貌等管理项目进行维护，修缮活动；以确保业主办公和生活的要求。

（4）餐饮旅游业。上述从业人员集中到知识产权交易中心所在地，其中还有来自全国各地，随着市场的拓展，世界各地的市场参与者和观光者也将光临。此时集中饮食、住宿就形成了很大的需求，其中包括有各地风味的餐食，商务活动或接待事务。有需求就有市场，餐饮酒店业的迅速发展就有一个千逢难得的商机。

（5）会展会务业。本地举办国际商品博览会、国际电影节、国际产业博览会等大型国际展览会、节庆活动，以及文化旅游、国际品牌等适合产业特点的展会。优化国际会议、赛事、展览监管，进一步简化展品检疫审批管理。

（6）法律公证业。知识产权领域涉及大量法律问题，例如，企业知识产权方面要求：一是符合有关法律法规的要求，并满足企业总体发展的需要；二是管理者承诺，向全体员工进行宣贯，并被其理解和认同；三是所有参与招标的企业都应制定知识产权管理方针和目标。授权（委托书）公证，如商标转让声明，授权办理相关申请手续、登记手续等；合同、协议公证，如商标权转让协议；保全证据公证，如侵权证据的固定；保管业务，如文学作品保管；以及与知识产权保护相关的涉外涉港澳台公证。法律公证业在知识产权交易中心大有作为。

（7）财务审计业。涉及知识产权的企业绝大多数系创新型企业和高新技术企业，技术力量雄厚，技术骨干众多；相比之下，财务管理人员相对薄弱。若能对创新型企业和高新技术企业提供记账代理、代为报税、报表编制等各种服务，相信能受到企业认可。内部审计是企业必须进行的一项资产管理业务，通过审计可以发现和掌握企业的实际经营管理状况以及存在的一些需要改进的问题。至于每年的年度会计报表还是需要聘请专业的会计师事务所进行年度审计。这些业务将给中介机构带来很多客户资源。

（8）税务筹划业。税务筹划，是指在税法规定的范围内，通过对经营、投资、理财等活动的事先筹划和安排。尽可能地获得"节税"的税收利益，它是税务代理机构可从事的不具有鉴证性能的业务内容之一。体现税收筹划所具有的实现策划安排的特点。因此，税务筹划是指在纳税行为发生之前，在不违反法律、法规（税法及其他相关法律、法规）的前提下，通过对纳税主体（法人或自然人）的经营活动或投资行为等涉税事项作出事先安排，以达到少缴税或递延纳税目标的一系列谋划活动。税务筹划具有合法性、筹划性、目的性、风险性和专业性的特点。知识产权有许多涉及纳税的优惠政策，税务筹划业务或许更有针对性。

（9）咨询服务业。知识产权交易中心对于大多数人而言，是个新生事物。具有一定的神秘感和新鲜感，也会吸引一部分投资者。环绕交易所机制、品种介绍、交易规则、结算制度、交割办法、行情研判、投资理财等一系列问题，需要有人提供咨询服务，这将推动一些专业咨询公司相继成立，填补这一空白。

（10）培训教育业。知识产权交易中心这一新兴现代服务业的兴起，必定需要大量从业人员的参与，其中包括市场、法律、财务、审计、IT、营销等专业人士。其来源于企业所缺相关人员的专业培训，提供就业途径；为现在已经在职的人员提供专业的技能培训；为下岗职工或者无业人员提供再就业机会等。

（11）人才服务业。人才市场，又称劳动力市场、职业市场、就业市场、招聘市场等，是指劳工供求的市场。知识产权交易中心及其相关现代服务业的兴起，必然会带动人才服务业的发展。人才市场、职业介绍所、猎头公司等各种形式、各个层次的人才服务业，将会为各用人单位提供所需人才，以确保其业务发展之需。

2. 创造就业机会，增加工作岗位，有利于社会稳定与和谐。知识产权交易中心的建立，可以为当地创造就业机会，增加工作岗位。近年来"交易所经济"已得到有识之士的首肯，必然会带动地方相关产业，为地方创造更多的就业机会。众所周知，就业是民生之本，只有充分就业，才能发展经济，确保社会稳定。

3. 通过创建知识产权交易所，培养一大批熟悉市场经济的人才。发展产权市场，可以有效集聚商品、资金、信息、机构、人才等优势资源，进一步推动区域产业结构的调整与优化。例如，大连商品交易所日均200多亿元的保证金，年均40亿元的实物交割量，所吸引的200多家金融机构和3000多名专业人才，对地方经济的支撑带动作用显著。同时，人才匮乏是制约当地经济发展的重要因素之一。一个成功的、成熟的、成气候的要素市场，一定会吸引一大批优秀人才参与，甚至全球精英也来加盟。通过知识产权交易所的筹建和运营，若能筑巢引鸟，引进一些既有良好的职业道德素养，又有扎实的市场理论功底和驾驭市场能力的骨干队伍，这将对当地经济发展带来举足轻重的动力。

总之，就业是民生之本，创建知识产权交易所，在引进、培养市场人才的同时，又可带来相关产业的商机，为本地创造了众多就业机会。同时又增加了消费需求，因此，这是进一步扩大内需，促进经济平稳较快增长的举措。对于各级政府而言，社会稳定是第一位的政治需要，而充分就业则是社会稳定的基础，经济发展则是充分就业的前提。所以，知识产权交易所的建立，不仅能振兴本地整个区域经济，推动经济又好又快地发展，而且是个启动内需促消费的民生工程。

三、知识产权交易所成为全国性交易市场势在必行

（一）知识产权市场巨大，知识产权证券化方兴未艾

1. 知识产权市场巨大。在知识经济浪潮的冲击下，全国知识产权市场巨大。仅以专利这一项从国家知识产权局官网《统计信息》中发布的数据，2015 年中国国家知识产权局全年受理的专利总数为 279.85 万件，其中，国内专利 263.9446 万件，国外专利 15.9054 万件；发明专利 110.1864 万件，实用新型 112.7577 万件，外观设计 56.9059 万件。估计 2015 年新申请的代理服务费 65 亿元左右。

2. 知识产权证券化能有效地将科研成果转化。知识产权证券化成为当今知识经济时代融资新趋势具有诸多客观成因。我国广大中小企业尤其是创新型企业或称高新技术企业，在融资过程中基于知识产权权利本身所具有的风险性和不稳定性，而很难通过银行获得充分的贷款，出于规模水平等方面的局限性，又很难通过其他传统融资途径，获得其生产发展所亟须的资金。此外，相关权威调查的数据表明，我国当前在将科研成果转化为现实生产力方面尚远远落后于发达国家，然而这一问题自其被正视以来又因受制于资金的短缺限制和风险的难以避免等种种因素而迟迟得不到有效解决。知识产权证券化正是基于对这些问题的解决应运而生并不断发展起来的。

3. 知识产权证券化有利于降低投资者的风险。知识产权证券化还能够将原属于知识产权所有人的风险，通过破产隔离等机制的运作，分担给整个社会中人数众多的该证券的投资者，从而能够达到降低风险的作用，最起码能够保证知识产权所有人，在侵权发生的时候，有能力承担诉讼的风险。与此同时，购买此知识产权证

券的投资者，出于利益考量对于将科研成果转化为现实生产力，也会起到一定的监督作用。从总体上看，知识产权科研成果向生产力转化的比率的提高，必然能够起到激励知识产权权利人的作用，这种激励进而又会在更大范围上促进整个社会创新能力的提高。可以说，从更宏观的角度来看，知识产权证券化对于我国知识产权战略的实施、创新型国家的建设等都会起到不可小觑的重要作用。

（二）建立知识产权交易所，责无旁贷

建立知识产权交易所，推动知识产权运营服务体系建设。这是一个千载难逢的历史机遇。

1. 企业要发展，关键是人才。在知识经济时代，最稀缺的资源是具备创新意识的高科技人才和具备资源配置能力的企业家，还需要既精通现代企业管理和懂得国际市场的经营人才，同时还要具有与时俱进、勇于创新、开拓未来的管理人才。通过建立知识产权交易所，推动知识产权运营服务体系建设的一系列运作，将会给本地吸引大量优秀人才，在干中学，在学中干，从而促进当地各项工作顺利开展。

2. 回顾 30 年前中国证券市场建设初期的启示。曾几何时，30 年前中国证券市场建设初期，证券专业人员匮乏曾是困扰国家、地方高层的难题。当时在中国懂得股票交易的人凤毛麟角，就是这些"初生牛犊不怕虎"的有志者，把改革开放后的证券交易所搞得有声有色，然后不断吸引全球市场的"海归"和国内"精英"加盟，以迅猛发展的速度跻身于世界经济的大潮之中。"改革的开弓没有回头箭""摸着石头过河""在干中学，在学中干"，成了当时拓荒者的精神支柱。近三十年的成就雄辩地证明：我们不仅干起来了，而且又快又好。在无纸化交易、自动过户、网络交易等各个方面，超越了海外几十年的发展步伐。

3. 历史的经验值得注意，人才是流动的，关键在吸引人才的机制。人才是流动的，精英人才必然流向机制优良、充分激励、信息透明、管理有序、经营有方的创新型企业。创新型企业的核心竞争力是人才，是既有富有创新理念，又有实干精神的人力资本，因而人才激励机制十分关键。要用事业激励人才，用机制吸引人才，用情感留住人才，用待遇打动人才。实践证明，创新型企业的人才战略是企业发展的关键因素。

（三）逐鹿中原，力拔头筹

近年来各地新设的知识产权交易中心情况如表 4 - 2 所示。

表 4 - 2 　　　　　　　　　　　近年来各地新设立的知识产权交易中心情况

名称	成立日期	单位性质
成都知识产权交易中心	2018 年 12 月 21 日	由成都金控集团、成都技术转移集团等 7 家企业共同出资成立的国有控股混合所有制企业
上海知识产权交易中心	2017 年 1 月 13 日	上海联合产权交易所发起成立独立法人
浙江知识产权交易中心	2016 年 9 月 26 日	北京华软金宏资产管理有限公司、亚太中金资产投资有限公司和浙江杭开控股集团有限公司
广西知识产权交易中心	2015 年 7 月 31 日	由广西知识产权发展研究中心与北部湾产权交易所集团股份有限公司合作共建并具体运营
横琴国际知识产权交易中心	2015 年 3 月 26 日	由珠海华发集团控股的有限责任公司
广州知识产权交易中心	2014 年 12 月 31 日	广东省交易控股集团、广东省粤科金融集团、国家知识产权局专利局专利审查协作广东中心、广州开发区金融控股集团和北京东方灵盾科技公司等发起设立
七弦琴国家知识产权运营公共服务平台金融创新（横琴）试点平台	2014 年 12 月	财政部、国家知识产权局在珠海首设国家知识产权运营公共服务平台，由横琴国际知识产权交易中心负责建设运行

　　虽然这些知识产权交易中心迅速推出，个别还声称全国性交易平台，但无论从形式或内容上与真正意义上的全国知识产权交易中心相差甚远。当然，最后的结果还得由历史来见证。

四、为什么知识产权需要在知识产权交易所进行挂牌交易

　　或许有人会提出这样一个问题：目前知识产权交易市场虽不活跃，但仍可转让买卖，为什么要去一个集中的市场——知识产权交易所？这是因为首先交易中心是一个统一、规范的交易平台，为知识产权的持有人和需求人提供必要的市场服务，包括评估、申报、撮合、成交、交割、结算等一系列程序，而知识产权交易中心就是这一系列工作的组织者和管理者。

　　知识产权运营服务体系的建设需要完善知识产权保护和运用体系，推进知识产权综合执法，建立跨部门、跨区域的知识产权案件移送、信息通报、配合调查等机制。随着知识产权经济的发展，与知识产权产业密切相关的各种服务活动日益增多，主要体现在围绕专利、商标、版权（包括计算机软件）、新品种、地理标志与原产地保护等知识产权领域的各种新兴服务业，如对专利、商标、版权（著作权）、软件、集成电路布图设计、代理、转让、登记、鉴定、评估、认证、咨询、检索、转化、孵化、融资与产业化服务等活动。

五、科技与金融高度发达的美国为何没有知识产权交易所

在科技与金融高度发达并且知识产权服务同样高度发达的美国，至今还没有一家知识产权交易所，这是一个众人关注的热点，为此也挫伤了人们跃跃欲试的积极性。

知识产权交易所是一个新生事物，即使在科技与金融高度发达的美国，并且同样高度发达的知识产权服务为美国保障知识产权制度的正常运行，充分发挥促进创新获取竞争优势提供了有力支撑。然而，美国至今还没有一家知识产权交易所。作为市场经济的主要标志之一的交易所在美国多如牛毛：其中有纽约股票交易所（New York Stock Exchange）、全美证券交易所（National Stock Exchange）和纳斯达克证券市场（NASDAQ Securities Market）为代表的18个全国性证券交易所；芝加哥商业交易所（CME）、芝加哥期货交易所（CBOT）和纽约商业交易所（NYMEX）为代表的期货交易所；以及黄金交易所、外汇交易所、大宗商品及其他交易所等；唯独没有一家知识产权交易所。

六、敢为天下先，创建全球知识产权交易所

与高速发展的知识产权事业相比，我国知识产权服务业发展严重滞后，还停留在较为初级的阶段，难以满足创新型国家建设的需要。有需求就有市场的经济规律，加上目前举国上下前所未有的高度重视，决定了我们发展知识产权市场是完全必要的，也是非常及时的。

因此，筹建知识产权交易所需要人们不断学习新事物、研究新问题，并且要有敢为天下先、锐意改革、善于创新的心态。改革绝非"循规蹈矩"或"按部就班"，是需要智慧，更需要冒风险的。

第三节　知识产权交易所的架构设计

在知识产权交易所的架构设计之前，必须要明确几个问题，例如，交易所的性质；业务覆盖全国乃至全球；资金结算委托第三方（银行）；电脑设备不用自购，采用租赁方式；为了加快进度，软件系统必须外包；制度设计上严格控制市场风险。由于知识产权交易是一个有待于探讨的新生事物，运作中必须贯彻"法律先

行，业务渐进”的原则；规则必须尽可能事先考虑完善，不能出现"先比赛后定规则"的问题。

一、知识产权交易所架构的设计假设

2018 年 10 月 16 日，国务院印发《中国（海南）自由贸易试验区总体方案》中提到，"完善知识产权保护和运用体系。支持建立知识产权交易中心，推动知识产权运营服务体系建设。"由于这仅是一个纲领性的指导意见，需要我们认真学习、深入研究，探讨一些具有操作性的筹建方案，所以有必要对当地知识产权交易所架构的设计进行一系列假设。

（一）交易所的性质是什么

目前全球交易所的性质有会员制和公司制两种，各有利弊。

1. 会员制。会员制交易所由全体会员共同出资组建，交纳一定的会员资格费作为注册资本。交纳会员资格费是取得会员资格的基本条件之一，不是投资行为，不存在投资回报问题，交易所是会员制法人，以全额注册资本对其债务承担有限责任。会员制交易所的权力机构是由全体会员组成的会员大会，会员大会的常设机构是由其选举产生的理事会，因此，会员制交易所是实行自律性管理的非营利性的会员制法人，目前世界上大多数交易所都是会员制。我国早期的上海、深圳证券交易所，以及郑州、大连、上海期货交易所等都是会员制交易所。

2. 公司制。公司制交易所通常由若干股东共同出资组建，以盈利为目的，股份可按规定转让。这种交易所要收取发行公司的上市费与证券成交的佣金，其主要收入来自买卖成交额的一定比例。经营这种交易所的人员不能参与证券买卖，从而在一定程度上可以保证交易的公平。英国以及英联邦国家的期货交易所一般是公司制，中国金融期货交易所是股份制交易所，由郑州、大连、上海期货交易所以及上海、深圳证券交易所各出资 1 亿元组成。公司制交易所采用股份制有限公司的组织形式。

3. 两者比较说明。

（1）会员制交易所的佣金和上市费用较低，从而在一定程度上可以防止上市品种的场外交易。但由于经营交易所的会员本身就是交易的参加者，因而在交易中难免出现交易的不公正性。同时，因为参与交易的买卖方只限于交易所的会员，新会员的加入一般要经过原会员的一致同意，这就形成了一种事实上的垄断，不利于提供服务质量和降低收费标准。同时，会员制交易所的成员并非投资者或股东，其最高权力机关通常称为会员大会而非股东大会，交易所的执行机构则称为理事会而非董事会。理事会的职责主要有决定政策，并由总经理负责编制预算，送请成员大会审定；维持会员纪律，对违反规章的会员给予罚款，停止营业与除名处分；批准新会员进入；核定新股票上市等。

（2）世界上主要的证券交易所不是会员制就是公司制，但是，由于特殊原因，我国交易所实行的是具有行政特色的会员制。虽然从组织结构上我国交易所应归于会员制，但我国的实际情况却并非如此。由于特殊的历史背景，我国证券交易所的发展更多是源自政府的推动，具有浓厚的行政色彩，故可称为行政会员制。行政会员制弊端日渐突出。行政会员制下，如目前我国两大证券交易所职能上几乎雷同，管理上均归属于中国证监会。中国证监会对交易所的人事任免权，两所的总经理等均由中国证监会任命，因此交易所很像分设在两地的行政下属部门。

（3）随着全球经济的发展和通信技术的进步，世界范围内交易所的垄断地位受到挑战，各国交易所之间的竞争日趋激烈，传统的会员制已逐渐显现出弊端。因此，分析交易所公司化对我国交易所未来发展的利弊能够使我国更好地应对国际竞争。对我国交易所进行公司制改革，有利于进一步推动我国资本市场的发展。所以，知识产权交易所从一开始就应一步到位，由国资背景的企业牵头，联手医疗、医药等企业，知识产权中介机构、金融机构等作为发起人，组建一家以国有资产绝对控股的股份制企业，这样一来，既有了国资的公信力，又有了民营经济的创造力，这种混合所有制企业具有巨大的发展潜力。

（二）知识产权交易所业务覆盖范围

1. 立足本地，面向全国，放眼世界。支持建立知识产权交易所，推动知识产权运营服务体系建设，这是中央的要求，也是经济开发区的发展动力。在知识产权运营服务体系建设方面，海外有许多成熟的经验和案例可以借鉴；同时发达国家很多成熟的科研成果和知识产权（尤其是在生物医药方面），可以通过市场化手段获得，为我所用。因此，知识产权交易所的业务应该是覆盖全国乃至全球，也就是说，立足本地，面向全国，放眼全球！

2. 知识产权在医疗领域大有可为。医药行业是知识产权的集中地，探索开展重大新药创制以及国家科技重大专项成果转移转化试点。

（三）资金结算委托第三方（银行）

按照国内交易市场的结算系统惯例和监管部门的严格要求，资金结算一般委托第三方代理，具体就委托一家或数家商业银行。

1. 委托第三方资金结算的好处。

（1）银行是国民经济的综合部门，整个社会的总会计、总出纳，具有丰富的实操经验，同时也具有较大的公信力。

（2）资金结算是一个日常烦琐的实操业务，知识产权交易所在这方面较难胜任。同时，当前的证券交易所、期货交易所、商品交易所等交易市场，基本上都是委托商业银行代理。同时无论是交易所、会员等都已经在商业银行开立结算账户。这样一来一切都顺理成章。并且，交易所可以摆脱烦琐的工作，集中精力从事其本质业务。

（3）资金结算是银行一项主要的日常业务，无论是质量和效率都是其他机构难以胜任的。实践证明，银行代理第三方结算业务，是一个不可替代的选择。相信这一决策肯定会得到管理层的首肯。

2. 第三方资金结算的操作流程（见图4－2）。

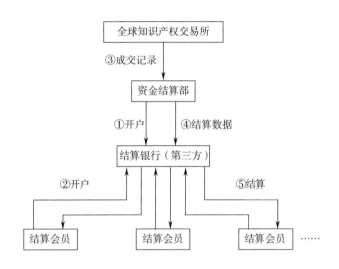

图4－2 第三方资金结算操作流程

3. 流程说明。

（1）知识产权交易所资金结算部在指定的结算银行开立资金结算账户；

（2）各结算会员也在同一结算银行集中开户；

（3）每日交易终了，知识产权交易所交易市场部把当日的成交记录发给资金结算部；

（4）资金结算部把成交记录加工为结算数据传至结算银行；

（5）结算银行依据结算数据逐户进行资金收付，从而完成整个资金结算的业务流程。

（四）交易所的电脑设备不用自购，采用租赁方式

多年来的实践经验证明：自行采购电脑设备，有害无利。这是因为：

1. 电脑设备技术更新很快，即使购买时是新产品型号，两三年后就可能被更新的型号淘汰了，而且旧设备的处置也是一个难题。

2. 交易所的业务发展迅速，交易量和数据库一大，设备更新也随之而变，如上海证券交易所的电脑系统已更新十多次了。

3. 若用自购的方式，服务器硬件、网络安全、备份、购置约 1500 万元；机房建设约 2000 万元，运维管理每年约 250 万元。

4. 用租赁的方式解决，既可节省前期大量投入，又可给交易所"轻资产"的美誉，何乐不为。例如，阿里云提供的比捷云交易系统，具备实盘分账户交易的功能，数据高速稳定，交易通道安全。个性化设置，部署约 60 天，每季租金才 60 万元人民币。

5. 减少技术人员编制 10 多人，降低运行成本；且不要考虑"热备份"。

6. 总之，电脑设备用租赁的方式，最大的好处在于可以随机应变。

（五）为了加快进度，软件系统可考虑外包

1. 软件系统可考虑外包。改革开放初期，为了引进新技术加快科技现代化的步伐，大量进口计算机设备为我所用。由于没有经验光知道选购硬件设备，而忽视了软件系统。盖好了机房，培训了人员，进口了设备，此时此刻才想到了要用软件。结果等硬件系统调试完毕，应用系统上不了，设备闲置了好多年。等到能正式使用了，由于电脑硬件更新较快，该设备已经列入淘汰行列。前车之鉴，后来人们往往注重提前开发，再去考虑硬件设备的选购。如今随着 IT 人才的成本越来越高，用户往往不养人，而采用软件外包的做法。

2. 软件系统外包的比较优势。

（1）如果自己开发：

① 软件系统开发费约 1000 万元以上，开发周期约 2 年；

② 系统软件升级（数据库、网络安全、操作系统、业务系统）每年约 150 万元；

③ 增加人员编制 10 人以上；

④ 方案设计、招标流程约 6 个月。

（2）倘若软件外包：

① 可以海量选择优质的软件开发商；

② 开始一笔费用比较高，但以后维护相对低一些；

③ 由于选择资深软件开发商，无论质量、时间均有保证；

④ 不必养着一批软件开发人员，降低交易所运行成本。

（六）制度设计上严格控制市场风险，定好规则再比赛

一个成熟的商品市场首先应该在制度设计上严格控制市场风险，其次在实施过程中完善、健全风控制度，当然也少不了"亡羊补牢"的措施。近年来各地蜂拥而起的交易所，其中一些由于风控不力，出现市场风波，造成不良后果，这也是各级政府担忧之处。为此我们考虑了交易所七道防线。

1. 交易所首先制定严格的会员管理办法，对各类会员进行市场准入和分类监督管理，以免出现"害群之马"。

2. 实行风险准备金制度。风险准备金是指由结算会员依照交易所规定缴存的，用于应对结算会员违约风险的共同担保资金。

3. 实行保证金制度。交易保证金为全额保证金，即受让（买入）交易品种前，必须在资金结算准备金账户中存有足额的用于交收的资金。同样转让（卖出）交易品种前，必须严格符合可以转让的各种条件。

4. 为控制风险和减少市场波动，交易所实行价格限制制度。具体分为涨跌停板制度与熔断制度，以防止行情暴涨暴跌。

5. 实行做市商制度。交易所可以选择具有一定实力和信誉的会员充当做市商，在出现单边市或市场低迷的时候，以其自有资金和商品进行反向交易，即只有卖出申报时买入或者只有买入申报时卖出，从而为市场提供即时性和流动性，起到造市的作用，即当股市过于沉寂时，做市商通过在市场上人为地买卖，以活跃人气，带动其他投资者实现价值发现。

6. 实行风险警示制度。交易所认为必要的，可以单独或者同时采取要求会员和客户报告情况、谈话提醒、书面警示、发布风险警示公告等措施中的一种或者多种，以警示和化解风险。

7. 在交易过程中，出现因地震、水灾、火灾等不可抗力的自然灾害，公共卫生事件、社会安全事件，火灾或电力供应出现故障等，计算机系统故障等不可归责于交易所的原因，导致交易无法正常进行；或者会员出现结算、交割危机，对市场正在产生或将产生重大影响；交易所可以宣布进入异常情况，采取紧急措施化解风险。

二、知识产权交易所的总体架构设计

（一）组织架构

1. 交易所性质。知识产权交易所股份有限公司（以下简称交易所）应是依照《公司法》《大宗商品电子交易规范》和其他有关规定成立的、具有组织知识产权市场交易职能的企业法人。交易所为永久存续的股份有限公司，董事长为交易所的法定代表人。股东大会由全体股东组成，是交易所的权力机构，股东大会可以根据具体情况将部分职权授予董事会行使。股东大会决定董事长、副董事长、监事会主席、监事会副主席、董事、监事的报酬、奖惩事项。股东（包括股东代理人）以其所代表的有表决权的股份数额行使表决权，每一股份享有一票表决权。

2. 经营宗旨、范围和职责。

（1）交易所的经营宗旨。发展社会主义市场经济，完善资本市场体系，发挥知识经济的功能，保障知识产权交易的正常进行，保护交易当事人的合法权益和社会公共利益，维护市场的正常秩序。经依法登记，交易所的经营范围：组织安排知识产权类产品上市交易、结算和交割，制定业务管理规则，实施自律管理，发布市场交易信息，提供技术、场所、设施服务。

（2）交易所的职责。

① 提供交易的场所、设施和服务；

② 设计交易品种并安排上市；

③ 组织并监督交易、结算和交割；

④ 保证成交结果的履行；

⑤ 按照交易规则对会员进行监督管理；

⑥ 制定并实施交易所的交易规则及其实施细则；

⑦ 发布市场信息；

⑧ 监管会员及其客户、交易保证金存管、银行及市场其他参与者的交易业务；

⑨ 查处违规行为；

⑩ 主管部门规定的其他职责。

3. 组织机构。股东大会是交易所的最高权力机构。交易所设董事会，对股东会负责，并行使股东会授予的权力，董事会下设交易结算、薪酬、风险控制、监察调解等专门委员会。交易所设总裁1人，副总裁若干人，在各项业务到位的情况下设置24个部门（见图4-3）。

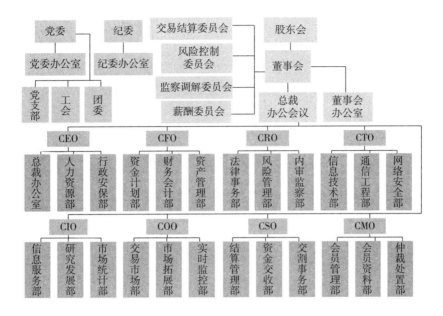

图 4 - 3 知识产权交易所组织机构

机构设置说明：

除 CEO 首席执行官（总裁）外，另设财务总监（CFO）、首席风险官（CRO）、首席技术官（CTO）、首席信息官（CIO）、首席营销官（COO）、首席结算官（CSO）、首席会员官（CMO）。部门及职责如表 4 - 3 所示。

表 4 - 3 知识产权交易所各机构职责

部门名称	主要职责
总裁办公室	负责综合协调，对外联络，外事，收发文，重大事情的处理
人力资源部	负责员工的招聘录用；薪酬福利；绩效考核；岗位培训等
行政安保部	负责行政服务和后勤保障，对外采购以及安全保卫等工作
资金计划部	负责资金计划使用，财务预算和决算以及对外的投融资管理
财务会计部	负责财务制度管理和执行，日常财务会计和工商税务的工作
资产管理部	负责内部的各项固定资产、物品、低值易耗品的管理和核销
法律事务部	负责对外合同、协议的审核，起草法律文本以及诉讼的处理
风险管理部	负责各类风险隐患的应对措施，内部控制制度的执行到位
内审监察部	负责内部审计，违反内部规章制度的行为查处，监管协作
信息技术部	负责信息资源的经营管理，信息安全，信息服务等技术工作
通信工程部	负责通信工程的日常维护，系统升级换代、故障排除等工作
网络安全部	负责区域网的安全可靠，做好防火墙，以免网络黑客的入侵
信息服务部	负责网站管理、维护、更新以及有价值信息资源的有偿服务
研究发展部	负责知识产权领域的专项课题研究，国际交流与合作等工作

续表

部门名称	主要职责
市场统计部	负责每日的市场公告，定期发表市场的业务资料和动态信息
交易市场部	负责交易品种撮合成交，市场开发与培育及产品和服务推广
市场拓展部	负责新产品开发设计，老产品的优化升级以及市场需求调查
实时监控部	负责交易运作管理，风险监控管理，及时发现一切违规行为
结算管理部	负责结算服务，结算会员管理，风险管理和结算资金的安全
资金交收部	负责结算会员、结算银行的对接以及日常的资金交收部工作
交割事务部	负责监督成交后知识产权标的物让渡，确保受让方的权益
会员管理部	负责交易中心各类会员的准入，每年会员大会以及日常管理
会员资料部	负责交易中心各类会员的档案资料保管、登记、查询、注销
仲裁处置部	负责配合监察调解委员会对违规行为调查、定性以及处置

（二）整体业务流程

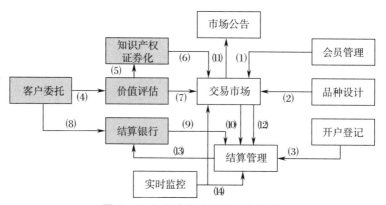

图4-4　知识产权交易所业务流程

说明：（灰色部分为非交易中心机构）

（1）交易中心会员在交易市场会员管理部提交相关信息，办理申请会员资格业务；

（2）交易中心交易市场品种设计部根据市场需求设计交易品种；

（3）会员在交易中心结算管理部办理结算账户、保证金账户和清算交割准备金账户；

（4）客户转让知识产权，首先必须通过专业评估机构对标的物估值；

（5）有的还要求金融机构进行知识产权证券化处理；

（6）知识产权证券化处理后方可进入交易市场竞价；

（7）有的经评估后直接进入交易市场竞价；

（8）客户求购知识产权，需要向指定的结算银行存入交易保证金；

（9）结算银行把交易保证金的相关信息告知交易中心结算管理部；

（10）交易市场通过系统掌握交易保证金的相关信息；

（11）交易市场一旦撮合成交即将成交信息以市场公告形式发布；

（12）每日营业终了，交易市场将当日成交记录通知结算管理部；

（13）结算管理部依据成交记录，加工成结算数据通知结算银行，由结算银行分别在甲乙双方进行账面划账，完成交易过程；并且由成交双方办妥交割，完成知识产权的让渡；

（14）整个交易结算过程中，交易中心市场监察部对各方进行严格的监控，发现问题及时纠正或暂停本次交易。

（三）服务于交易商的市场架构

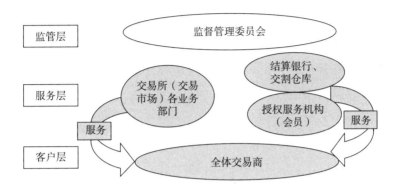

图 4-5 知识产权交易所服务交易商的市场架构

（四）市场运作流程及规则

1. 申办交易会员资格业务。

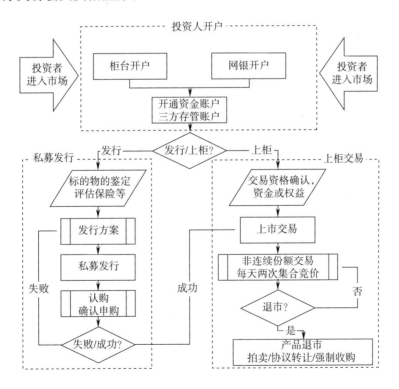

图 4-6 申办交易会员流程

2. 交易品种的设计。一般而言，知识产权包括专利权、非专利技术、商标权、著作权、特许权、土地使用权和商业秘诀七大类。

（1）专利权是指国家专利主管机关依法授予发明创造专利申请人对其发明创造在法定期限内所享有的专有权利，包括发明专利权、实用新型专利权和外观设计专利权。

（2）非专利技术也称专有技术，是指不为外界所知，在生产经营活动中应采用了的，不享有法律保护的，可以带来经济效益的各种技术和诀窍。

（3）商标权是指专门在某类指定的商品或产品上使用特定的名称或图案的权利。

（4）著作权制作者对其创作的文学、科学和艺术作品依法享有的某些特殊权利。

（5）特许权又称经营特许权、专营权，指企业在某一地区经营或销售某种特定商品的权利或是一家企业接受另一家企业使用其商标、商号、技术秘密等的权利。

（6）土地使用权指国家准许某企业在一定期间内对国有土地享有开发、利用、经营的权利。

（7）商业秘诀：优秀的企业的长寿秘诀各有各的不同。反之，破产倒闭的企业都能从经营失策、管理失控、用人失误、投资失败的四个方面找到原因。

品种设计部根据市场需求设计交易品种，以满足交易市场的基本要求。

3. 会员管理。为加强会员管理，保护会员的合法权益，规范会员在交易所的业务活动，应根据《知识产权交易所交易规则》，制定交易所会员管理办法。会员是指根据有关法律、行政法规和规章的规定，经交易所批准，有权在交易所从事交易或者结算业务的企业法人或者其他经济组织。

交易所的会员分为交易会员和结算会员。交易会员可以从事经纪或者自营业务，不具有与交易所进行结算的资格；会员从事交易所业务活动，应当遵守法律、行政法规、规章和交易所交易规则及其实施细则，诚实守信、规范运作，接受交易所自律管理。

会员的董事、监事、高级管理人员以及从业人员应当遵守法律、行政法规、规章和交易所交易规则及其实施细则，勤勉履行职责，接受交易所自律管理。

结算会员可以从事结算业务，具有与交易所进行结算的资格。结算会员按照业务范围分为交易结算会员、全面结算会员和特别结算会员。交易所可以根据审慎管理原则，要求会员对交易、内部控制、风险管理和技术系统运行等情况进行自查，并提交专项自查报告。

4. 电脑通信系统。当现代化管理对企业提出越来越高的要求之时，我们欣喜地看到信息技术对企业生存发展的重要性日益加强，今天的企业，无论是事务处理、还是业务管理，都已离不开各种信息技术的应用，其深度和广度直接影响了企业的综合竞争能力。对于所有企业而言，信息技术不只是一种减轻工作量、提高效率的管理工具，而是上升为企业的核心竞争要素，成为企业不可或缺的经营管理平台。交易所的电脑通信系统是一个以电脑处理集中撮合配对成交为基础，以中央结算制为核心，以覆盖全国范围的电脑通信系统为依托的向市场提供高效率、多功能、全方位服务的市场运作体系。

（1）系统架构及关联。整个系统由六个独立的子系统组成，系统架构及其关联如图 4-7 所示。

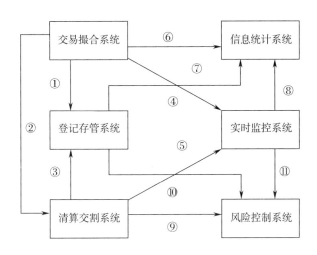

图 4-7　系统架构及关联

（2）子系统说明。

交易撮合系统——依据交易规则设计的配对成交系统。

登记存管系统——登记市场参与者资料及其持有各类品种的记录。

清算交割系统——根据每交易日的成交记录，按照净额交收或全额交收的原则，分别计算出交易者的应收（付）各类标的物数量或应付（收）资金额。

信息统计系统——根据每日成交记录统计每一交易品种和整个市场的成交量及成交额以及可疑或异常交易，并计算出静态与动态的行情指数以及交易日报、周报、月报、季报与年报。

实时监控系统——依据交易与结算数据，比对风控指标体系，对交易品种、会员及交易者进行实时监控并启动预警体系。

风险控制系统——将结算、存管和实时监控系统提供的数据，考量整个市场、会员及交易者的风险程度作出风险评估。最终提供给董事会风险控制专门委员会，作为对整个市场、会员及交易者干预或处理的决策依据。

（3）系统关联解释。

① 交易撮合系统接受委托申报后，在撮合前必须访问存管库的数据。

② 撮合成交后，交易撮合系统将成交记录数据传输给清算交割系统。

③ 清算交割系统依据登记存管系统的数据资料完成过户与资金交收。

④⑤ 交易撮合系统和清算交割系统将有关数据传输至实时监控系统，依据判断可疑或异常交易，及时采取对应措施。

⑥⑦⑧ 交易撮合系统、登记存管系统和实时监控系统，将有关数据资料传输至信息统计系统，计算出静态与动态的行情指数以及交易日报、周报、月报、季报与年报。

⑨⑩⑪ 登记存管系统、清算交割系统和实时监控系统，将有关数据资料传输至风险控制系统，由后者比对风控指标体系，考量整个市场、会员及交易者的风险程度，作出风险评估。

5. 知识产权（IP）产品的上市交易程序。

（1）确定发售代理商；

（2）提交 IP 产品上市申请；

（3）IP 产品价值评估；

（4）上市申请；

（5）审核申请；

（6）发行产品；

（7）上市交易。

6. 内部控制。知识产权交易不同于别的财产权交易，其运行过程中的高风险、高成本以及极大的不确定性，使得缺乏专业知识和理财能力的市场参与者往往举步维艰；再则，我国知识产权市场是一个新兴市场，市场体系不完善，中介服务滞后，交易方式单一。在这一背景下，导致科技成果的转化率低下，一方面，企业有技术却很难被发现；另一方面，银行想放贷但缺乏有效的途径寻找高质量的知识产权，企业想借贷又跟银行对接不上等。

（1）交易所生存发展的生命线。无数事例告诫我们，一个健全有效的内控体系是交易所赖以生存发展的生命线，也是规范和化解金融风险的重要手段和有效途径。因此，要建立起与社会主义市场经济体制相适应的现代金融企业决策程序和制度，保证决策的民主性和科学性，增强透明度，加强股东会、董事会、监事会的职责，明确各自的权限，健全议事规则，完善监督机制，绝不允许少数人独断独行。

（2）法人治理结构的必要途径。事实上一个完善的法人治理结构包括决策、运作、制衡三大部分，而这一切都是与内部控制体系相关的。一个健全有效的、自成系统的内控机制，是公司自身生存发展的根本标志。内部控制是一种机制，是一种贯穿于决策、执行和监督整个过程中环环相扣的、平衡制约的动态控制机制，因而是完善法人治理结构的必要途径。交易所必须按照内部控制的相关规定，结合自身实际情况，建立有效的内部控制机制和内部控制制度。

（3）培育良好的内部控制文化。交易所应完善治理结构，确保股东大会、董事会、监事会和管理层等机构合法运作和科学决策，建立有效的激励、约束机制，树立风险防范意识，培育良好的内部控制文化。交易所应明确界定各部门、岗位的目标、职责和权限，建立相应的授权、检查和逐级问责制度，确保其在授权范围内履行职能。交易所应建立健全财务管理、资产管理、信息系统安全管理、人力资源管理等专门的内部管理制度。交易所应建立相关部门之间、岗位之间的制衡和监督机制，设立专门负责监督检查的内部审计部门。

7. 风险控制。为加强知识产权交易风险管理，保护交易当事人的合法权益，保障交易所知识产权交易的正常进行，应制定风险控制管理办法。

（1）风险准备金。风险准备金是指由交易所设立，用于为维护交易市场正常运转提供财务担保和弥补因交易所不可预见风险带来的亏损的资金。风险准备金提取来源：

①由会员申请时按交易会员与结算会员分别缴纳；

②从营业收入中按一定比例提取；

③从交易所税后利润中提取。

（2）全额保证金制度。交易所实行全额保证金制度。保证金分为结算准备金和交易保证金。结算准备金按会员类别缴纳，交易保证金按全额保证标准缴纳。交易过程中，出现特殊情况，例如，出现涨跌停板单边无连续报价，交易所认为市场风险明显变化；交易所认为必要的其他情形等，交易所可以根据市场风险状况调整交易保证金标准，并向主管部门报告。

（3）强行平仓制度。交易所实行强行平仓制度。会员或者客户存在违规超仓等违规行为或者交易所规定的其他情形的，交易所有权对相关会员或者客户采取强行平仓措施。强行平仓盈利部分按照有关规定处理，发生的费用、损失及因市场原因无法强行平仓造成的损失扩大部分，由相关会员或者客户承担。

（4）风险警示制度。交易所认为必要的，可以单独或者同时采取要求会员和客户报告情况、谈话提醒、书面警示、发布风险警示公告等措施中的一种或者多种，以警示和化解风险。出现交易价格出现异常，会员或者客户交易异常；会员或者客户持仓异常；会员资金异常；会员或者客户涉嫌违规、违约；交易所接到涉及会员或者客户的投诉、会员涉及司法调查等情况。交易所有权约见会员的高级管理人员或者客户谈话提醒风险，或者要求会员或者客户报告情况。交易所通过情况报告和谈话，发现会员或者客户有违规嫌疑、交易头寸有较大风险的，有权对会员或者客户发出《风险警示函》。发生商品价格出现异常；会员或者客户涉嫌违规、违约；会员或者客户交易存在较大风险等情形，交易所有权发出风险警示公告，向全体会员和客户警示风险。

（5）异常情况处理。因地震、水灾、火灾等不可抗力的自然灾害，公共卫生事件、社会安全事件、火灾或电力供应出现故障等，或者计算机系统故障等不可归责于交易所的原因，导致交易无法正常进行；会员出现结算、交割危机，对市场正在产生或将产生重大影响；交易出现同方向连续涨跌停板，单边无连续报价或者市场风险明显增大情况的，交易所采取调整涨跌停板幅度、提高交易保证金标准等风险控制措施化解市场风险后，仍然无法释放风险的，交易所应当宣布进入异常情况。此时，交易所总经理可以采取调整开市收市时间、暂停交易等紧急措施；交易所董事会可以决定采取调整开市收市时间、暂停交易、调整涨跌停板幅度、提高交易保证金、限期平仓、强行平仓、限制出金等紧急措施。

（五）知识产权交易所的制度建设

知识产权交易所需要制定必要的基本规章制度：

1.《知识产权交易中心发起人协议》；

2.《知识产权交易中心章程》；

3.《知识产权交易中心会员管理办法》；

4.《知识产权交易中心开户登记管理办法》；

5.《知识产权交易中心交易规则》；

6.《知识产权交易中心结算业务规则》；

7.《知识产权交易中心市场公告管理办法》；

8.《知识产权交易中心风险控制管理办法》；

9.《知识产权交易中心监察调解委员会管理办法》；

10.《知识产权交易中心违规违约处理办法》。

以上仅是部分规制，实际运行中还有更多的规章制度需要完善。

三、知识产权交易品种的创新研究

知识产权证券化交易不同于一次性出让，而是将其所有权拆分为均等份额供投资者认购。必须把证券化模式设计好，有新突破，为全国知识产权证券化提供新时代"样本"，引领全国知识产权证券化发展。国内知识产权运营仍停留在传统的展示推介、评估咨询等方面，创新主体很难通过目前的模式将创新成果完整有效服务于实体经济，而知识产权证券化要做的，是盘活99.9%的"沉淀价值"，形成"真正的万亿级市场"。"建好高速路，车才能跑起来。"

（一）交易市场的有序和稳定

一个健康的交易市场，最重要的就是交易市场的有序和稳定。人们比较担忧的是交易市场建起来了，但冷冷清清、门可罗雀，这种有行无市的场景是谁都不想见的。然而，反过来市场过度热炒，投机盛行。这恐怕也是人们不愿看到的结果。所以，有序和稳定的交易市场，也就是一个健康的交易市场。

（二）破除迷信、解放思想、大胆创新

党和国家赋予了知识产权工作新的历史使命，这就需要知识产权工作走在前面，大胆试大胆闯，站在更高的起点推进知识产权运营领域的创新探索。需要我们破除迷信、解放思想、大胆创新。知识产权证券化，是一个新事物、新问题，就是需要我们大家不断去探索，持续去创新。否则连试都不敢试，还谈得上什么破除迷信、解放思想、大胆创新呢？

（三）知识产权的品种创新

知识产权证券化的核心问题是知识产权的多样化，我们不能局限于原有的想法，而是应该打开思路，集思广益，挖掘出更多更好的新品种。

1. 老中医秘方。中医秘方是指不公开的，可以治愈特定疾病的，并有显著医疗效果的秘密处方。秘密处方是指在一定范围内的秘密处方。一是国家保密药方（中药一级保护品种属于绝密级中药制剂，可以享受长期保密）药厂专利秘方，研究所专有秘方。二是机密处方，指极少数人知道的秘密处方。三是绝密处方，指仅有1个人中医秘方。由于传播范围有限及恐怕泄密，有的甚至失传了。我们可以设计中医秘方这一知识产权作为交易品种进入市场，让药业大批量生产。一则让更多的患者受益，传承和弘扬中医药产业，二则又让知识产权的持有人得到应有的回报。

2. 临床治疗案例。绝大部分的临床医生从事某一医科，虽然没有重大发明创造和有质量的专业论文发表，但其临床多年的治疗案例也是一项重要的知识产权，

最起码的是让后人少走弯路甚至错路。若把这些丰富的、宝贵的经验教训，用知识产权的方式转让，让更多的人受益，也能达到知识产权"产业化"的效果。

3. 失败新药的实验数据。众所周知，一个创新药品的研发，需要"双十"（至少十亿美元的研发经费和十年的开发周期）的代价，而且存在失败的风险隐患。一般而言，一旦失败将会前功尽弃。常言说得好：失败是成功之母。失败的企业或个人完全可以，向需求者转让这部分实验数据和实验结果，以免让后人"踩着前人的肩膀走路"。

4. 知识产权的双向交易。按照惯性思维，知识产权交易一般是知识产权持有人先在交易中心挂牌，然后由需求者来参与撮合成交。其实不然，知识产权交易与证券、期货、商品一样，都有双向的需求。所以需要在客户的求购方面狠下工夫，从而让更多的客户参与，促使交易的活跃，从而增加成交额。

以上这些仅是活跃交投的思路，作为交易中心设计交易品种的参考，仅作抛砖引玉之意。

四、设计交易所的核心要点

1. 三个核心环节。

（1）交易结算环节：包括交易市场、品种设计、实时监控、结算管理、资金交收、交割事务等部门，这是日常运行的关键部位。

（2）市场拓展环节：包括会员管理、研究发展、市场统计等部门，这是今后业务长足发展的重要部位。

（3）技术保障环节：包括信息技术、通信工程、网络安全等部门，虽说是电脑租赁、软件外包，但安全运行容不得任何闪失，所以是"无过便是功"的保障部位。

2. 人员配备上必须讲究人才结构。筹建及初期的人员配备必须设置老、中、青三个层次：

（1）交易所高管及核心人员应由富有从业经验的老干部担任；

（2）中层骨干由年富力强的中年人担任，起着承上启下的作用；

（3）基层干部应该配备富有朝气的年轻干部，他们将是今后交易所成长发展的中流砥柱。

3. 交易所的筹建时间最好控制在半年以内。事实无情地证明，凡是筹建交易所的时间超过一年以上的，几乎很难取得理想效果，甚至半途而废、不了了之。所以，筹建的节奏十分重要，最好控制在半年之内为好。

4. 如何推动创建知识产权交易所。建立一个区域性乃至全国性的知识产权交易市场，是一个牵一发而动全身的系统工程。首先，必须得到政策扶植与有关部门支持——这是成功的前提；其次，需要按照市场规律来运行，其中包括体制、机制、规则、会员管理、基础设施以及风险控制等诸多因素的考量——这是成功的基础；最后，为了确保交易市场规范、健康、有序的运营，还有必要培养、引进既有良好的职业道德素养，又有扎实的市场理论功底和驾驭市场能力的管理团队——这是成功的关键。

具体运作中，为了规避政策风险，首先需要政府有关部门给予一个知识产权交易中心的筹建批复；然后，落实由国资背景的企业牵头，联手与知识产权关系密切的著名企业，知识产权中介机构、金融机构等作为发起人，组建一家以国有资产绝对控股的股份制企业——知识产权交易所；紧接着就紧锣密鼓地开展各项筹建工作。

总之，建立知识产权交易所，体现了振兴地方经济的准则；推进建设知识产权综合服务体系势在必行，机不可失；交易所建立可带动相关产业，扩大内需；因此，全力争取知识产权交易所顺利开业。

五、正确处理知识产权交易所的六大关系

改革开放四十多年来，中国经济得到举世瞩目的腾飞，其中金融业的发展功不可没。事实雄辩地证明：无论是历史的回归，还是国门的开放，中国以其崭新的形象跻身于世界经济的大潮之中。回顾这一历程，我们必须清晰地看到，正是在发展的征途上克服各种艰难险阻，在发展的过程中解决一个又一个前进中的问题。前车之覆，后车之鉴。在当今创建知识产权交易所时，我们必须正确处理好知识产权交易所的六大关系。

（一）发展与规范

金融秩序与金融发展、金融创新失衡，金融监管缺位，是美国金融危机的重要原因。中国金融证券市场经历了翻天覆地的变化，也演绎了惊天动地的风云变幻。然而，规范发展与加强监管是一个中国金融市场永恒的主题，风险防范、警钟长鸣，又成了金融机构年年讲、月月讲、天天讲的话题。

一个国家在金融发展的同时要有相应的金融秩序与之均衡。与此同时，无数史实证明：监管不是万能的，缺乏监管的市场万万不能。在监管体系完善的美国，一样难以避免危机。自律更不是万能的，依靠自律规范的社会，只是一种理想状态。

（二）规则与比赛

改革开放四十多年后的今天，不定好规则就进行比赛，必然要出大问题的。

虽说规则不是万能的，但没有规则万万不能。因此，知识产权交易中心在制度建设上必须高度重视，先把规矩定好再行事，定好规则再比赛。千万不要先比赛后定规则，否则这样的机会成本太高。除定好规则外，对规则实际执行的日常检查监督也是十分重要。再好的规章制度不好好执行就是一纸空文。有章可循并不等于人皆循章，因此应把更多的精力放在执行制度的检查监督上；任何组织或个人不守章法，则等于虚设，其结果仍然是管理无序和高风险。

（三）投资与投机

投资是一种购买财产以获得合理预期收入、股息、利息或租金的方法，它以长期增值的形式获利。投机指利用市场出现的价差进行买卖从中获得利润的交易行为。投机可分为实体经济投机和虚拟经济投机两大领域，其中内涵最为丰富、原理最为复杂的是证券投机。

区别投资与投机的关键在于投资具有时间和收益的可预测性。投资依据的理论就是稳固基础理论。稳固基础理论认为：每一种投资对象，无论是普通股票还是不动产，都有某种称为内在价值的稳固基点，可以通过仔细分析现状和预测未来而确定。当市场价格低于（或高于）这一内在价值时，就会出现买进（或卖出）的机会。因为这一波动最终会被纠正——该理论认为如此。这个理论在很多人当中被广泛的认知，因为它的逻辑如此之强：先找到不变的价值，再把变动的价格和其比较。

具体而言，投资与投机有以下的联系和区别：

1. 投资与投机的相同之处。

（1）两者都以获得未来货币的增值或收益为目的而预先投入货币的行为，即本质上没有区别；

（2）两者的未来收益都带有不确定性，都要承担本金损失的风险。

2. 投资与投机的不同之处。

（1）两者行为期限的长短不同。一般认为，投资的期限较长，投资者愿意进行实物投资或长期持有证券，而投机的期限较短，投机者热衷于频频地快速买卖。

（2）两者的利益着眼点不同。投资者着眼于长期的利益，而投机活动只着眼于短期的价格涨落，以谋取短期利益。

（3）两者承担的风险不同。一般认为，投资的风险较小，本金相对安全，而投机所包含的风险则可能很大，本金有损失的危险，因此，投机被称为"高风险的投资"。

（4）两者的交易方式不同。投资一般是一种实物交割的交易行为，而投机往往是一种信用交易。

实践证明，投资与投机都是金融市场上不可或缺的行为。没有投资就不会有投机市场，而如没有投机，投资市场就会毫无生机。"鲇鱼效应"就是这个道理。鲇鱼在搅动小鱼生存环境的同时，也激活了小鱼的求生能力。"鲇鱼效应"是采取一种手段或措施，刺激一些企业活跃起来投入市场中积极参与竞争，从而激活市场中的同行业企业。因此，一个市场，光有投资行为，没有投机机会，这个市场是无效的；反之，这个市场是不能持久的，关键在于一个度的问题。所以，当我们在进行制度设计中，必须给投机者留下一个套利机会。

（四）监管与处罚

任何金融创新都需要在监管和合理的制度条件下推行。在混业经营格局基本形成的今天，金融分业监管带来的监管重叠、监管掣肘、监管真空、监管失灵等问题越来越多，这些都需要政府的及时介入予以纠偏。如果出现监管失控，就要在制度上予以解决。政府当好裁判员与发挥市场作用不矛盾。中国的改革从来都是摸着石头过河，无数经验证明，改革中遇到的问题，还是要以改革的精神予以解决，"看得见的手"和"看不见的手"都要发挥作用，政府就是要扮演好"不缺位不越位的守夜人"的角色。同样，在知识产权交易市场中，要把握好监管与处罚的力度。

（五）安全与效率

安全是效益的基础，效益是安全的目标。没有效益的安全毫无价值，缺乏安全的效益无法接受。所以，安全与效率是一个相辅相成的关系。

1. 平衡好金融效率与安全的关系。维护良好的金融安全离不开严格的金融监管，面对当前金融领域的乱象，金融监管改革刻不容缓。那么，金融监管改革中如何更好地兼顾金融效率与兼容安全稳定？

（1）金融监管的目的是促进金融健康发展，更好地实现金融功能。无论建立怎样的监管框架，都必须处理好金融效率与金融安全的关系。进行金融监管改革时，在守住安全底线的前提下，应该侧重于提高金融效率，即整合监管机构，消除效率低下的重复监管；运用大数据技术，协同监管，降低监管成本。

（2）推动金融监管改革和政策调整过程中需要把握好两个基本原则。不要一味地将两者对立起来，实际上，两者通常是相互促进的。一方面，金融效率的提升有利于金融稳定。金融稳定最终取决于金融效率，金融服务实体经济效率高，则经济活力强、韧性好，金融稳定便有实体经济的根基；反之，则会积聚金融风险，不利于金融稳定。另一方面，金融稳定有利于确保金融效率。当金融安全存在严重威胁或金融不稳定时，金融的基本功能发挥都会受到显著影响。

需要根据矛盾的主要方面和次要方面的转化来权衡。在一些情况下，金融效率和金融稳定的确存在一定的冲突。当金融风险远不是矛盾的主要方面时，可以更多地考虑金融效率；当需要把防控金融风险放在更加重要的位置时，则需要更多地考虑金融安全稳定。

2. 维护金融安全，服务经济发展大局，可从以下四个方面着手。

（1）调整。从辩证法看，金融与实体经济之间是一对矛盾。近年来，金融与实体经济之间矛盾的主要方面已经由金融深化不足转变为金融与实体经济失衡或过度金融化，这导致脱实向虚，既侵蚀了实体经济健康发展的根基，也侵蚀了金融安全的基础。为此，需要有所"调整"，抑制金融膨胀速度和杠杆率的过快上升。

（2）改革。金融风险的累积，除了周期性因素外，也有体制性因素，需要用改革的办法来维护金融安全。改革既包括金融层面的改革，特别是金融监管体制改革，也包括实体经济层面和经济运行机制方面的改革，如国企改革、硬化地方政府债务约束机制、打破刚性兑付。

（3）整顿。一段时期以来，由于金融监管滞后等因素，金融乱象丛生，严重扰乱金融秩序，破坏金融稳定。维护金融安全，从短期看，主要就是加强对金融乱象的治理整顿，避免风险的进一步滋生。

（4）提高。就是通过调整、改革和整顿，提高金融服务实体经济的效率。只有提高金融服务实体经济的效率，推动实体经济转型升级，才能在根本上维护金融安全。

3. 只有提高金融服务实体经济的效率，推动实体经济转型升级，才能在根本上维护金融安全。

（1）建设具有创新能力和国际竞争能力的实体经济，夯实金融健康发展的经济基础；

（2）完善金融宏观审慎管理，建立适应更高开放水平的金融监管体系，守住不发生系统性金融危机的底线；

（3）继续推动人民币国际化，使人民币的国际地位与我国经济的国际地位相匹配，降低我国经济金融受美元波动的冲击程度，提高我国货币政策的独立性和宏观管理自主性，在国际货币体系改革中拥有更大的话语权，为我国经济转型升级、"一带一路"建设营造更好的国际环境。

第五章 必须高度重视
知识产权的保护问题

知识产权是知识经济的资源，不仅在发展知识经济中发挥重大作用，而且与当代国际政治、经济贸易发展关系日益密切，国际化趋势进一步增强，以新兴技术为发展基础的知识产权的保护力度也面临挑战，我们要正确处理发展知识经济与知识产权保护之间的关系，迎接知识经济新时代的到来。世界科技突飞猛进，一个以知识和信息为基础、竞争与合作并存的全球化市场经济正在形成，知识将成为经济增长的原动力，它除了具有文化功能外，更多地具有经济功能，知识经济将成为各国经济发展的新方式。以往知识在人们的心中如同空气和水一样既宝贵又无价，人们虽然须臾不可离，但总觉得可以无偿使用和挥霍。而知识经济时代高度发达的信息高技术提供了知识成为有价商品的环境，使知识成为现代财富的主要组成部分，人们对知识的所有权实际上是对财富的所有权，知识经济和知识产权变得密不可分。所以，必须高度重视知识产权的保护问题。

第一节 知识产权与有形财产一样
都应受到国家法律的保护

2018 年 4 月 10 日，国家主席习近平出席博鳌亚洲论坛 2018 年年会开幕式并发表题为《开放共创繁荣 创新引领未来》的主旨演讲，强调加强知识产权保护是完善产权保护制度最重要的内容，也是提高中国经济竞争力最大的激励。对此，外资企业有要求，中国企业更有要求。2018 年 3 月 26 日，将国家知识产权局的职责、国家工商行政管理总局的商标管理职责、国家质量监督检验检疫总局的原产地地理标志管理职责整合，重新组建国家知识产权局，由国家市场监督管理总局管理。新组建国家知识产权局的主要职责是，负责保护知识产权工作推动知识产权保护体系建设，负责商标、专利、原产地地理标志的注册登记和行政裁决，指导商标、专利执法工作等。商标、专利执法职责交由市场监管综合执法队伍承担。重新组建国家知识产权局，完善执法力量，加大执法力度，把违法成本显著提上去，把法律威慑作用充分发挥出来。我们鼓励中外企业开展正常技术交流合作，保护在华外资企业合法知识产权。同时，我们希望外国政府加强对中国知识产权的保护。

一、知识产权的法律保护

知识产权是指公民、法人或者其他组织对创造性的劳动所完成的智力成果依法享有的专有权利，受法律保护，不容侵犯。知识产权从本质上说是一种无形财产权，它的客体是智力成果或是知识产品，是一种无形财产或者一种没有形体的精神财富，是创造性的智力劳动所创造的劳动成果。

二、如何保护知识产权

在所有知识产权保护现有形式中，专利法等法律保护不但对市场具有独占权和垄断性，且属于私人或法人财产的保护范畴，其效力远远高于行政保护。由于政府的作用是有限的，政府不再为企业包打天下。例如，即使当时企业对某个品种采取了保密措施，随着知情权和透明度原则的加强，产品配方和生产工艺的保密越来越难以保证，靠祖传秘方技术秘密保护和靠政府保护的空间就更小了。一旦秘密泄露或他人研制成功并申请专利保护后，厂家只能在原有范围内生产和使用，使保密技术和企业的发展受到制约。所以，专利等法律保护具有独占权和垄断性，其效力远远高于行政保护。以下举几个实例说明。

（一）保护知识产权就是保护企业的神圣权利

这个问题的阐述可以通过几个实例加以说明。

1. "六神丸"是一个祖传秘方，也是一种微丸制作工艺。六神丸是原上海中药一厂的名牌产品，现在由雷允上药业集团有限公司生产销售。系我国绝密级的中药制剂（云南白药、雷允上六神丸和片仔癀）。其主要功效：用于烂喉丹痧，咽喉肿痛，喉风喉痛，单双乳蛾，小儿热疖，痈疡疔疮，乳痈发背，无名肿毒。六神丸相传是一个祖传秘方，最初由一个祖籍在苏州，世代行医的家族，旧时苏州阊门内的雷允上诵芬堂所创。但真正声名鹊起，是在上海。而之所以被定名为国家绝密配方（后又收录在首批国家非物质文化遗产名录），一是因为它的制作工艺绝密，二是因为它的配方神秘。卫生部原部长陈敏章为雷允上题词："名声如雷，允称上乘。"

据传六神丸的制作，是一种微丸制作工艺，每 1000 粒仅重 3.125 克，比人丹还要轻。这种工艺全部由手工完成，知道六神丸整套流程和工艺的，全上海滩不会超过 3 人。六神丸拥有如此神效，因此，对它的创始、制作、传承等一系列环节秘而不宣，这是雷氏族人百年来必须"守口如瓶"的家训。

2. 日本老板冒死偷窃核心技术。在当今竞争如此激烈之下，要做大就可能造成成本失控，不该乱投资，而应考虑如何才能精益求精？只有做强才能做大。这里很重要的一个问题就是必须掌握产品的核心技术，也就是我们交流的主题——知识产权。说到竞争就不得不说一下一个日本人。日本人想开啤酒厂，当时丹麦啤酒酿造技术是世界一流的，但啤酒厂的保密程度很高，不许随便参观。当时日本去了一个大老板，转了三天也无法进入。后来见到该厂每天早晚有一辆黑色小轿车进出，得知车上坐的是啤酒厂的老板时突然想出了一条苦肉计。一天那辆载着啤酒厂老板的小轿车开出来时，他故意突然迎面朝小轿车快步走去，结果被车所撞，并压断一条腿被送进了医院，老板问他以后怎么办，他说等我腿好了以后，就让我去你的啤酒厂当个看门的，混碗饭吃吧。啤酒厂老板一听他不找麻烦，就满口答应了。后来这个日本人便当上了啤酒厂门卫。经过三年的观察和琢磨，他对这家啤酒厂的设备、原料、工艺已了如指掌。掌握了这些重要的技术情报后，他便扬长而去，回国开了一家颇具规模的啤酒厂，抢占了日本的啤酒市场，获得了高额利润。

这个日本人既厉害又狡猾。不过在此必须探讨一个严肃的问题。作为一个当家人为了企业的发展，不惜以生命为代价而获取核心技术，这种自我牺牲的精神值得赞赏；但是，以非法手段为了达到偷窃技术机密，用"苦肉计"的不法手段偷盗他方的知识产权，这种行为必须受到谴责。因为他违反了知识产权保护法和企业家的职业操守和行为准则，所以说市场经济是契约经济、法制经济，也是道德经济。

3. 可口可乐秘方失窃案。目前，可口可乐最原始的配方存放在美国亚特兰大可口公司全球总部一个博物馆的一个神秘的保险柜里，保险柜里的配方就像《达·芬奇密码》中的圣杯，带给人强烈的神秘感觉。而事实上继可口可乐之后诞生了许多可乐品牌，味道极为相近。甚至还曾出现一位美国中学生，利用网络资料完成了可乐配方，配出的口味相近到连可口可乐的高层都难以辨别。所谓的最高机密是否真实存在？也许一个案件可以从侧面说明这个问题：2006 年，发生了震惊世界的"可口可乐秘方失窃案"，"英勇"的可口可乐全球总部行政助理乔亚·威廉姆斯，与另外两人合谋，盗走可口可乐的神秘配方，欲卖给可口可乐的老对手百事可乐。戏剧性的事情发生了，可怜的威廉姆斯怎么也没想到，百事可乐面对"最高机密"

竟不屑一顾。乔亚·威廉姆斯揣着可口可乐的"最高秘密"没能敲开百事可乐的大门，却被美国联邦调查局送进了监狱。

（二）企业的专利如何保护

1. 专利公开换保护。相当一部分发明人一直不愿申报专利，其顾虑是怕被侵权。然而，俗话说得好：天下没有不透风的墙。而且一旦明明遭到侵权，那你拿什么去举证呢？唯一最有效且受法律保护的就是以专利证书为主的知识产权证书。国家鼓励发明和创造，并且出台了相关法律法规保护发明和创造的专利，未经过专利人的允许其他人不得使用专利，专利人同意的除外，而且取得专利也必须经过严格的程序，也不是每个专利都能受到法律保护。在我国，专利分为发明、实用新型和外观设计三种类型。而中华人民共和国国家知识产权局是国务院主管全国专利工作和统筹协调涉外知识产权事宜的直属机构。同样商标、商誉、域名等知识产权，也必须提供有关证书。

2. 企业最需要专业人才对知识产权进行保护，同时应对侵权纠纷。注册商标应该注意些什么？怎么了解自己的产品是否侵害他人的知识产权或被他人侵权？如何应对国外企业在知识产权领域对自己的围剿？这些都需要知识产权人才。当前越来越多的有识之士开始重视这一块的建设，需要越来越多的专业人才解决以上问题。俗话说："专业的事让专业的人来做。"知识产权中有些专利技术是需要向国家专利局申报的，专利持有人可能不熟悉，就会委托从事专利申报代理机构办理。这里就有一个如何有效地防止侵权行为的专业水准和从业经验的问题。

（1）法律事务。当前企业最需要的是法务人才，对知识产权进行保护，同时应对国内外同行在知识产权方面的纠纷。目前不少企业都相继成立了专司知识产权法律事务的法律事务部，担当知识产权保护和侵权纠纷的职责。

（2）专利申请。专利申请报告的撰写也至关重要。在这一方面有过不少的教训。例如，国内有家制药厂 A 研发了一种专治感冒的中成药。投入市场后颇受患者青睐而产销两旺。此时另一家制药厂 B 马上原封不动按其配方，仅加了一味甘草，另起了一个药名也进了市场。明显这是一件侵权行为，于是 A 起诉 B 侵权。但由于 A 在向国家药监局申报药号（专利申请）时，因考虑简单并节省费用，专利代理机构把一些关键性的限制条件疏忽了。结果法院驳回 A 的诉讼。因为其专利论证是闭环式逻辑。而 B 就是钻了这个空子，使 A 的巨额研发费用遭受损失。如果当时 A 能聘请一些专业水准高和从业经验丰富的中介机构代理申报，这样的"哑巴吃黄连"的后果完全可以避免。

（3）知识产权维护。在知识产权国家标准《企业知识产权规范》中的"7.2 维护"中的条款中就有提到，而且有硬性要求，企业在经营管理中必须要形成受控程序文件：其中，7.2（a）建立知识产权分类管理档案，进行日常维护；7.2（b）知识产权评估；7.2（c）知识产权权属变更；7.2（d）知识产权权属放弃；7.2（e）有条件的企业可对知识产权进行分级管理。

（三）高度重视企业知识产权工作

党的十八大以来，中国积极推进创新驱动战略，并将创新作为新的发展理念。党的十九大进一步提出，"创新是引领发展的第一动力，是建设现代化经济体系的战略支撑"。这是因为进入高质量发展阶段后，中国必须推动中国制造向中国创造、中国速度向中国质量、中国产品向中国品牌转变，在这个过程中，只有充分发挥知识产权制度对创新原动力的基本保障作用，才能支撑国家的创新发展。因此，党的十九大报告提出加快建设创新型国家，"倡导创新文化，强化知识产权创造、保护、运用"。

1. 须从战略高度重视知识产权保护工作。当今世界，新一轮科技革命和产业变革正在孕育兴起，新科技革命和产业变革将重塑全球经济结构。对于中国而言，新科技革命和产业变革是最难掌控但必须面对的不确定性因素之一，抓住了就是机遇，抓不住就是挑战。因此，必须从战略高度重视知识产权保护工作。

（1）只有对权利人的智力成果及其合法权利给予及时全面的保护，才能调动人们的创造主动性，促进社会资源的优化配置。知识产权能给企业和个人带来巨大经济效益的同时，又能促进它们投入更多的资源进行创新，形成良性循环，提高中国经济整体的竞争力，并在这一过程中，参与国际科技革命与产业变革。

（2）我们处于全球经济一体化时代，只有全面保护知识产权，才能有利于引进外商和外资投资的同时，激励中国企业走向国际市场，增强自身国际竞争力。如果我们不能有效实现知识产权保护，就会弱化中国经济在全球经济中的竞争力，不利于我们的发展。

（3）为了强化知识产权保护，中国不仅理顺了知识产权管理体制以及相关法制体系，自2016年起，每年国务院知识产权战略实施工作部际联席会议办公室、中央38个部委联合发布的"备忘录"，意味着对知识产权（专利）领域严重失信行为的主体展开全方位的"围剿"，既打击侵权行为，也制裁专利作假、挂靠等弄虚作假行为，提高中国创新质量。联合惩戒的方式将在法治之外建立更强大的震慑，将大大强化中国知识产权保护工作与技术创新活动。

2. 企业只有做强才能做大。遇到每一位企业家都会告诉你：我要做大做强，但这是不可能的，这是因为没有哪一个企业能够做大而做强的。曾经有人形象地比喻，日本人每引进 100 美元的技术，会用 200 美元来进行学习、消化和创新，并用自行研发的专利技术赚回 300 美元。产品出口成为推动日本经济发展的主要动力之一，而自主创新则是提高产品附加价值，维护竞争力的根本保证。十几年前，中国企业和韩国企业处在同一起跑线上，而十几年后，韩国企业已经在半导体、消费电子、汽车制造等领域建立了较为完整的开发能力，而中国企业却在原地踏步。

3. 观念问题。我们的企业家总觉得搞技术开发，尤其是基础技术开发，投入太大、周期太长，不如直接引进来得快。而我们一些营销专家"没有核心技术照样能做大企业"的观点，则起到了推波助澜的作用。值得欣喜的是，华为出现了，因为拥有核心技术优势，华为近年来的发展令世人刮目相看。所以，必须遵循"资本向利润追逐，资产在流动中增值"的原则，做强做大企业。我们中国的文字有其深刻的含义，为什么叫"强大"而不大强？因为只有做强，打好扎实的基础，企业才能做大；否则光做大没做强，就像盖在沙滩上的房子，没有基础容易倒。再拿自然界来说，恐龙巨大无比，但已销声匿迹了；而小老鼠却活到当今，再一次证明这一道理。所以，企业必须内有核心技术，外有竞争能力。

4. 重视科学技术的进步。在知识经济环境下，企业无形资产（也就是知识产权）的价值具有不确定性。随着科学技术的迅速发展，技术更新的周期越来越短，无形资产因新技术的出现会发生贬值；若企业为了在竞争中不被淘汰，也会投入大量的人力、物力和财力来改进现有技术，又使得无形资产发生增值。无形资产价值的变化，对企业获利能力有着巨大影响。

三、美国可口可乐配方的保护

那我们再回过头来看看可口可乐配方的故事。自 1886 年在美国亚特兰大诞生以来，可口可乐的神秘配方已保密达 130 多年之久。

（一）把保护秘方作为首要任务

法国一家报纸曾打趣道，世界上有三个秘密是为世人所不知的，其中之一就是可口可乐的秘方。为了保住这一秘方，可口可乐公司享誉盛名的元老罗伯特·伍德拉夫在 1923 年成为公司领导人时，就把保护秘方作为首要任务。当时，可口可乐公司向公众播放了将这一饮料的发明者约翰·潘伯顿的手书藏在银行保险库中的过程，并表明如谁要查询这一秘方必须先提出申请，经由信托公司董事会批准，才能在有官员在场的情况下，在指定的时间内打开。截至 2000 年，知道这一秘方的只有不到 10 人。而在与合作伙伴的贸易中，可口可乐公司只向合作伙伴提供半成品，获得其生产许可的厂家只能得到将浓缩的原浆配成可口可乐成品的技术和方法，却得不到原浆的配方及技术。

（二）神秘配料——"7X 商品"

事实上，可口可乐的主要配料是公开的，包括糖、碳酸水、焦糖、磷酸、咖啡因、"失效"的古柯叶等，其核心技术是在可口可乐中占不到 1% 的神秘配料——"7X 商品"。"7X 商品"的信息被保存在佐治亚州亚特兰大一家银行的保险库里。它由三种关键成分组成，这三种成分分别由公司的 3 个高级职员掌握，三人的身份被绝对保密。同时，他们签署了"绝不泄密"的协议，而且，连他们自己都不知道另外两种成分是什么。三人不允许乘坐同一交通工具外出，以防止发生飞机失事等事故导致秘方失传。"可口可乐"的众多竞争对手曾高薪聘请高级化验师对其公开配方"7X 商品"进行过破译，但从来没有成功过。科研人员通过化验得知，可口可乐的最基本配料是水，再加上少量的蔗糖、二氧化碳等。有些公司也曾按此如法炮制，但配制出来的饮料的口味却大相径庭。人们由此才醒悟过来，可口可乐中存在着占总量不到 1% 的"神秘物质"，才使其维系了一个多世纪的荣光。

（三）最有价值品牌中唯一不用依赖产品创新而成功的品牌

可口可乐是所有经济学家、营销学家都津津乐道的商业案例，全世界有 155 个国家的人每天要喝下 2 亿多瓶可口可乐，相关数据显示，2007 年，市值 653.2 亿美元的可口可乐仍是全球价值最高的品牌，比名列第二的微软高出 66 亿美元，这也让可口可乐成为最有价值品牌中唯一不用依赖产品创新而成功的品牌。目前，可口可乐最原始的配方存放在美国亚特兰大可口公司全球总部一个博物馆的一个神秘的保险柜里。

第二节　加快社会信用体系建设，
保护创新者的合法权益和积极性

加快知识产权运用环境建设，促进其资本化和产业化。知识产权最大限度地实现其市场价值，才能激发社会的创新精神，为此建议，积极开展知识产权价值评估，支持知识产权金融创新服务，扶持企业产品出口知识产权服务。应该鼓励企业"走出去"，使其知识产权创造更大价值，进一步巩固其创新优势。同时，还应该推动政策和资金向知识产权运用方面倾斜，加强对知识产权交易活动的补贴。据了解，为了加强知识产权的保护，在国际上大概有90%的国家实现了专利与商标管理"二合一"，或者是专利、商标、版权管理"三合一"。建议进一步理顺我国知识产权管理体系，尽快实现专利、商标、版权"三合一"管理。同时，在立法上加强对知识产权侵权行为的惩罚性赔偿，提高赔偿力度。加快社会信用体系建设，将知识产权侵权及违法信息纳入该体系，让知识产权侵权者和违法分子寸步难行。只有这样，才能保护创新者的合法权益和积极性，让创新成为社会风气，从根本上推动经济社会发展。

一、国资委出台央企商业秘密保护规定

2010年4月26日，国资委网站上发布了《中央企业商业秘密保护暂行规定》（以下简称《规定》），为加强中央企业商业秘密保护工作，保障中央企业利益不受侵害，根据《中华人民共和国保守国家秘密法》和《中华人民共和国反不正当竞争法》等法律法规，制定了《规定》。《规定》从机构与职责、商业秘密的确定、保密措施、奖励与惩处等方面对央企商业秘密保护工作进行了细化。《规定》界定了企业的商业秘密，是指不为公众所知悉、能为中央企业带来经济利益、具有实用性并经中央企业采取保密措施的经营信息和技术信息。企业战略计划到财务信息方面的诸多信息定为商业秘密，几乎涵盖了企业生产经营过程中各个重要领域与事项。此次公布的《规定》明确，中央企业依法确定本企业商业秘密的保护范围，主要包括战略规划、管理方法、商业模式、改制上市、并购重组、产权交易、财务信息、投融资决策、产购销策略、资源储备、客户信息、招投标事项等经营信息；设计、程序、产品配方、制作工艺、制作方法、技术诀窍等技术信息。几乎涵盖了企业生产经营过程中各个重要领域与事项。

（一）央企经营信息和技术信息中属国家秘密，必须依法进行保护

《规定》明确，中央企业经营信息和技术信息中属于国家秘密范围的，必须依法按照国家秘密进行保护。因国家秘密范围调整，中央企业商业秘密需要变更为国家秘密的，必须依法定程序将其确定为国家秘密。中央企业商业秘密的密级，根据泄露会使企业的经济利益遭受损害的程度，确定为核心商业秘密、普通商业秘密两级，密级标注统一为"核心商密""普通商密"。《规定》特别要求，中央企业应加

强重点工程、重要谈判、重大项目的商业秘密保护，建立保密工作先期进入机制，关系国家安全和利益的，应当向国家有关部门报告。此外，中央企业应当对侵犯本单位商业秘密的行为，依法主张权利，要求停止侵权，消除影响，赔偿损失。

（二）央企与员工签订的劳动合同中应当含有保密条款

1. 保密协议中，应当明确的内容。央企与涉密人员签订的保密协议中，应当明确保密内容和范围、双方的权利与义务、协议期限、违约责任。央企应当根据涉密程度等与核心涉密人员签订竞业限制协议，协议中应当包含经济补偿条款。央企因工作需要向各级国家机关，具有行政管理职能的事业单位、社会团体等提供商业秘密资料，应当以适当方式向其明示保密义务。所提供涉密资料，由业务部门拟定，主管领导审批，保密办公室备案。央企涉及商业秘密的咨询、谈判、技术评审、成果鉴定、合作开发、技术转让、合资入股、外部审计、尽职调查、清产核资等活动，应当与相关方签订保密协议。

2. 上市信息披露过程中要建立和完善商业秘密保密审查程序。央企在涉及境内外发行证券、上市及上市公司信息披露过程中，要建立和完善商业秘密保密审查程序，规定相关部门、机构、人员的保密义务。加强央企重点工程、重要谈判、重大项目的商业秘密保护，建立保密工作先期进入机制，关系国家安全和利益的应当向国家有关部门报告。对涉密岗位较多、涉密等级较高的部门（部位）及区域，应当确定为商业秘密保护要害部门（部位）或者涉密区域，加强防范与管理。

3. 保障央企的商业秘密信息安全。央企应当对商业秘密载体的制作、收发、传递、使用、保存、销毁等过程实施控制，确保秘密载体安全。央企应当加强涉及商业秘密的计算机信息系统、通信及办公自动化等信息设施、设备的保密管理，保障商业秘密信息安全。

4. 将商业秘密保护工作纳入风险管理。央企应当将商业秘密保护工作纳入风险管理，制订泄密事件应急处置预案，增强风险防范能力。发现商业秘密载体被盗、遗失、失控等事件，要及时采取补救措施，发生泄密事件要及时查处并报告国务院国资委保密委员会。央企应当对侵犯本单位商业秘密的行为，依法主张权利，要求停止侵权，消除影响，赔偿损失。央企应当保证用于商业秘密保密教育、培训、检查、奖励及保密设施、设备购置等工作的经费。

（三）央企员工泄露或非法使用商业秘密，依法追究相关法律责任

央企员工泄露或者非法使用商业秘密，情节较重或者给企业造成较大损失的，

应当依法追究相关法律责任。涉嫌犯罪的，依法移送司法机关处理。这一《规定》公布之前，四位前力拓员工因涉嫌受贿和窃取关于中国钢铁企业铁矿石价格谈判的商业秘密及受贿而出庭受审。根据起诉书，涉案的中国钢铁企业其中也包括一些央企。国资委同时要求，央企要高度重视商业秘密保护工作，应当结合企业实际，尽快制定本企业商业秘密保护实施办法或者工作细则，切实保障企业利益不受侵害，促进企业又好又快发展。

二、鼓励创新的同时更须保护知识产权

必须清醒地认识到基本专利的成长过程是十分漫长而艰难的，基础专利的形成是要经历很长的时间，要耐得住寂寞，甘于平淡，急躁反而会误事。基本专利的形成是冰冻三尺，非一日之寒，即使是应用型基本专利的成长过程也至少需要 7~8 年，以至于从事这些发明的人不为人们理解，甚至被人讥讽，长不了工资，穷困潦倒。然而，真理往往有时掌握在少数人手里。也许他们的理论发表后，就石沉大海，也许 20~30 年后才有人慧眼识珠，甚至过了上百年之后人们才想起来。他们的研究这时才对科学与技术产生作用，才成为无价之宝。

（一）历史上就有过无数这样的例子

1. 由于当时没有认识到它的价值，没有申请专利。1958 年，上海邮电一所就提出了蜂窝无线通信，这是现代移动通信基础的基础。20 世纪 50 年代，中国科学家吴仲华发明了叶轮机械三元流动理论，奠定了喷气涡轮风扇发动机的理论基础，这是现代航空的基础。这些理论都是在二三十年后才发生作用的，但当时我们没有认识到它的价值，没有申请专利。

2. 一定要尊重知识产权，无论是自己还是别人的。应该说，前面列举的那些发明家还是十分幸运的，毕竟他们的发明像梵高的画一样终于被人们认识到了它的价值。而在这些先驱者的队伍中还有更多的人，他们至死也没有看到自己为之奉献一生的东西产生社会价值。如果没有一种世人公认的激励措施，就不会有前仆后继的人去探索创造发明。所以，我们一定要尊重知识产权，无论是自己的，还是别人的；无论是中国的，还是外国的，这对我国将来成为科技大国是有战略意义的。

3. 虽然有些发明不可能以商业价值来评价，但其对人类意义巨大。例如高温消毒，在 18 世纪这的确是一项伟大的发明，它挽救了无数人的生命。法国科学家巴斯德生长的时代，是欧洲战火纷飞的时代，大量的伤兵受感染而死亡，当时人们并不知道是由于细菌引起的。手术刀具、裹伤布都没有消毒，巴斯德从啤酒变酸的

研究过程中，发现了高温可以杀死细菌，从而大量伤兵避免了死亡，当时也挽救了大量产褥热产妇的生命。这是在黑暗中摸索了几百年才找到的真理，原来它是这么简单，但是这项发现避免了当时欧洲几十万、成百万的人死亡。从看门人胡文虎克制成显微镜，到发现细菌，再到巴斯德发现高温可以杀死细菌，弗莱明发现青霉素……人类在征服细菌的道路上付出了多么巨大的代价，科学家们付出了多么艰辛的劳动，当然他们应得到合理的报酬。今天人类又在征服癌症、艾滋病的道路上发起了冲锋。我们要有好的政策，鼓励人们前赴后继。

（二）要重视教育，提高人民基本素质

我国正在自主知识产权经济上急起猛追。要从根本抓起，要卧薪尝胆几十年。当前我们要加大对农村中小学的投入，提高人民的基本素质是国家的责任，提高个人的谋生技能是个人投资的责任。用二三十年时间，使农村孩子能享受到与城市一样的教育，在人才的数量上超过西方。国家要拉动经济唯有投资教育，才会长远造福国家。一定要大幅度提高教师的工资待遇，使之成为令人羡慕的职业，要用最优秀的人才，培养更优秀的人才。当中国在人才数量上大大的提高、达到一个较高水平的时候，中国经济一定会出现井喷式发展。

三、生物医药产业的知识产权保护

21 世纪是生命科学的世纪，而生物技术又堪称生命科学王座上的皇冠。生物技术是全球发展最快的综合性高技术之一，广泛渗透到医药领域，并已日益显示出其潜在的和现实的巨大价值。而医药生物技术是生物技术这顶皇冠上最灿烂的明珠，生物技术产业中 60% 以上为医药生物技术产业。医药生物技术及其产业的发展和应用，将对整个人类社会的进步起到不可估量的促进作用。世界各发达国家都极为重视生物技术的研究与开发，在国际上展开了全方位激烈竞争和角逐。不少发展中国家也纷纷根据各自的特点制定出符合本国情况的发展战略。然而，知识产权保护是保持生物技术持续发展的根本保证。我国医药生物技术发展态势迅猛，加强其知识产权保护和研究已成为当务之急。浙江星韬律师事务所程祺律师于 2011 年 9 月 21 日撰文，阐述生物医药产业的知识产权保护问题，颇有见解。在此摘录部分内容做一介绍。

（一）我国生物医药产业的知识产权现状

医药行业作为信息技术与生物技术运用最广泛的领域之一，是世界公认的朝阳产业。截至 2013 年，我国化学原料产量居世界第二位，中成药产量达 43 万吨。我

国药品知识产权法律体系和保护制度已基本建立起来，但与发达国家相比，我国的医药发展模式还不成熟，具有自主知识产权的产品很少，加入世界贸易组织后医药行业将面临巨大的压力和挑战。药品知识产权的争端，实质上是利益之争。

1. 知识产权制度一直被生物医药科研人员、管理人员所忽视。知识产权制度对作为知识产品"生产基地"的医药企业、科研院所的发展具有强大推动作用，然而这项功能一直被生物医药科研人员、管理人员所忽视，不少人对知识产权和知识产权保护的含义知之甚少。据某高校抽样调查显示，知晓知识产权包括专利权、商标权、著作权的人员占45%，进一步了解其内容的仅占15%；熟知知识产权保护包括立法、司法、执法过程的不足20%，知道如何利用法律手段，保护自己的发明创造和合法权益的不足10%。这种对知识产权知之甚少，知识产权保护意识淡薄的现象在我国医药生物技术行业中同样存在，多数医药企业由于受到计划经济条件下过分依赖政府行政保护的习惯和思维方式的影响，使许多药品生产企业负责人担心申请专利会泄露其技术秘密而使自己受到损失。

2. 专利等法律保护具有独占权和垄断性，其效力远远高于行政保护。在知识经济的大潮中，知识产权对于经济的贡献率日益凸显，而在所有知识产权保护现有形式中，专利等法律保护不但对市场具有独占权和垄断性，且属于私人或法人财产的保护范畴，其效力远远高于行政保护，政府的作用是有限的，政府不再为企业包打天下，同时，即使当时企业对某个品种采取了保密措施，随着知情权和透明度原则的加强，药品配方和生产工艺的保密越来越难以保证，靠祖传秘方技术秘密保护和靠政府保护的空间就更小了。一旦秘密泄露或他人研制成功并申请专利保护后，厂家只能在原有范围内生产和使用，使保密技术和企业的发展受到制约。

3. 上市许可持有人（MAH）制度。药品上市许可人（Marketing Authorization Holder，MAH）制度是指将上市许可与生产许可分离的管理模式。这种机制下，上市许可和生产许可相互独立，上市许可持有人可以将产品委托给不同的生产商生产，药品的安全性、有效性和质量可控性均由上市许可人对公众负责。MAH制度是国际较为通行的药品上市、审批制度，是一项与世界接轨的制度，具有一定的制度优势，可在一定程度上缓解目前"捆绑"管理模式下出现的问题，从源头上抑制制药企业的低水平重复建设，提高新药研发的积极性，促进委托生产的繁荣，从而推进我国医药产业的快速发展。

药品上市许可人制度最大的意义在于让医药市场要素灵活的流动，不具备药品经营生产和经营资质的机构和个人只要有创新能力，都可以持有药品批件，通过委托授权其他生产企业生产或销售经营企业来进行销售，而不是过去将批文绑定在生产企业，这也促进了医药服务外包的三种形式：上游发研发外包 CRO、生产外包 CMO、营销外包 CSO。

（二）从江中制药集团维权历程看生物医药产业知识产权保护

1. 失败的教训唤醒了知识产权意识。1985 年，江中制药厂凭着自己研究开发的独家新产品"宝宝康""鸡胚宝宝素"和"新星儿宝"等，四年共创产值 1 亿元，利润 2000 多万元，实现了第一次经济腾飞。但是，当时江中制药厂知识产权意识比较薄弱，几个新产品都没有申请专利，也不懂得依靠注册商标来保护自己，而食品行业又无行政保护，导致全国有数十家企业生产同名产品，仅江西就有四家。由于各家产品质量良莠不齐，市场价格混乱，使得"鸡胚宝宝素""新星儿宝"等产品产销一落千丈，经济效益急剧下滑，江中制药厂也因此跌入发展中的低谷。失败的教训唤醒了知识产权意识，为此江中制药厂在研究开发独家中成药"复方草珊瑚含片"的同时即申请行政保护，其后又连续申请了"复方草珊瑚含片"药品包装外观设计专利、国家中药品种保护，全方位地对这一拳头产品实施知识产权保护，从而使"复方草珊瑚含片"独步咽喉炎药品市场 16 年，共创产值超亿元，利税 5 亿多元，产生了巨大的经济效益和社会效益，不仅实现了企业可持续发展，而且使"江中"品牌誉满全国。从"复方草珊瑚含片"的成功，江中制药厂看到了知识产权在企业科技进步、经济发展方面的巨大推动作用。1998 年成立了"江中知识产权研究中心"（以下简称研究中心），并聘请"北京市某律师事务所"为江中制药集团知识产权法律顾问，全方位多层次地保护集团知识产权。

2. 在知识产权保护领域的两大经验。研究中心成立后开展了大量的与知识产权有关的工作，经过不懈地努力，不仅全厂知识产权知识的普及率得到极大提高，而且知识产权保护工作也取得了可喜成绩。例如，就江西某制药厂欲将其所谓"专利产品"转让江中制药厂的谈判中，研究中心经过大量地实地调查和查阅大量的中外文献，发现对方制备工艺的专利在 20 世纪 70 年代国外就有报道，早就失去了新颖性，其专利不可能获得授权，因此大大降低了成交价格，为企业减少了无谓的损失。又如，武汉某制药厂生产的"健胃消食片"侵犯了江中制药厂的三角形片外观设计专利，江中制药厂销售人员在市场发现后，及时反馈至厂内，厂领导在经过仔细调查并咨询律师后，决定向法院提请诉讼，并要求诉讼保全。很快，对方便要求和江中制药厂达成庭外和解，答应停止侵权行为，销毁所有侵权的模具，保护了江中制药厂的合法权益，提高了"健胃消食片"的市场占有率，自 1998 年以来，"健胃消食片"销售收入年年上升。从以上案例中我们不难得出江中制药集团在知识产权保护领域的两大经验：一是对内，从管理层到员工普及相关法律知识，重视知识产权，研究企业知识产权创新及保护的长期规划，投入大量人力、物力打造知识产权中心等平台，成为有效推动企业产品研发和销售的"永动机"。二是对外，与专业机构律师事务所、商标事务所、专利事务所、专业调查机构合作，通过法律调查、风险评估、申请专利/商标、维权诉讼等一系列卓有成效的行动，打造知识产权的"防火墙"，保障了企业的合法权益和市场竞争力。

3. 打造生物医药产业的知识产权保护战略。

（1）申报专利策略。将企业的核心技术申请基本专利。基本专利是指将某项技术或某件产品的核心技术申请专利并取得专利权。基本专利是企业实施专利战略的基础，企业拥有的基本专利越多，这个企业在市场的竞争力也就越强。我国的生物医学企业研发能力较弱，拥有生物制药基本专利比较困难，但可以在他人的基本专利周围设置自己的专利网。申请众多的外围专利，利用这些外围专利进一步覆盖该技术领域。企业一方面可以充分运用专利制度的保护功能，主动跟踪和搜集竞争对手的专利侵权证据，及时向竞争对手提出侵权警告或向司法机关提起诉讼；另一方面可以按照法定程序，及时向专利复审委员会就能威胁其生产的专利技术申请宣告无效，打破竞争对手的垄断。

（2）抢注防御性商标。我国已有相当多的名牌药品在国外被抢注。就连中国老字号的"同仁堂"也被日本抢注，后来经过交涉才保住自己的市场地位。抢先注册防御性商标能有效解决这一问题，防御性商标是指企业将已注册的商标覆盖更多商品或服务或把与自己的商标图案、文字形似音近的都作为联合商标注册，原商标为主商标，其余称防御商标。在这方面武汉红桃 K 作出了表率：红桃 K 集团在注册商标时将"红桃 Q""黑桃 K""红桃 A"等 33 个容易使消费者误认的商标进行联合注册，有效地防止了近似商标出现。

（3）保护药品的外观设计。用著作权、商标、外观设计专利、商品包装或装潢与厂商名称综合保护产品的外部特征、外观设计专利对保护药品的包装或装潢非常重要。尽管外观设计专利的保护期限只有 10 年，但药品的包装盒或其装潢一旦获得了外观设计专利，10 年后即使已过专利有效期，别人也不能任意仿制。因为，此时过了期的外观设计专利已成为该产品知名商品的证据。《反不正当竞争法》中规定擅自使用知名商品特有的名称、包装、装潢或者使用与知名商品近似的名称、包装、装潢，造成和他人的知名商品相混淆，使购买者误认为是该知名商品的，是不正当竞争，可用《反不正当竞争法》来保护自己，净化市场。但是，申请外观设计专利不得侵犯他人的著作权、商标权及知名商品的包装及装潢。

（4）保护商业秘密。考虑到我国的发明专利保护期只有 20 年，实用新型专利和外观设计专利为 10 年，而且专利一经申请则该技术公开，他人得以在保护期结束后免费使用该技术，因此生物医药领域并不是所有的发明、技术都应当申请专利。我国正处于信息高度发达，经济竞争激烈的时代，有些生物制品、如新疫苗、新药的发明，其配方生产工艺的商业秘密是世界上所有同行关注的。但是许多企业对所创新项目以及研制和生产工艺未能加强保密性管理措施，保护范围没有系统化，不少企业仅将商业秘密的保护局限于技术信息类的商业秘密，忽视了对经营信息类的商业秘密保护。与之相对应的是对技术开发人员有保密要求，对非技术开发人员却放任自流；其次是缺乏系统有效的保护。对于商业秘密的保护，我们认为应该有意识地将秘密区域细化，使不同部门、不同级别的人员掌握商业秘密的不同部分，使企业中尽可能少的员工成为掌握商业秘密的整体。同时，企业在制定而向全体员工的保密制度时，还要特别注意强化针对特定人员、特定秘密的保密制度。

（5）法律途径、诉讼维权。民事诉讼方面，目前较为成熟的模式是企业委托律师、专业调查机构对侵权产品的生产、销售情况调查取证并予以公证，然后在侵权产品多个销售者中选择便于诉讼的一家，以侵犯商标、专利、著作权或冒充知名商品的不正当竞争的名义起诉并保全对方财产，要求生产者、销售者承担连带赔偿责任。另在刑事方面，对生产、销售侵权产品是假药且足以严重危害人体健康的行为，构成生产、销售假药罪，企业可以主动向公安机关举报，追究其刑事责任。

（6）与同行企业联合，打造行业维权平台。一个典型的例子是"杭州市药品医疗器械企业权益保护协会"。2006 年，杭州市青春宝集团有限公司、杭州民生药业集团有限公司、浙江康恩贝制药有限公司、杭州九洲大药房连锁有限公司等饱受知识产权侵权困扰的从事医药生产、经营的企业、单位组建了"杭州市药品医疗器械企业权益保护协会"。该协会的宗旨是加强生物医药领域的知识产权保护，充分发挥行业自律和行业协作作用，协作打击假冒伪劣药品，维护药品生产经营企业的合法权益，为会员在维权打假方面提供法律层面、政策层面的支持（以及企业间维权的信息、资源共享），降低了维权成本、提高了效率。

第三节　我国为何缺少"百年老店"

中国有着五千年的文明史，历史上曾经成为全球第一经济大国。在中国清朝康乾盛世的鼎盛时期，1750 年，即清朝乾隆十五年，中国 GDP 占世界总量的 32%，几乎是三分之一。但从全球百年企业数量国家排行榜来看，第 1 位是日本（25321 家）；第 2 位是美国（11735 家）；第 3 位是德国；第 4 位是英国；第 5 位是瑞士；第 6 位是意大利；第 7 位是法国；第 8 位是奥地利；第 9 位是荷兰；第 10 位是加拿大。全球大约 5 万家百年以上企业中，日本超过百年历史的企业有 25321 家，居世界第一，其中超过 500 年历史的企业有 147 家，超过千年历史的企业有 21 家。最古老的金刚组创立时，中原正值南北朝时代。百年企业数量位居第二的是建立仅两百多年的美国，数量为 11733 家，且不乏宝洁之类的名企，而作为欧洲经济"领头羊"的德国，拥有百年企业欧洲最多，而其诸多百年企业历史比德国真正出现的时间还早。然而，"泱泱大国"的百年老店却风毛麟角。

一、为什么存活 150 年的企业，中国只有 5 家而日本有 2 万家

如此大的差距，问题到底出在哪里呢？日本是世界上拥有长寿企业最多的国家。这其中，包括建于公元 578 年的寺庙建筑企业"金刚组"、建于公元 705 年的"西山温泉庆云馆"、建于 1295 年的旅馆"法师"、建于 1296 年的旅馆"千年汤古"等，它们的寿命都在 1000 年以上。东京商工调查公司近期发表一份调查报告显示，全日本超过 150 年历史的企业竟达 21666 家之多。而在中国，最古老的企业是成立于 1538 年的六必居，之后是 1663 年的剪刀老字号张小泉，再加上陈李济、广州同仁堂药业以及王老吉三家企业，中国现存的超过 150 年历史的老店仅此 5 家。

（一）日本百年企业多有两个原因

1. 日本家族企业很好地解决了继承人问题。家族企业最大的风险是继承人问题，而日本家族企业选继承人很独特：儿子是选出来的，而不是生出来的；在日本养子、儿子及女婿都有继承权，因此日本企业的继承人都相对优秀。有兴趣的人可以看看日本政商界名人的家谱，养子和入赘女婿的比例高到爆炸，很多知名家族现在的家长和最早的祖先其实是没有血缘关系的。以任天堂为例，山内溥是这个公司唯一一个有山内家血统的老板，从建立任天堂的曾祖父开始到他父亲全都是上门女婿，而帮助任天堂成为世界级大企业的荒川实也是山内溥抢来的女婿，人家原本是丸红商事的人。山内溥有儿子，但他很早就放弃传位给儿子了。

2. 日本人非常重视名号。而且日本很多百年企业规模都不大，日本人非常重视名号，比如日本企业说自己有 500 年历史，其实可能有 400 年都只是某个城市的一个小铺子。日本千年以上的企业有 7 家，最老的企业是木造建筑行业的"金刚

组"，距今已有 1400 多年的历史，成立于 578 年，相当于是中国的南北朝时代。金刚组成立之后一直专注于本业：木结构的寺院建筑。20 世纪 80 年代后，随着钢筋混凝土技术用于寺庙建筑之后，金刚组又将业务延展到房地产。由于竞争激烈，2006 年，金刚组几乎倒闭。随后，在高松建筑的支持下，金刚组成为该公司的子公司，金刚家交出了公司的经营权，不再是家族企业。所以金刚组给我们的教训有两点：一是一定要专注自己的主业，利用公司的强项去发展事业；二是要持续保持警戒。虽然是长寿企业，但随时都可能会倒闭，不能掉以轻心。

（二）美国的百年企业

美国《财富》杂志刊登的有关数据显示，美国只有 200 多年的历史，但美国的百年企业数量排名世界第二。美国百年企业多的原因有以下几方面。

1. 美国社会稳定。自美国独立后，美国本土只发生过一次破坏严重的内战，百年战争。相对于战乱频繁的欧洲，美国企业躲过了让很多企业面临灭顶之灾的"一战"及"二战"。

2. 世界上完成工业化的国家中，美国的经济规模超级大。西方发达国家如德国、英国、法国等经济规模与美国不能同日而语，同样百年企业的数量，当然不如美国。日本若去掉一些规模较小的企业，大型百年企业也不如美国。

3. 近年来科技公司和金融公司等服务产业占据了主流。从工业类型的变化不难看出，美国的产业经历了由传统工业到电子工业再到信息工业的发展过程。产业逐渐从传统的粗放型比如钢铁厂、橡胶厂到精细化工业比如自动化机器厂商、电影行业、零售行业再到服务型工业中的科技公司、金融公司。每个时代产业变化背后同样是技术的变迁。

1917 年的美国工业仍然是受益于第二次工业的发展，尚处于电气化社会的发展完善阶段，对于橡胶、石油等原材料的需求旺盛；而到 1967 年，美国已经基本完成了电气化革命，而进入工业产业精细化，更加贴近消费者日常需求的产品更受欢迎，比如电影、汽车、零售行业的发展。而发展至 2017 年，在 20 世纪末到 21 世纪初的互联网技术的进步和突破下，科技公司和金融公司等服务产业占据了主流。

（三）企业长寿的要素分析

1. 要有长期视角。曾有一位长寿家族企业的经营者说过这样一句话："短期 10 年，中期 30 年，长期百年"。这句话非常有道理。10 年，是决定后继人员的准备时间；30 年，是作为经营者行使自己责任的一段时间；百年，是为后代做长远的计划。所以治理企业，不仅要考虑自己的一代，还要长远考虑整个家族的第三代。

2. 不追求短期的快速增长。对于公司而言，扩展商务和基业长青哪个更重要呢？作为企业的高管，必须做这方面的判断，如果期待商务的永久传承就需要在机会和风险之间寻找平衡点。在日本，长寿企业几乎都是家族经济，经营最大的目标是传承家族的事业。日本有一个很有趣的概念，叫"等身高经营"，意思就是不要超过自己的能力去追求过多的发展，根据自己的能力和资源合理的拓展企业商务。用中国话来说就是"量力而行"。短期的飞速发展，其实是缺乏韧性和持续力的。所以从企业长寿角度出发，应该以企业的持续发展与繁荣为目的，不追求短期的利益。

3. 强化核心能力。近些年来，我们从欧美引进的核心竞争能力的经营手法——构筑并发挥自己的强项，其实日本的百年企业几百年前就开始这样实践了。在百年这样的长期经营过程中，会面临各种各样社会环境的变化、顾客需求的变化。企业为了适应环境的变化首先需要强化自己的核心能力，再从自己的强项出发，拓展相关的一些周边业务。任天堂这个公司最开始是做纸牌的，发展到现在，它的产品已经变成了电子游戏硬件。可以说这个企业是不执著于创业时候的产品及市场，在全新领域进行多样化发展的经典案例。由此可见，知识产权对于长寿企业的重大作用。

4. 重视利益相关者长期的关系。家族企业有一个特点，那就是祖孙三代都在同一家公司长期一起工作，所以更容易建立很亲密的关系。除此之外，长寿企业非常重视员工、顾客、供应商、地区社会之间的利害关系，强调在其中建立信赖关系，因此才使其能够长寿。即便牺牲自己的利益，也要保护合作伙伴的利益。当发生地震、海啸等情况时，很多企业家都是牺牲自己公司的利益，免费为客户和供应商提供便利。

5. 风险管理。没有风险管理，企业肯定不能长久，有了风险管理，只是成全其长寿的诸多要素之一。首先在财务上，要充实自己的资本。经营管理上，要确保企业的独立性。并不是把自己的利益都分配给股东就是好事，反而是尽可能地将利益多留在企业的内部保证未来的投资资金。如果从金融机构借款，甚至让公司上市的话，企业就会从属于并受制于别人，所以家族企业一般都有尽可能避免借款的倾向。当然并不是上市后企业就一定不能长久，日本上市企业有3800多家，其中上市后仍能持续百年的有600多家，这些企业都有一个共同点，那就是重视风险管理。

二、中国少有百年老店，跟不重视知识产权密切相关

（一）"没有知识产权，照样发展经济"的歪理误导了不少企业家

从短期来看却有这样的情况，但不能持久。国际金融危机曾给我们一些出口加工型的企业带来重创。但也促进了广大企业的转型和产业结构的调整。实践证明，只有大力实施知识产权战略，才能以知识产权助推经济高质量发展。

（二）强了才能大，大了未必强

还有人认为，只要经济上去了，其他都好说，这是典型的短期意识。不少企业家演讲中频率最高的词汇就是做大做强。首先我们从词意上分析，强了才能大，大了未必强。一些昙花一现的企业，一味最求规模发展，不求产品的更新换代，仅在营销上急功近利，没有知识产权核心竞争力，最后说倒就倒。

（三）企业应舍得在知识产权上投入

再有一个比较普遍的原因就是短视行为，知识产权需要大量投入，不如现在赚快钱来得快的短期行为。华为在科技研发的投入是全中国最大的，2017年研发投入排名全球第六，120亿美元的研发费用已经超过很多欧美大公司，所以华为有持续创新的能力。我们常说的与海外接轨，并非简单地模仿，而是重视科研开发，持续创新，这才是真正的接轨。有句话说得好：模仿并不可怕，可怕的是只会模仿。

（四）相当多的企业和企业家不太重视知识产权及其保护

1. 达仁堂。同仁堂是我国著名的中医药老店，但由浙江宁波乐氏家族在天津创建的有着三百年历史的达仁堂却鲜为人知，而达仁堂正是"乐家老铺"的正宗后裔。北京同仁堂虽则创建较早，自清雍正元年（1723年）开始供寿御药，因曾治愈了康熙的皮肤病，得到了清宫皇族近二百年的支持。1966年，达仁堂更名为天津工农兵药厂，1973年更名为天津第二中药厂。1995年9月又更名为天津市药材集团公司，2001年5月9日成为天津中新药业集团股份有限公司的下属公司。可惜啊！为何不用"达仁堂药业股份有限公司"这一百年老字号的品牌？因此，创新发展是时代的需要，传承历史的精华是一种美德，两者缺一不可。

2. 汉阳铁厂。再如，"汉阳造"步枪恐怕老人无人不知，它是由汉阳铁厂、大冶铁矿和江西萍乡煤矿联合组建的汉冶萍煤铁厂矿股份有限公司生产的，在十四年

抗战中立下了汗马功劳。1938 年 2 月 7 日，迁址重庆，除提供钢材供各兵工厂制造武器外，还试制、制造过飞机炸弹、迫击炮弹、德式磁质地雷、避弹钢板和卡宾枪用钢料等半成品武器，是抗日战争时期后方最大的钢铁联合企业，被赞誉为"国之桢干"。1955 年并入西南钢铁公司，后改名重庆钢铁公司。1992 年 12 月，重庆钢铁公司更名为重庆钢铁（集团）公司。1997 年 10 月 17 日，重庆钢铁股份有限公司在香港发行了 H 股，2007 年 2 月 6 日，发行了 A 股。遗憾的是为何不用老字号。然而，近年来在业界享有"北有鞍钢，南有重钢"美誉的重钢股份步履维艰。

全球化背景下，越来越多的企业走出国门，参与到国际竞争中去。知识产权作为发展的重要资源和竞争力的核心要素，在企业竞争中的作用日渐突出。因此，加强知识产权保护非常重要。近年来国家知识产权局完善了执法力量，加大了执法力度，把违法成本显著提上去，把法律威慑作用充分发挥出来。鼓励中外企业开展正常技术交流合作，保护在华外资企业合法知识产权。应该说，对于合资合作过程中外资的知识产权保护，中国这些年来一直在积极做相关的工作。

三、"老字号"是机制不适，还是"口味"不对

1. 数据显示，我国"老字号"企业中勉强维持现状的占 70%；长期亏损、面临倒闭的占 20%；生产经营有一定规模、效益好的只有 10% 左右。许多专家认为，导致"老字号"衰落的重要原因，是"老字号"长期忽视品牌资产的培育所致。纵观全球，凡称世界级品牌者皆有一套长期、规范的品牌操作系统来积聚品牌资产，而我们的"老字号"却因缺乏有效的品牌管理使得已有的无形资产大量流失，这是传统商业经营模式的失败之处。

2. 对于已经消失的"老字号"有没有必要下力气恢复重建，社会上存在着不同的声音。支持"老字号"重打鼓另开张的人认为，"老字号"在各个地方的历史上曾经占有极其重要的地位，如果再惨淡经营下去，可能会销声匿迹，令传统文化资产流失，这对于整个地方的商业文化会造成巨大伤害。

3. 还有人分析说，企业经营就像骑自行车，慢了，就会摔倒；快了，反而很安全。如果"老字号"故步自封，想骑快但是由于体制等方方面面的原因骑不快，或者根本不想骑快，抱残守缺，不能及时把握消费需求的变化，注入全新的品牌元素，那么早晚要被放倒。但是市场还有，只不过是被新的品牌取代了，这是市场竞争中优胜劣汰的自然现象。

4. 还有一些人士客观地分析认为，既然一些"老字号"被淘汰了，那也是市场规律所致，因此，现在要恢复重建也要按照市场规律来办。

四、"老字号"的重生之路

昔日曾经流光溢彩的"老字号"如今却变得灰头土脸，"老字号"的命运越来越引起人们的关注，"老字号"的重生之路在何方？

（一）面临生死考验

随着时代的变迁，一些"老字号"企业生产的商品已经丧失了社会价值，已经或即将被淘汰。在上海，仍旧生存的"老字号"也仅占上海"老字号"总数的10%。曾经被誉为民族工业奇葩的"中华老字号"企业正面临着一场"生存危机"。

1. "老字号"企业处于生死存亡的紧要关头。不言而喻，"中华老字号"有着深厚的文化和历史沉淀，是华夏文化遗产的重要组成部分。古朴、典雅的历史建筑是"老字号"存在和发展的实物载体，但在城市大拆迁、大开发大潮中，"老字号"们纷纷面临拆迁之痛，造成其客流量流失，原有的文化底蕴遭受重创。同时，随着生产手段的改变和传统工艺的失传，一些"老字号"逐渐失去特色，有的甚至改变了原有的性质，经营起与自身特色毫不相干的商品和服务。现在，相当一批"老字号"企业由于观念陈旧、积累不足、冗员多、历史包袱重、不重视"老字号"品牌的保值增值而处于生死存亡的紧要关头。

2. "老字号"企业的现状不容乐观。2006年的一份调查表明，南京41家"老字号"企业，目前盈利的仅有6家，占总数的14.6%；不盈不亏的5家，占总数的12.3%；勉强维持生计的10家，占总数的24.4%；惨淡经营的13家，占总数的31.7%；拆迁停业的7家，占总数的17%。前两项占总数的26.9%，后几项累计达到73.1%。

3. "老字号"品牌文化积淀损失殆尽。在很多"老字号"企业经营者眼里，"老字号"本身就是一块"金字招牌"。长期的历史沉淀已经为企业积累了无形的品牌资产，是企业取之不尽用之不竭的财富，但他们恰恰忘记了品牌是存在于消费者心目之中的，是消费者对"老字号"品牌的价值认同，"老字号"品牌价值量的大小并非由企业所决定，而是由消费者和市场所决定的。不少"老字号"由于长期忽视品牌经营和建设，躺在所谓的"金字招牌"上不思进取，吃老本，结果往往招致"老字号"品牌文化积淀损失殆尽。尤其是一些"老字号"企业，产品和服务长期缺乏创新，消费者来到这里既感受不到"老字号"独特的文化氛围，更享受不到周到的服务。倘若"老字号"只是成为商家招徕顾客的"一招鲜"，势必难以形成固定的消费群体，也会使"老字号"在消费者心目中的号召力和忠诚度大打折扣。

"老字号"作为城市文化中最具特色的内容，不仅能够满足人们对于历史文化的情感诉求，而且其经营理念、质量意识、商品特色，对于繁荣经济、丰富生活具有现实的重要作用。因此，充分挖掘"老字号"的传统风格、传统技艺，延续它的历史渊源，维护其"正宗"名誉是极为重要的。

（二）企业文化成就"百年老店"

随着知识经济和经济全球化的发展，企业文化日渐成为企业竞争力的重要组成部分，成为企业发展的基石和决定企业兴衰成败的关键因素。长寿企业——百年老店成功的奥秘在于长期沉淀的企业文化，最大限度地调动了一切积极因素，使企业能够在困境中求得生存，在生存中不断实现发展，强有力地推动企业越过一道道坎坷，一步步走向成功。在此从企业文化着手，探索企业的长远生存与科学发展之道，有益于对知识产权的透彻理解和真知灼见。"老字号"在发展过程中应该珍惜企业文化、品牌潜质，不能采取"卖名牌"方式发展自己，以免影响正宗商业"老字号"的声望和信誉，同时，"老字号"更应发挥文化本体的辐射力，吸取现代管理经验，充分挖掘竞争与创新潜力，适应市场发展的需要，使"老字号"魅力弥新，名不虚传。21世纪是一个竞争日益激烈的世纪，企业与企业之间的竞争是实力与文化的双重竞争。打造"以人为本"的企业文化，从中汲取源泉创新企业管理，有助于企业长远的发展规划，增强企业软实力，提高企业市场竞争力。

第六章 顺势而为、借势而进，加快建设知识产权强国

2020 年 5 月 13 日，国务院知识产权战略实施工作部际联席会议办公室向国务院直属 38 个部委（局）印发了《2020 年深入实施国家知识产权战略 加快建设知识产权强国推进计划》，充分体现了党和国家对实施知识产权战略，加快建设知识产权强国的重视和决心。再一次明确把我国的知识产权大国建设成为知识产权强国的长远目标和重大任务。

第一节 探索知识产权强国的要求

2020 年 4 月 23 日，国家知识产权局局长申长雨在国新办发布会上表示，正在抓紧制定面向 2035 年的知识产权强国战略纲要，目前纲要初稿已基本形成，下一步将加快充实完善，并计划于 2020 年下半年报请中央审议。自 2008 年《国家知识产权战略纲要》（以下简称《纲要》）颁布实施以来，我国知识产权事业取得了巨大成就。申长雨表示，当年《纲要》提出的到 2020 年"把我国建设成为知识产权创造、运用、保护和管理水平较高的国家"这一目标已基本实现。

一、我国已经成为名副其实的知识产权大国

我国知识产权拥有量大幅增长，成为名副其实的知识产权大国。

（一）有效发明专利拥有量、有效注册商标总量等大幅度增加

2007—2019 年，国内（不含港澳台）有效发明专利拥有量从 8.4 万件增长至186.2 万件，有效注册商标总量从 235.3 万件增长至 2521.9 万件。著作权、植物新品种、地理标志、集成电路布图设计等数量同时也大幅增长，核心专利、知名品

牌、精品版权、优良植物新品种等持续增加。同时，知识产权运用成效显著，有力促进了经济社会发展。2018 年，全国专利密集型产业增加值达到 10.7 万亿元，占国内生产总值（GDP）的比重达到 11.6%。2019 年全国电影总票房达到 643 亿元，是 2007 年的近 20 倍。知识产权使用费进出口总额自 2007 年的 85 亿美元增加到 2019 年的 410 亿美元，增长了近 5 倍。

（二）知识产权保护也不断加强，营商环境持续改善

基本建立起了符合国际通行规则、门类较为齐全的知识产权法律制度，行政保护和司法保护全面加强，知识产权保护社会满意度达到 78.98 分，整体步入良好阶段。全社会知识产权意识也明显提高，基础环境进一步夯实。社会公众对知识产权战略的认知率由 2008 年的 3.7% 提升至 2017 年的 86.3%。创新发展、品牌消费、知识付费等日渐成为人们的习惯，尊重知识、崇尚创新、诚信守法的知识产权文化风尚日益深入人心。

（三）知识产权对外合作不断扩大和深化，国际影响力显著提高

目前，我国已与全球 80 多个国家和地区及国际组织建立了知识产权合作关系，成为世界知识产权组织、世界贸易组织等知识产权国际规则制定和全球治理的重要参与者，越来越多的中国企业也在不断加大知识产权海外布局，PCT 国际专利申请量 2019 年跃居世界首位，通过马德里体系提交的国际商标申请量位列全球第三位。

二、知识产权强国应该具有的标准

2019 年，按照国务院部署，国家知识产权局高效推进知识产权强国战略纲要制定工作，建立了纲要制定工作机制，并积极推进纲要专题研究工作，目前已经形成了纲要的初稿。2020 年将在现有工作基础上，进一步吸收专题研究、调研座谈、国际咨询等方面成果，加强对纲要制定的研究论证和统筹协调，高质量完成知识产权强国战略纲要的文本编制工作。接下来本书就知识产权强国应该具有的目标进行必要的探讨，以利于在实际工作中有所借鉴。

（一）知识产权在整个经济总量的比重

过去 20 年，知识产权一直是美国以及其他发达国家经济发展的首要引擎。从某种角度来说，美国之所以拥有如今在全球科技、经济中较为领先的地位，是因为其具有强劲的创新能力与知识产权。来自美国政府公开的 2012 年数据表明，"知识

产权集约型"工业已经成为美国经济的支柱，仅 2012 年就新提供了至少 4000 万个就业岗位，其对美国经济的贡献超过 5 万亿美元，占当年国内生产总值的 34.8%。从这方面来看，也就不难理解美国政府为什么要将国内生产总值与知识产权更紧密地结合在一起。据《前瞻经济学人》2019 年 8 月 13 日撰文《2019 年〈财富〉世界500 强中美大比拼 企业高质量发展变得更为迫切》，2019 年 7 月 22 日，2019 年《财富》世界 500 强企业排行榜发布，中国再度"创造历史"——在这份以营收为基准排名的榜单中，中国上榜企业数量达到了 129 家，历史性地首次超过了美国。但是值得注意的是，超过的仅仅是上榜企业的数量，而在营业收入和利润上，中国与美国相比还存在较大的差距。因此，目前中国面临的更迫切的问题是，如何让企业高质量发展。

1. 美国软件及互联网公司最赚钱，中国的银行最赚钱。从 2019 年中美世界500 强的前 10 家公司来看，苹果成为美国最赚钱的企业，利润达到 595.31 亿美元；占据中国利润榜的前四家中国公司仍然是工建农中四大银行。2019 年入榜中国银行11 家，平均利润 181 亿美元，是全部中国企业 35 亿美元的利润的 5 倍多，银行总利润高达 2000 亿美元，占中国入榜企业总利润的 50%。企业利润多数流向银行并不是中国银行经营水平超高和竞争力超强，而在于银行业的准入限制造成的垄断经营以及政府宏观金融调控政策不当造成的银行特殊地位。整体来看，美国的软件及互联网、证券保险、银行储蓄等行业企业最赚钱，中国则大部分集中在银行业。

2. 营收和利润仍有较大差距。虽然中国首次超过美国成为上榜企业最多的国家，但在收入和利润总额仍落后于美国。2019 年，上榜《财富》500 强榜单的 129家中国企业累计营业收入 8.4 万亿美元，利润 4388 亿美元，美国则分别是 9.4 万亿美元和 7301 亿美元，中国企业的收入和利润均落后于美国，特别是利润差距较大，美国企业收入基本为中国企业收入的 1.1 倍，而利润是 1.7 倍。此外，美国企业的利润率为 7.7%，平均利润 60 亿美元，而中国企业利润率为 5.2%，平均利润 34亿美元，中国企业在利润水平和盈利能力方面落后。

3. 中国制造业占优，美国大健康产业占优。中美两国在不同行业的竞争优势差异明显，但在能源矿业、商业贸易、银行、保险、航空与防务等产业两国企业都很集中。美国上榜企业在证券保险、批发零售、食品、制药、信息技术服务、娱乐等行业数量显著多于中国企业，而中国企业在能源矿产、建筑、贸易、金属制品、房地产等产业保持优势。上榜美国企业中有一批与人的健康、医疗、生活等有关的产业，而中国企业除了有两家制药企业之外，与人的生命、健康和生活密切相关的产业中几乎看不到中国企业。

4. 五大房企均来自中国。值得注意的是，2019年的榜单上有5家房地产公司，所有上榜的房地产行业企业均来自中国。在世界房地产行业中，中国恒大以704.79亿美元营业收入，世界第一；碧桂园573.09亿美元营业收入，世界第二；绿地控股以527.21亿美元营业收入，世界第三；万科以462.07亿美元营业收入，世界第四；保利集团以449.13亿美元营业收入，世界第五。改革开放四十多年来，中国社会稳定，经济发展迅猛，助推房地产行业企业发展壮大。

5. 中美子行业企业数量详细数据。从详细的子榜单（依据《财富》划分的榜单）来看，中国数量众多的金属制品企业、工程建筑企业、汽车企业和房地产企业，上榜美国企业在这些产业或者没有，或者极少。美国的产业结构是后工业化发展阶段的产业结构，而中国的产业结构还处在工业化阶段。

表6-1　　　2019年《财富》世界500强中美行业企业分布数量对比　　　单位：家

行业名称	中国	美国	行业名称	中国	美国
银行：商业储蓄	11	8	建材、玻璃	1	0
车辆与零部件	7	2	食品、消费产品	0	3
炼油	4	6	保健：保险和管理医保	0	5
采矿、原油生产	13	1	管道运输	0	3
人寿与健康保险（股份）	6	2	半导体、电子元件	1	2
食品店和杂货店	0	4	批发：保健	0	3
金属产品	13	1	房地产	5	0
贸易	10	0	饮料	1	1
财产与意外保险（股份）	1	7	综合商业	0	4
电信	3	4	信息技术服务	0	1
公用设施	3	1	其他	0	3
电子、电气设备	6	1	计算机软件	0	2
航天与防务	6	6	家居、个人用品	0	1
工程与建筑	8	0	网络、通信设备	2	1
人寿与健康保险（互助）	3	4	船务	2	0
制药	2	4	服装	0	1
专业零售	2	5	娱乐	0	1
计算机、办公设备	4	4	财产与意外保险（互助）	0	2
多元化金融	2	4	烟草	0	1
能源	3	1	批发：电子、办公设备	0	2
化学品	1	1	批发：食品	0	1
航空	0	3	建筑和农业机械	0	2
食品生产	0	4	保健：医疗设施	0	1
工业机械	2	1	医疗器材和设备	0	1
互联网服务和零售	4	3	纺织	2	0
邮件、包裹及货物包装运输	2	3			

资料来源：前瞻产业研究院整理。

6. 中国应该大力发展与知识产权密切有关行业企业。在世界500强上榜企业数量上，中国企业已经具有一定规模，下一步应该更加注重高质量发展。中国正处在经济发展新阶段，中国企业应该了解美国产业结构特点，在推进产业转型升级过程中，借鉴美国产业发展的经验。美国企业不仅具有核心技术和产品，而且具备吸纳、整合全球最优资源和引领全球价值链的管理能力。例如，在军工防务产业领域中，总共有14家军工防务企业入围世界500强榜单，中国和美国军工防务企业上榜数量大体相当，但是美国军工防务企业收入利润率为9.6%，而中国军工防务企业仅为2.9%。针对中国企业在这方面的弱项，应进一步加强世界一流企业建设，在扩大对外开放基础上积极参与全球产业链合作，提升价值链管理能力并稳步向价值链高端推进。

（二）充分发挥发明人、科研人员的创造性，研发出更多的知识产权

目前，我国知识产权在数量上具有一定的优势，但在应用和转化上存在较大的差距，为数不少的发明创造只能存在档案柜里。原因不外乎以下几个：

1. 在一定程度上科研体制还"传承"着计划经济的影响，许多科研项目按计划开展，与市场有着一定距离。

2. 有些科研项目仅是为了解决申报职称、职务晋升、申请经费以及其他需求，同实际需求还是具有一定距离。

3. 更有甚者，少数不法分子（或称科研骗子）为了谋取私利，不惜耗费了大量资材，弄虚作假，最终中饱私囊。

因此，当前必须充分调动发明人和科研人员的积极性，研发出更多符合实际需求的、技术领先、替代进口、填补空白的科研成果。

（三）以发明人为代表的知识产权从业人员必须得到社会的尊重

当前必须树立以科技创新、实干兴邦的正气，摒弃对明星、"小鲜肉"及"网红"的盲目崇拜的邪气。特别是引导学生、青年树立良好的核心价值观。具体还要努力做好以下几件事：

1. 必须大幅度提高发明人、科技工作者、知识产权从业人员的社会地位，大力宣传他们的丰功伟绩，让他们得到全社会的尊重、关注。

2. 为了提高工作效率，给予他们良好的工作环境、尽可能齐全的研发设备和其他必要的设施，确保科研开发工作的顺利进行。

3. 同时也应该大力提高他们的收入待遇，除了薪酬、奖金、补贴之外，还要在住房、子女入学诸多方面给予考虑，以解后顾之忧。

4. 此外，科研工作是一项特殊的工作，需要工作者超常的思维、忘我的姿态、废寝忘食、夜以继日的超负荷的工作常态，健康保障显得更为重要。需要关心他们的身体、休息，尤其是健康状况。

（四）完善职务发明制度，充分发挥广大科技人员的积极性、创造性

职务发明创造是指执行本单位的任务或者主要是利用本单位的物质技术条件所完成的发明创造。职务发明创造申请专利的权利属于该单位；申请被批准后，该单位为专利权人。

1. 职务发明创造人的权利。职务发明创造的专利权属单位，专利申请被国务院专利行政部门批准，授予专利权，其专利权人为单位。但职务发明创造人因其创造发明、享有下列权利：

（1）职务发明人和设计人，有在专利文件中写明自己是发明人或者设计人的权利；

（2）获得单位给予奖励的权利；

（3）发明或者设计专利实施后，有获取合理的报酬的权利。

显然，这样的做法有失公平，在一定程度上挫伤了发明人的积极性。

2. 专利法实施细则修改改进职务发明奖励报酬制度。修改后的专利法实施细则改进了职务发明奖励报酬制度，就奖励报酬的方式和数额，引入了约定优先的规定。这次修改后的实施细则，对职务发明的问题做了三方面的规定。

（1）职务发明创造奖励和报酬的方式和数额，可以由单位和发明人、设计人自行约定，或者也可在企业依法制定的规章制度里加以规定。如果说没有约定，或者在规章制度里也没有规定，就适用细则规定的法定标准。

（2）奖励报酬标准的适用范围，由原来的仅适用于国有企业单位，扩大到所有的单位，包括了所有企业类型。

（3）根据经济社会发展的实际情况，提高了对职务发明人、设计人的奖励数额，具体的是由原来的2000元提高到3000元，实用新型和外观设计由原来的500元提高到1000元。

3. 深化职务发明创造奖励的改革。据了解，一些科研院所对职务发明创造的奖励办法进行改革，大幅度提高职务发明创造者的奖励比例，最大达到三七分成，即知识产权转让收益的70%奖励给个人，30%留存单位。用他们的话来说，与其把专利躺在文件柜里，还不如让它在社会上发挥社会效益和经济效益。预计这样一来，将会大大调动发明人和科研工作者的积极性和创造性，为社会作出更大的贡献。

（五）探索知识产权证券化，完善知识产权信用担保机制

2017 年，国务院印发《国家技术转移体系建设方案》提出，要完善多元化投融资服务，具体措施之一就是"开展知识产权证券化融资试点"。2018 年 12 月，"奇艺世纪知识产权金融资产支持专项计划"在上海证券交易所成功获批发行，成为我国首单知识产权供应链资产证券化产品。知识产权证券化领域从最初的单一领域走向多元化是必然的趋势，发达国家的知识产权证券化发展历程也印证了这一点。比如美国的知识产权证券化产品从最初的音乐、电影领域开始，拓展到如今的医药、快餐、时装品牌等不同领域。相信在中国，将会有越来越多的知识资本加入证券化的范围内，延伸出更多知识产权证券化类型。

1. 对企业知识产权资本的评估日渐趋严。知识产权在经济价值上有一定的不确定性，为了最大限度上减弱知识产权贬值的风险，在对企业知识产权资本进行评估时必须非常严格。目前在对知识产权进行价值评估时，普遍会参考该知识资本的历史数据，在未来，伴随着知识产权证券化进程的加快，对企业知识产权资本的评估，还会考虑该产权模仿复制的难度、针对该知识产权保护机制的健全度等因素。

2. 多种知识产权的组合证券化将会出现。"鸡蛋不要放在一个篮子"是股神巴菲特一条著名的投资策略，同样，单一知识产权资产的证券化也具有较高的风险性，将多个知识产权资产组合成资产池进行证券化则可以对冲风险。当然，在组合知识产权资产池的过程中，应对不同地域、类型的知识产权资本进行等额组合，以此规避因单个知识产权资本的市场波动对整体收益造成影响。

3. 涌现更多知识产权证券化的服务机构。可以预见，伴随着知识产权证券化的"蛋糕"越做越大，会涌现很多资产评估机构、风险担保机构、信托管理机构等知识产权证券化的服务机构。另外，不管是出于掌握市场主动权还是考虑到业务多元化发展，目前已有的金融服务机构也有很大可能专门设立知识产权证券化的服务部门，国内的知识产权证券化中介服务机构会迎来群雄逐鹿的时代。

（六）强化知识产权保护力度，严惩知识产权领域的违法犯罪行为

多年来，我国持续加强知识产权保护，但保护效果与权利人的期待仍有差距。"赔偿低"是其中的一个突出问题。党中央、国务院先后出台一系列举措，要求全面加强知识产权保护力度，建立健全知识产权惩罚性赔偿制度。本次《关于强化知

识产权保护的意见》也指出，要"加快在专利、著作权等领域引入侵权惩罚性赔偿制度。大幅提高侵权法定赔偿额上限，加大损害赔偿力度"。

1. 为贯彻落实党中央、国务院要求，国家知识产权局经过深入研究论证和广泛征求意见，于 2015 年向国务院报送了《专利法修订草案（送审稿)》，提出了建立专利侵权惩罚性赔偿的具体方案。

2. 2018 年 12 月《专利法修正案（草案)》通过国务院常务会议审议，并由全国人大常委会进行了第一次审议。草案规定了惩罚性赔偿制度，对故意侵犯专利权，情节严重的，可确定一倍以上五倍以下的赔偿数额，并将法定赔偿额从"一万元以上一百万元以下"提高到"十万元以上五百万元以下"。

3. 2019 年 4 月，全国人大常委会修改了商标法，加大对侵犯商标专用权行为的惩罚力度，修改条款将恶意侵犯商标专用权的赔偿额由一倍以上三倍以下提高到一倍以上五倍以下，并将法定赔偿额上限从三百万元提高到五百万元。修改条款已于 2019 年 11 月 1 日起施行。

这些举措将大大提高知识产权侵权成本，加大知识产权保护力度。

（七）健全与完善知识产权运营服务体系，加强专业队伍建设

知识产权人才是实施国家知识产权战略、建设知识产权强国的前提和基础，是创新驱动的核心要素和主导力量。《国家知识产权战略纲要》（以下简称《纲要》）首先明确提出了要"建设若干国家知识产权人才培养基地。加快建设高水平的知识产权师资队伍"。2014 年的《深入实施国家知识产权战略行动计划（2014—2020年)》再次提出"知识产权人才队伍建设工程"。2016 年的《关于新形势下加快知识产权强国建设的若干意见》提出要"加强知识产权专业人才队伍建设"。2017年，为深入实施国家知识产权战略，加快建设知识产权强国，努力实现人才强国和创新驱动发展，国家知识产权局制定《知识产权人才"十三五"规划》。这些政策的陆续出台，为我国知识产权人才队伍建设提供了有效的政策保障和支撑。

1. 世界各国历来都非常重视知识产权人才的培养，尤其是进入了新技术革命的新纪元以来，更是倍加关注。依照 WIPO 学院的初步估计，在 2008 年以前，全球就已有大约 700 所大学将绝大部分知识产权课程设置成了法律院系的核心课程。

2. 我国自《纲要》实施以来，各高校在知识产权人才培养方面快速发展，呈现出下列几个特点。一是知识产权人才体系基本形成；二是高校知识产权人才培养机构大幅度增加；三是国家知识产权培训基地建设成就斐然。当前，知识产权专业院校以及国家知识产权培训基地业已成为我国知识产权人才培养的主要阵地。知识

产权人才培养尽管成绩有目共睹，但依然有制约发展的问题，如不与新时代同步而行，知识产权强国的建设将任重而道远。

3. 要扭转当前知识产权人才培养规模不足，专业素养难以满足社会对国际化、复合型知识产权人才需求的困境，必须探索知识产权人才培养模式的改革和创新。

（1）应探索和完善知识产权本科培养模式。理工科院校或综合性院校应当大胆改革，探索新的培养模式。有的高校提出了"3+1+2"的培养模式。从该模式的本科阶段来看，其精髓在于以理工科专业的学习为主，知识产权专业的学习为辅，将知识产权作为第二学位培养，其优点是能够让学生获得从事知识产权工作所必需的技术背景。

（2）应及时适应全球化的数字科技革命浪潮，拓宽国际化、复合型知识产权高端人才培养的途径。同时，吸引海外华人及外国专家。

（3）应重视发挥国家知识产权培训基地的作用。国家知识产权培训基地建设开始于2009年，到2018年3月为止，全国已经建立24家国家知识产权培训基地和3家国家中小微企业知识产权培训基地，已形成区域布局合理、品牌特色鲜明、影响辐射全国的培训基地体系。

随着我国经济发展和国际贸易投资的开拓，我国对国际化知识产权人才的需求日益增加。在经济全球化的背景下，发达国家企业以知识产权为竞争手段，利用中国企业"走出去"进入新兴市场、立足未稳之际，发起知识产权诉讼，谋取竞争优势的案例大量出现，对知识产权国际化人才的培养提出了迫切要求。此外，随着"一带一路"倡议的扩展，企业由于知识产权风险防控意识不强、知识产权风险应对经验不足，知识产权风险已成为企业"走出去"的"阿喀琉斯之踵"。在此情况下，也需要大量熟悉国际知识产权规则、擅长国际贸易和投资的高端知识产权人才为企业保驾护航。目前，很多高校通过联合培养等方式提升知识产权人才的国际化水平。探索国际化知识产权人才培养的新途径。

（八）创建知识产权交易所，完善我国的要素市场

众所周知，交易所是市场经济的标志性设施，是中国经济由计划向市场转轨过程中一次重大尝试。交易所是为证券集中交易提供场所和设施，组织和监督证券交易，实行自律管理的法人。若要说市场经济有什么标志性建设，交易所应该是其中之一。但凡市场经济高度发展的国家和地区，交易所不可或缺。目前在我国，知识产权融资效率低下，业务清淡。知识产权交易不同于别的财产权交易，其运行过程中的高风险、高成本以及极大的不确定性，使得缺乏专业知识和理财能力的市场参

与者往往举步维艰；再则，我国知识产权市场是一个新兴市场，市场体系不完善、中介服务滞后、交易方式单一，所以，创建知识产权交易所非常及时，完全必要。

1. 交易所是一个经过国家有关部门批准的一个统一、规范的交易平台，为知识产权的持有人和需求人提供必要的市场服务，包括评估、申报、撮合、成交、交割、结算等一系列程序，而交易所就是这一系列工作的组织者和管理者。

2. 交易平台不仅提供服务，而且必须根据"三公原则"执行。众所周知，公开、公正、公平是市场交易的"三公原则"。规则必须公开透明，过程必须公正合理，感觉必须比较公平。三个原则三位一体，共同影响着管理活动和制度的效果。

3. 前面说过知本市场的"铁三角"关系。知识产权持有人、知识产权使用者、投资人、代理人、律师、会计师、评估师、市场监管者等知识产权从业人员是关键因素，这些市场参与者的品行、素质、能力决定整个知识产权市场的兴衰存亡。由此可见，交易所、运营服务体系和市场参与者是一个不可分割的"铁三角"，共同支撑整个知识产权市场的健康、有序、稳定的发展。

（九）加强知识产权的教育培训，建立多渠道、多层次的教育体系

随着党和国家对于知识产权的重视和关注，全国范围内相继已有73所大专院校知识产权专业，培养能在律师事务所、专利事务所、商标事务所等从事商标代理、专利代理等专门知识产权事务，同时也能在公、检、法等部门从事专门的知识产权司法审判及其他法律事务，或者在版权局、商标局、专利局、科技局等部门从事知识产权管理事务的知识产权专门人才。有的大学还开设了知识产权学院，其中大连理工大学，中国计量学院，西北大学，大连理工大学、兰州大学，苏州大学，西南政法大学等可以培养相关研究生。然而，这与日益发展的知识产权业的需求相差甚远。所以，还要在加强知识产权的教育培训，以适应知本市场发展的需求。

1. 每个行业的从业人员都有高中低不同层次的需求，同样，知识产权业也存在这样的要求。为此除了大专院校的知识产权专业之外，一些大专应该设置知识产权的有关课程，培养一些中层从业人员。

2. 大专院校和社会上的一些专业培训机构，可以通过短期培训、就业培训、系列讲座的方式，为知识产权运营服务体系提供更多的从业人员。

3. 既然实施国家知识产权战略，那就要从孩子抓起，树立爱科学的精神，建议在小学的科学普及课程中适当增加有关知识产权的教育内容。

（十）保护和传承中华老字号，推动中医药发展

前面已经阐述了中华老字号的问题，这里想重点说一下中医药、中华传统餐饮

业的发展问题。目前，日本已获得 210 个中国古方专利，其中包括《伤寒杂病论》《金匮要略方》。

1. 近千项中药专利都被外国人抢注了。中华民族悠悠五千年，既然能将中医传承下来。我们身为炎黄子孙，既是为我们身体着想，也是保卫我们的文化，我们也要保卫中医、发展中医、发扬中医。中医是老祖宗留给我们最宝贵的财富之一。令人遗憾的是，老祖宗给我们留下了灿烂夺目的金饭碗，我们却连上面的灰尘都懒得拂去，而且很多人在嚷嚷，老祖宗给我们留下的东西不好，我们要扔掉。这些东西，如果我们不要，那可是有人要的，这不，近千项中药专利都被抢注了。中医在日本则被称为"汉方医学"，中药被称为"汉方药"，简称"汉方"。在日华人姜鹏指出，在日本，人们对于西医、汉方无所之争，各取所需，到药店买药自己不懂时，问问店员自己哪里不好受，店员介绍哪种买哪种，从没有听说过西药汉药之分。在日本，汉方药馆和水果店、便利店一样普遍，看中医甚至比中国还要方便。

2. 中医药被美国、德国、澳大利亚视若珍宝。从美国主流医学界一开始认为针灸只不过是心理作用而已，到如今政府每年拨款数千万美元，用于支持中医的临床研究。中医在美国走过了一段漫长的发展历程。随着中国传统医学越来越被主流医学界和民众认可，中医在美国已迈入了快速发展的新时期。另据报道，一以色列人向美国申请了"治疗消化性溃疡和痔疮的中药组方"专利，并授让给阿联酋一公司，于 2002 年获得美国授权专利，权利要求涉及口服给药、直肠给药的所有剂型。专利说明书中承认组方来源于上海出版的《中华本草》英文版。这意味着，我国出口的同类中药在美国市场上出售就构成侵权。

在对医药使用最谨慎的德国，却拥有一大批中医中药的忠实"粉丝"。可以说，看中医在德国不仅是一件"小资"的事情，还是"贵族疗程"。在德国，看中医个人支付的费用是看西医的 10 倍以上。德国的社保制度非常健全，一般来说，看病一次诊金 10 欧元，还可以保证同一种病三个月之内免挂号费；去药房拿药，一律 5 欧元一次，剩余的费用由政府支付。而看中医，诊金一次要收 70 欧元，如果是初诊，诊费要 100 欧元；医生开处方，另外收 10 欧元，一帖药一般也要 10 欧元。看中医还经常配合一些体格检查，单项都要 20～30 欧元。

澳大利亚政府对针灸发展情况统计结果显示：在澳大利亚，有 70% 的医生会在治疗以后向患者推荐针灸理疗，一年中连续 12 个月去接受针灸调理的患者，占到澳大利亚总人口数的 10%，几乎所有的医疗保险机构都对针灸调理治疗给予补贴。目前，在澳大利亚，大约有 20 所大学提供中医课程。其中皇家墨尔本理工大学，悉尼理工大学、西悉尼大学更是提供研究生课程。中医在澳大利亚的教育正在迅速发展。

3. 中医药国外视若珍宝，国人却视之如弊履。韩国抢文化，日本抢医术，中国传统节日、文化、医学都渐渐不属于中国，难怪日韩自认是中华文明的正统继承者，这是拿我们祖先留下东西打我们的脸。讲实话，我大中华宝物是多，但也就是多，渐渐不闻不问，都被别人偷去。从传承上讲，优胜劣汰，自己做不好，交给做得好的人，无可非议。如果日本将其发扬光大也是造福世界，现在的中国医学还在研究一本万利时，日本医学则是一心创新，根源在哪里？这也可以从侧面证明，为什么日本的诺贝尔获奖者要比中国的多得多！

4. 保护中医药，呵护中华民族瑰宝。一株小草改变世界、一枚银针联通中西、一缕药香跨越古今……发祥于中华大地的中医药，为中华民族繁衍昌盛作出卓越贡献，也对世界文明进步产生积极影响。中医药学是中国古代科学的瑰宝，也是打开中华文明宝库的钥匙。权威人士指出，传承创新发展中医药，是新时代中国特色社会主义事业的重要内容，是中华民族伟大复兴的大事。把中医药工作摆在更加突出的位置，让这一中华文明的瑰宝焕发新的光彩——2019 年 10 月 25 日在京召开的全国中医药大会，吹响了新时代中医药传承创新发展的号角，中医药振兴发展迎来大好时机。这也是建设知识产权强国的重要举措。

三、加强知识产权信息开放利用，推进专利数据资源开放共享

新时代需要推进科技资源（也就是知识产权信息）的开放共享，新形势下从以下几方面进一步推进科技资源开放共享工作。

（一）进一步完善知识产权信息开放共享的法律法规和政策制度体系

1. 以《科学技术进步法》为基础，积极推进国家层面知识产权信息开放共享的立法工作，科学界定知识产权信息开放共享的范畴和内容，明确资源供给方在开放共享中的职责，强化国家财政投资形成的知识产权信息向社会共享服务的义务，处理好共享与安全、保密、知识产权保护等的关系。

2. 结合《专利法》等相关法规条例修订，进一步完善促进知识产权信息开放共享的相关内容，形成有利于资源开放共享的法律制度体系。

3. 进一步细化操作措施和实施细则，加大《国务院关于国家重大科研基础设施和大型科研仪器向社会开放的意见》《科学数据管理办法》等政策落实力度，推动有关科技成果转化、以增加知识价值为导向分配政策等激励政策措施在资源共享服务中的贯彻落实，为知识产权信息开放共享营造良好的政策环境。

（二）加强知识产权信息的分类管理和机制创新

根据资源类型、产权归属以及服务对象的不同，创新体制机制，加强统筹和分类管理。

1. 进一步完善国家及地方知识产权信息共享服务网络平台，创新运行机制，加大资源整合，充分利用网络信息技术推进知识产权信息的共享和管理。

2. 加强知识产权信息服务平台与创新基地的协调衔接，建立健全各类科技计划形成的知识产权信息的汇交共享机制，加快建设一批具有权威性和国际影响力的国家科学数据中心和生物种质资源库（馆）等，提升知识产权信息采集、加工、开发、共享服务等能力。

3. 完善指标体系，研究建立适应不同类型知识产权信息和载体特点的开放共享评价考核和奖惩机制，提升知识产权信息共享服务的质量和水平。

4. 创新财政支持方式，加大政府购买公共服务力度，结合不同领域、不同创新阶段和不同对象的知识产权信息共享，分别采取合同外包、奖励补助、凭单（创新券）等多种支持方式，加大对知识产权信息共享服务的激励和支持。

5. 完善工作机制，加强中央与地方、区域之间、军民之间的资源共享和工作联动，形成统筹协调、体系化的知识产权信息共享工作新格局，促进跨区域、跨行业资源开放共享。

（三）加快知识产权信息共享专业化服务机构培育

发挥市场机制作用，积极探索促进知识产权信息开放共享的新模式，推动资源服务专业化。一是在国有事业单位探索财政投入形成科研仪器设施所有权与经营权的分离机制，建立相应的国有资本运作平台，对科研仪器设施等知识产权信息进行重新配置和市场化服务。二是加大财政、税收、金融等支持，扶持一批专门从事知识产权信息共享服务的中介机构，引导服务机构的专业化发展，打造一批知名品牌，形成龙头服务企业。探索采用 PPP 模式吸引社会资本投入，建立新型的专业化服务机构。三是引导支持专业化服务机构建设知识产权信息网上交易平台，实现知识产权信息和科技服务的网上预约交易和线下服务，创新服务方式，提升服务质量，推动科技服务业的发展。

（四）强化知识产权信息对国家重大战略创新需求的服务支撑

面向科技前沿、面向经济主战场、面向国家重大需求，组织开展知识产权信息专题服务行动，强化对国家重大战略实施的支撑保障。

1. 结合国家实验室建设，依托现有重大科研基础设施，完善布局，创新管理体制和运行机制，支撑在基础前沿领域取得重大突破和引领性原创成果，打造国家科技战略力量和创新高地。

2. 围绕乡村振兴、精准脱贫、区域协调发展、健康中国、美丽中国等国家重大战略需求，推动知识产权信息向欠发达地区和基层的精准对接服务，促进资源优化配置，支撑创新发展。

3. 围绕大众创业、万众创新，组织知识产权信息进企业、进园区等服务，促进产学研深度融合，降低企业特别是中小企业创新成本，提升企业创新能力。

4. 结合"一带一路"倡议，创新机制，通过共建联合实验室、共享知识产权信息等，加强国际合作交流，拓展知识产权信息共享服务的渠道。

（五）加强实验技术人才等专业化人才队伍建设

推进知识产权信息开放共享，必须要有一支专业化的人才队伍。

1. 鼓励高校院所等单位积极探索，通过优化岗位结构、增设正高级岗位、实施高端人才计划等措施，拓展实验技术人员晋升空间，建立与实验技术人才相适应的职称评定和绩效考评制度，建立与开放服务相适应的薪酬激励机制，打造一支结构合理、人员稳定、专业水平高、业务过硬的实验技术人才队伍，引导实验技术人员多服务、服务好。

2. 加大实验技术人员操作技术和分析方法的培训力度，加强人员队伍交流和实验技术方法研究创新，不断提高专业技术能力和服务水平。

综上所述，有了以上十条目标，加快建设知识产权强国还是有着一定的操作性，关键在于如何加以落实到位。

第二节　举国上下深入实施国家战略，
加快建设知识产权强国

一、知识产权和知本市场与人人相关

现在有些人认为我既不是科学家，又不是技术员，文化水平不高，也不懂得什么工艺流程，似乎与知识产权毫不相干。这些想法集中了一个核心问题——知识产权持有人一定是发明创造者吗？其实不然！在此我们可以举几个实例说明。

（一）知识产权持有人一定是发明创造者吗

知识产权所有人是指合法占有某项知识产权的自然人或法人，即知识产权权利人，包括专利权人、商标注册人、版权所有人等。这里所指的"所有人"，包括知识产权权利的原始获得人和合法继受人。知识产权持有人与知识产权所有人不是同一个概念，两者是有所区别的。知识产权持有人包括两种人：一是知识产权的合法所有人；二是知识产权的合法被许可人，即经知识产权权利人的许可、合法取得某项知识产权使用权的使用人。这两种人都合法地享有该项知识产权的使用权。所以说发明人是对发明作出实质贡献的人，和专利权人是两个概念，专利权人是拥有该专利权的自然人或法人。一般而言发明创造者就是知识产权持有人，知识产权持有人也就是发明创造者。但是，一旦发明创造者把知识产权的权益转让与他人，那受让人就成为该项知识产权的持有人。当然，受让人可将该项知识产权应用于产业化生产；也可以是一位纯粹的投资人，或许他认为该项知识产权具有潜在的市场价值，但需要寻找合适的需求者，一旦时机成熟，就可以转让或以此入股的方式获得更为可观的收益。

（二）加快知识产权领域建设

国家知识产权战略实施以来，我国知识产权创造运用水平大幅提高，保护状况明显改善，全社会知识产权意识普遍增强，知识产权工作取得长足进步，对经济社会发展发挥了重要作用。同时，仍面临知识产权大而不强、多而不优、保护不够严格、侵权易发多发、影响创新创业热情等问题，亟待研究解决。当前，全球新一轮科技革命和产业变革蓄势待发，我国经济发展方式加快转变，创新引领发展的趋势更加明显，知识产权制度激励创新的基本保障作用更加突出。为深入实施创新驱动发展战略，应深化知识产权领域改革，从而加快知识产权强国的建设。

1. 建立健全知识产权保护预警防范机制。将故意侵犯知识产权行为情况纳入企业和个人信用记录。推动完善商业秘密保护法律法规，加强人才交流和技术合作中的商业秘密保护。开展知识产权保护社会满意度调查。建立收集假冒产品来源地相关信息的工作机制，发布年度中国海关知识产权保护状况报告。加强大型专业化市场知识产权管理和保护工作。发挥行业组织在知识产权保护中的积极作用。运用大数据、云计算、物联网等信息技术，加强在线创意、研发成果的知识产权保护，提升预警防范能力。加大对小微企业知识产权保护援助力度，构建公平竞争、公平监管的创新创业和营商环境。

2. 完善职务发明制度，推动专利许可制度改革。鼓励和引导企事业单位依法建立健全发明报告、权属划分、奖励报酬、纠纷解决等职务发明管理制度。探索完善创新成果收益分配制度，提高骨干团队、主要发明人收益比重，保障职务发明人的合法权益。按照相关政策规定，鼓励国有企业赋予下属科研院所知识产权处置和收益分配权。

强化专利以许可方式对外扩散。研究建立专利当然许可制度，鼓励更多专利权人对社会公开许可专利。完善专利强制许可启动、审批和实施程序。鼓励高等院校、科研院所等事业单位通过无偿许可专利的方式，支持单位员工和大学生创新创业。

3. 加强知识产权专业人才队伍建设。加强知识产权相关学科建设，完善产学研联合培养模式，在管理学和经济学中增设知识产权专业，加强知识产权专业学位教育。加大对各类创新人才的知识产权培训力度。鼓励我国知识产权人才获得海外相应资格证书。鼓励各地引进高端知识产权人才，并参照有关人才引进计划给予相关待遇。探索建立知识产权国际化人才储备库和利用知识产权发现人才的信息平台。进一步完善知识产权职业水平评价制度，稳定和壮大知识产权专业人才队伍。选拔培训一批知识产权创业导师，加强青年创业指导。

二、深入实施国家知识产权战略，加快建设知识产权强国

（一）政策解读

继 2016 年起，2020 年 5 月 13 日，国务院知识产权战略实施工作部际联席会议办公室向国务院直属 38 个部委（局）印发了《2020 年深入实施国家知识产权战略加快建设知识产权强国推进计划》（以下简称《推进计划》），充分体现了党和国家对实施知识产权战略，加快建设知识产权强国的重视和决心。

2005 年年初，国务院成立了国家知识产权战略制定工作领导小组，启动了战略的制定工作，知识产权局、工商总局、版权局、发展改革委、科技部、商务部等 33 家中央单位共同推进战略制定工作。国家知识产权战略制定工作任务由《国家知识产权战略纲要》和二十个专题组成。2007 年 2 月，专题研究工作按期完成。2007 年 5 月，领导小组召开会议，对纲要文稿进行深入讨论，初步形成了战略的指导思想、基本原则、战略目标、主要措施和重点任务等主体内容。在国务院领导的直接指导下，《国家知识产权战略纲要》稿经过多方征求意见并反复修改，形成了送审

稿提交国务院审议。2008 年 4 月 9 日，国务院常务会议审议并原则通过了《国家知识产权战略纲要》。2008 年 6 月 5 日，国务院印发了《国家知识产权战略纲要》，首次将知识产权战略上升为国家战略。这份纲要提出，到 2020 年，把我国建设成为知识产权创造、运用、保护和管理水平较高的国家。

党的十八大以来，我国知识产权拥有量大幅增长，成为名副其实的知识产权大国。2007—2019 年，国内（不含港澳台）有效发明专利拥有量从 8.4 万件增长至 186.2 万件，有效注册商标总量从 235.3 万件增长至 2521.9 万件。知识产权运用成效显著，有力促进了经济社会发展。2018 年，全国专利密集型产业增加值达到 10.7 万亿元，占国内生产总值（GDP）的比重达到 11.6%。知识产权使用费进出口总额从 2007 年的 85 亿美元增加到 2019 年的 410 亿美元，增长了近 5 倍。此外，知识产权保护不断加强，营商环境持续改善。同时，知识产权对外合作不断扩大和深化。

（二）深入实施体现了力度，加快建设强调了速度

1. 明确各自分工，要求落实到实处。《推进计划》共 100 条任务，分工中由多个部门负责的，列第一位的部门为牵头部门，其他为参与部门。

2. 深入实施体现了力度。深入实施国家知识产权战略，体现了实施国家知识产权战略的力度。

（1）在深化知识产权领域改革方面，《推进计划》提出，改革完善知识产权政策，包括制定出台促进知识产权服务业高质量发展的政策文件，复制推广全面创新改革试验中的知识产权保护举措；深化知识产权领域"放管服"改革，推进业务服务、政务服务和信息服务"一网通办"，深入推进"蓝天"专项整治行动等。

（2）《推进计划》要求，加大知识产权保护力度，完善法律法规规章，配合做好专利法、著作权法修改，起草相关司法解释；加强保护长效机制建设，优化知识产权保护中心建设布局，深入推进"互联网＋"知识产权保护；强化知识产权行政保护，加快出台商标侵权判断标准，健全知识产权行政执法保护业务指导体系，继续开展各类专项行动；加强知识产权司法保护，深入推进知识产权审判"三合一"工作，完善知识产权案件监督机制等。

（3）在促进知识产权创造运用方面，《推进计划》明确，提高知识产权审查质量和效率，高价值专利审查周期压减至 16 个月以内，商标注册平均审查周期压减至 4 个月；强化知识产权质量导向，形成打击非正常专利申请和商标恶意注册、囤积行为的长效机制；加强知识产权综合运用，出台专利导航实施指南，开展商标、地理标志区域品牌培育行动；促进知识产权转移转化，加快重点城市知识产权运营服务体系建设等。

（4）此外，《推进计划》还就深化知识产权国际交流合作、加强顶层设计和组织实施等方面明确了具体措施。

3. 加快建设强调了速度。加快建设知识产权强国，强调了建设知识产权强国的速度。

（1）《推进计划》指出，制定出台促进知识产权服务业高质量发展的政策文件，高标准推进知识产权服务业集聚区建设，打造服务业品牌机构。推进知识产权军民融合试点工作，加快国防知识产权代理受理、转移转化、维权保护等军民融合工作机制落地。建立知识产权双向转化工作机制。

（2）加强知识产权信息公共服务主干网络建设，新建 30 家技术与创新支持中心（TISC）和一批高校国家知识产权信息服务中心。推进知识产权大数据中心和公共服务平台立项工作。推动知识产权基础信息和资源平台整合利用，促进基础数据开放和共享，指导支持社会机构开展信息资源深度开发。

（3）加快制定知识产权强国战略纲要。继续推动地方完善知识产权战略实施统筹协调机制。根据 2017—2019 年政府工作报告，对知识产权的表述逐渐深化、细化，对于保护知识产权和促进社会创造力的关系认知越来越清晰。特别是，对于实行和健全侵权惩罚性赔偿制度一再强调，可见国家推动保护知识产权的决心。

（三）实施国家战略建设知识产权强国，需要举国上下、全民参与

2020 年 4 月 20 日上午，2020 年全国知识产权宣传周活动启动仪式在线上举行。宣传周活动组委会主任、国家知识产权局局长申长雨和世界知识产权组织（WIPO）总干事弗朗西斯·高锐在线发表致辞。在启动仪式上，申长雨表示：此次新冠肺炎疫情让人更加深刻地感受到了生命的宝贵、健康的重要。在知识产权领域，全国知识产权系统按照习近平总书记重要指示和党中央、国务院决策部署，积极做好疫情防控工作，助力企业复工复产，取得积极成效。知识产权与人类健康有着密切关系，包括通过加大知识产权保护力度，促进医疗行业创新发展，研发更多创新药和精密医疗器械，提高救治能力和水平；通过更好地保护传统中医药，发挥其在医疗救治和疾病预防中的独特作用；通过大力发展地理标志产业，培育更多植物新品种，打造更多知名品牌，让人们吃得安全、用得放心；通过商标、版权和特殊标志的保护，促进文化产业和体育事业发展，丰富人们的精神文化生活；通过人类遗传资源的保护，构筑起特殊的健康安全屏障，这些都将是未来知识产权工作的重要着力点。通过知识产权能更好地促进健康中国建设，更加有力地支撑全民健康与全面小康。

1. 科技是第一生产力，创新是引领发展第一动力。2018 年 9 月 17 日，世界公众科学素质促进大会在北京召开。国家主席习近平向大会致贺信。习近平指出，科学技术是第一生产力，创新是引领发展的第一动力。当前，全球新一轮科技革命孕育兴起，正在深刻影响世界发展格局，深刻改变人类生产生活方式。加强科技产业界和社会各界的协同创新，促进各国开放合作，是让科技发展为人类社会进步发挥更大作用的重要途径。习近平强调，中国高度重视科学普及，不断提高广大人民科学文化素质。中国积极同世界各国开展科普交流，分享增强人民科学素质的经验做法，以推动共享发展成果、共建繁荣世界。希望各位嘉宾在本次大会期间就普及科学知识、弘扬科学精神、传播科学思想、倡导科学方法积极交流互鉴，为增强公众科学素质、促进科学成果共享、推动构建人类命运共同体作出贡献。

显然，科技成果是人们在科学技术活动中通过复杂的智力劳动所得出的具有某种被公认的学术或经济价值的知识产品。科技成果转化是为提高生产力水平而对科学研究与技术开发所产生的具有实用价值的科技成果所进行的后续试验、开发、应用、推广直至形成新产品、新工艺、新材料，发展新产业等活动。然后，科技成果的转化离不开知识产权证券化以及知识产权运营服务体系。多年来，科技成果或称高新技术成果的产业化问题，成为科技发展的一大障碍，也影响了深入实施国家知识产权战略，加快建设知识产权强国推进计划的实现。科技领域是最需要不断改革的领域。改革开放不仅给中国科技事业发展积攒了资金和人才、开拓了市场和友谊，更重要的是破除了许多体制机制障碍，让科技作为第一生产力所蕴藏的巨大潜能得到释放。

改革开放 40 多年来，中国科技体制改革一直在围绕国家发展战略需求，健全国家创新体系，促进科技与经济紧密结合；一直在坚持以人为本，围绕人才这个根本要素持续发力；一直在坚持问题导向，聚焦关键环节，以改革为科技创新打破束缚、扫清障碍；一直在坚持开放合作，积极学习借鉴发达国家的先进经验。改革推动了从科技强到产业强、经济强、国家强的联动循环，实现了历史性、整体性、格局性重大变化。

2. 科技是国家强盛之基，创新是民族进步之魂。从引进、消化、整合、创新一直到最终形成超越西方发达国家的新标准，"复兴号"展示了中国高铁的逆袭之路，而中国欲复兴的又岂止是高铁？40 年的快速发展让中国科技有了越来越大的"知名度"：载人的"神舟"飞船、探月的"嫦娥""玉兔"、做空间实验的"天宫"，是中国人不断向宇宙进发的足迹；北斗导航、国产大飞机、国产航空母舰，是中国人冲破技术封锁的新一代国之重器；寻找暗物质的"悟空"、量子通信的"墨子"、深潜海底的"蛟龙"、仰望星辰的"天眼"，是中国人在世界前沿寻觅科学真理的利器；三峡工程、青藏铁路、西气东输、南水北调，是中国人建设美好家园的重大工程奇迹；在世界排行榜上与美国你追我赶的超级计算机、世界上最接近商业化且安全性最高的四代核电技术，是中国人走向世界舞台的亮丽名片……中国科技发展重大成果不断涌现，第一动力为我国综合国力的提升提供了重要支撑。

40多年的快速发展让中国科技有了越来越高的"含金量"：2017年，中国科技进步贡献率升至57.5%，国家创新能力排名升至世界第17位，全国技术合同成交额达1.3万亿元；自1985年授权首件发明专利以来，截至2017年年底，我国发明专利申请量已连续7年居世界首位；自1987年中国第一家科技企业孵化器诞生以来，截至2017年全国高新技术企业总数已超过13.6万家，上缴税费超过1.5万亿元，提供就业岗位超过2500万个；17家国家自创区和156家国家高新区已成为中国区域创新发展的核心载体和重要引擎，劳动生产率高于全国平均水平3倍……中国科技发展基础实力不断增强，第一动力为我国经济的快速发展提供了强劲引擎。

40多年的快速发展让中国科技有了越来越强的"亲和力"：改革开放以来，我国在质检、气象、地震、海洋和测绘等领域提供的专业技术服务不断完善，水平逐渐提高；科技创新为粮食增产、节能减排、气候变化、应急救灾、传染病防治等重大民生问题提供了解决方案，发挥了重要作用；随着"互联网＋"深入开展，电子政务、信息惠民、共享经济、平台经济迅速兴起，提高了政府治理水平和民众获得感……中国科技发展脚踏实地服务大众，第一动力为我国人民的幸福生活提供了有力保障。

1978年，中国迎来"科学的春天"，改革开放的步伐也在那一年启动。科技作为第一生产力，创新作为第一推动力，为中国的国力提升、经济增长、民生改善作出巨大贡献，引领古老的中国迈向崭新的时代。全面地看，不仅是科技创新推动了改革开放的发展，改革开放也释放了科技创新的潜能。如果把科技创新比作我国发展的新引擎，那么改革就是发动这个新引擎必不可少的点火系。

3. 牵着创建知识产权交易所"牛鼻子"，实现知识产权爆发性增长。改革关乎国运，创新决胜未来。一个国家的发展道路是漫长的，但紧要处往往只有几步。当前，中国的发展正站在新的历史起点上，想走好紧要处的关键步伐，并且行稳致远，就要进一步推动改革开放和科技创新，依靠体制机制变革释放出的活力和创造力，依靠科技进步造就的新产业和新产品。党中央、国务院提出"深入实施国家知识产权战略，加快建设知识产权强国"的推进计划，不仅是完全必要的，而且是非常及时的举措。对此，我们深信无疑，拭目以待！

（1）要素市场化配置。完善要素市场化配置是建设统一开放、竞争有序市场体系的内在要求，是坚持和完善社会主义基本经济制度、加快完善社会主义市场经济体制的重要内容。在当前疫情常态化防控形势下，中央强调"完善要素市场化配置体制机制"，专门出台文件构建更加完善的要素市场化配置体制机制，是一项长短兼顾的战略决策部署，短期具有统筹推进疫情常态化防控和经济社会发展的现实作用，长期具有加快完善社会主义市场经济体制、推动高质量发展、建设现代化经济体系等方面的深远历史意义。

（2）交易所是要素市场的重要建设者与运营者。交易所是市场经济标志性设施，也是要素市场的重要建设者与运营者。知识产权交易所是知识产权运营服务体系的核心，所有的知识产权运营服务机构都会环绕知识产权交易所开展业务。

（3）充分调动发明创造的积极性，努力构建良好的知识产权运营环境。我国是一个知识产权大国，就拿专利这一项来看，自1985年授权首件发明专利以来，截至2017年年底，我国发明专利申请量已连续7年居世界首位。仅华为一家创新型科技公司，目前已有8000多项专利申请。我们再来看看我国知识产权潜在的存量资产。

① 长期以来由于观念和机制的因素，我国广大的科研院所、大专院校、国防科技研究所以及高新技术企业，每一单位数以万计的知识产权还存放在档案库或文件柜内闲置高阁，没有发挥作用。

② 一些发明家、科技工作者，由于设备和经费的制约，好多科研成果迟迟不能开发出来，而同时一些科技"骗子"，利用科研管理工作中的失误或与腐败分子内外勾结，骗去了不少宝贵的资财。

③ 一旦职务发明的分配政策出台并落实到位，绝大多数的研发人员和科技工作者的发明创造，会如雨后春笋般地涌现出来。

④ 由于对知识产权的保护力度不足以及人们对知识产权保护的意识不强，一些侵权案例时而发生，大大挫伤了知识产权持有人的积极性。

⑤ 因政策落实和环境因素，一些富有实效的民间秘方和祖传绝技得不到应有的呵护和珍惜，往往到了失传和消亡的边缘。

⑥ 在科技不断发展，人类文明飞速前进的今天，很多传统技艺因为在生产生活中的作用逐渐减小，而被人们所忽视、遗忘，落寞地退出了历史的舞台。其实这些珍贵的传统技艺非常值得我们重视。试问一棵没有根的树如何能茁壮成长呢？传

统文化就是我们的根，所以我们应竭力保护那些濒临失传的传统手艺，让它们在新的时代里焕发生机，展现出更大的价值。

4. 知识产权战略国策，举国上下、全民动员、万众一心、众志成城。深入实施国家知识产权战略，加快建设知识产权强国推进计划，是一个强国立业的重大举措。然而，一分部署，九分落实。

（1）给予发明家、科技工作者优良的工作环境、齐全的科研设备、足够的研发经费、良好的人文环境，以便充分发挥他们的聪明才智，发明创造出更多更好的科研成果。

（2）各级领导要关心他们的工作、学习、生活、休息、健康，消除各种后顾之忧，全力以赴地投入研发工作。

（3）社会各界对于发明家、科技工作者给予足够的尊重、关注，媒体必须作为报道的热点之一，孩子从小树立起科技兴国、为国争光的志愿。

（4）加强对知识产权的保护力度，做好维权工作，狠狠打击一切侵权、盗版、剽窃等不法及犯罪行为，让他们成为人人喊打的过街老鼠。

（5）大力扩充知识产权运营服务体系从业人员队伍，加强业务培训和行业规则的训练，以适应即将来临的知识产权业爆发性增长的趋势。

（6）当前疫情的缘故，不少海外华人和留学的高科技人员，有着回国发展的意向，有的已经开始了崭新的发展历程，这对我国加快建设知识产权强国无疑是一个佳音，相信这一趋势愈演愈烈，势不可当。

长风破浪会有时，直挂云帆济沧海。只要举国上下、全民动员、万众一心、众志成城，建设成为知识产权强国的中国梦将在我们这一代的手中实现。有理由坚信，我们的目的一定会达到，我们的目的一定能够达到！最后以一副对联结束本文：上联是"汇五洲风云笑论知本市场前程如锦"，下联是"纳四方英才指点神州大地日新月异"，横批是"知识产权风光无限"。

后　记

当前，国际形势总体上虽有望稳定，但不确定性更加突出。美国政府奉行的"美国优先"政策使大国关系发生深刻变化，竞争面突出，并进入深度调整期。国际安全和军事态势更加复杂。世界经济复苏接近周期性触顶，下行风险逐渐增大。美国政府推行的贸易保护主义和经济单边主义引发一系列国际经贸摩擦，全球经济治理遭遇巨大挑战。

美国能在世界上呼风唤雨，到底凭借的是什么？是靠军事实力吗？诚然美国的军事实力是很强大，但这也并非不可战胜的，如果仅凭军事实力，美国很难服众，美国霸权也将难以维系。美国霸权之所以能如此巩固，主要就是因为它有三大支撑，除了军事霸权之外，美国还有经济霸权和科技霸权。其中，经济霸权是基础，军事霸权是手段，科技霸权是实力，三大霸权互为依托，维持其世界第一强国的地位。

2018 年 6 月，《国家知识产权战略纲要》的颁布和实施，是中国知识产权制度建设 30 多年来最具时代意义的一件大事。其时代意义在于，国家知识产权战略的出台，标志着知识产权制度在中国完全走向战略主动。发展中大国成长为知识产权大国并努力走向知识产权强国，是国家知识产权战略实施 10 年的光荣历程。于中国的创新发展而言，知识产权起到了重要的战略支撑和制度保障作用。

以科技发明为基础的跨越式发展，使美国迅速赶上了已经称雄世界两个世纪的英国。人类的天才是所有艺术作品和发明的源泉，这些作品是人类生命价值的保证。国家的责任就是努力保护这些艺术和发明。当前，国家知识产权战略实施正处于阶段转折和目标提升的重要时期，根据党的十九大精神，我们必须着眼世界变革大势，围绕中国发展大局，做好知识产权创造、运用和保护的重点工作，通过知识产权战略实施，以增强创新能力、健全创新机制、优化创新环境、实现创新发展为愿景，创造中国知识产权事业的世纪辉煌。

科学技术是第一生产力，创新是引领发展的第一动力，知识产权保护制度将为科技创新保驾护航。为此，中国作为东方大国的崛起，必须深入实施国际知识产权战略，加快建设知识产权强国。我国将以知识产权的保护促进科技创新的大力发展，从而推动经济建设的高速发展；大大提高我国的综合国力，壮大祖国的军事实力；并积极推进人民币国际化的进程，坚持改革开放，自力更生，艰苦创业，为把我国建设成为富强民主文明和谐美丽的社会主义现代化强国而奋斗！

作　者

2020 年 10 月